学前音乐舞蹈教育研究与实践

更藏吉　董玉芝　李昌锦　著

中国纺织出版社有限公司

图书在版编目(CIP)数据

学前音乐舞蹈教育研究与实践 / 更藏吉,董玉芝,李昌锦著. -- 北京：中国纺织出版社有限公司,2024.1
 ISBN 978-7-5229-1385-8

Ⅰ.①学… Ⅱ.①更… ②董… ③李… Ⅲ.①学前儿童—音乐教育—教学研究 ②学前儿童—舞蹈训练—教学研究 Ⅳ.①G613.5

中国国家版本馆CIP数据核字(2024)第035043号

责任编辑：张 宏　　责任校对：王蕙莹　　责任印制：储志伟

中国纺织出版社有限公司出版发行
地址：北京市朝阳区百子湾东里A407号楼　邮政编码：100124
销售电话：010—67004422　传真：010—87155801
http://www.c-textilep.com
中国纺织出版社天猫旗舰店
官方微博 http://weibo.com/2119887771
三河市宏盛印务有限公司印刷　各地新华书店经销
2024年1月第1版第1次印刷
开本：787×1092　1/16　印张：14.25
字数：245千字　定价：98.00元

凡购本书，如有缺页、倒页、脱页，由本社图书营销中心调换

前　　言

　　音乐与舞蹈一直是开发智力、提高审美的重要途径，也是培养学生分辨美、欣赏美的有效方法。将音乐舞蹈教育融入到学前教育课程中，能使学生在学习的过程中充分感受到音乐与舞蹈所带来的快乐；学生跟着音乐的节奏打起节拍，或者由教师带领学习简单的舞蹈动作，都是对学生大脑进行锻炼的科学方法，对幼儿的智力发育有着十分重要的推动作用。舞蹈课程加入音乐教育既可以与音乐相互配合，打造充实而活泼的文艺课程；又可以单独进行授课，有效地锻炼了学生的身体，磨炼了他们的品质。特别是对于学前幼儿来说，音乐舞蹈课程更加容易接受，即学生愿意参与音乐舞蹈课程的学习，在享受音乐与蹦蹦跳跳中锻炼了身体也学到了知识。音乐舞蹈都是艺术学科中的代表，是帮助学生培养审美能力，提高自身素质的主要方法，都应当在学前教育中进行大力推广。

　　然而在学前教育中，文化课所占的比例仍然较大，音乐舞蹈等文艺教育课程所占的比例较小，这就导致学前教育出现了一定程度的不均衡。本书基于此背景下对学前音乐舞蹈教育教学等内容进行深入探究。本书首先重点分析了学前音乐舞蹈教育的基本要素与一般原则；其次探究了学前儿童音乐教育课程、学前音乐舞蹈实践教学等内容；最后具体对学前儿童音乐舞蹈教学过程中的韵律活动与游戏进行了研究。本书期望通过对学前教育模式的分析，能够对学前音乐舞蹈类课程设置提供一些建议，为学前教育的发展打下良好的基础。

　　本书在撰写的过程中，参考和采用了许多关于学前音乐舞蹈教育相关的书籍和资料，在此向有关专家和学者致以诚挚的谢意。由于实践和精力有限，书中难免会有遗漏之处，恳请广大读者批评指正！

作　者
2023 年 7 月

目 录

第一章 音乐舞蹈的基本要素 …………………………………………………… 1
    第一节 音乐的概念与构成 …………………………………………………… 1
    第二节 音乐的基本性质 …………………………………………………… 14
    第三节 音乐与舞蹈的结合 ………………………………………………… 15

第二章 音乐舞蹈的一般原则 …………………………………………………… 23
    第一节 舞蹈和音乐的关系 ………………………………………………… 23
    第二节 中国民间舞蹈音乐中的节奏 ……………………………………… 26
    第三节 中国古典舞身段及其音乐的韵律 ………………………………… 29

第三章 学前儿童音乐教育课程理论 …………………………………………… 35
    第一节 学前儿童音乐教育的目标和内容 ………………………………… 36
    第二节 学前儿童音乐教育课程的实施 …………………………………… 54
    第三节 学前儿童音乐教育的教学原则 …………………………………… 64
    第四节 学前儿童音乐教育课程与其他领域的整合 ……………………… 69

第四章 学前儿童音乐舞蹈韵律活动与游戏 …………………………………… 83
    第一节 学前儿童节奏活动 ………………………………………………… 83
    第二节 学前儿童律动和舞蹈 ……………………………………………… 92
    第三节 学前儿童节奏乐演奏 ……………………………………………… 99
    第四节 以游戏为基本活动的学前儿童音乐教育 ………………………… 104

第五章 学前舞蹈音乐教学与传统民族体育文化教育研究 …………………… 111
    第一节 学前音乐舞蹈教育教学研究 ……………………………………… 111

第二节　传统民族体育文化的内涵解析 …………………………………… 169

　　第三节　优秀传统民族体育文化教育的必要性 …………………………… 186

　　第四节　优秀传统民族体育文化教学与学前舞乐结合课堂教学策略研究 …… 190

第六章　学前音乐舞蹈教育中传统民族体育文化融入探究 ………………… 199

　　第一节　传统民族体育文化融入学前教育 ………………………………… 199

　　第二节　传统民族体育文化运动项目中的音乐与舞蹈 …………………… 205

　　第三节　学前音乐舞蹈教育中传统民族体育文化的融入 ………………… 217

参考文献 ……………………………………………………………………………… 221

第一章 音乐舞蹈的基本要素

音乐和舞蹈是各自独立的艺术门类，两者的差异决定了它们的独立性，但是音乐和舞蹈又有着共通的艺术性，它们相辅相成，成为一对最亲密的姊妹艺术。本章简要分析音乐以及音乐与舞蹈结合的艺术。

第一节 音乐的概念与构成

一、音乐的概念

音乐是声音的表演艺术。音乐的声音既不像语言的声音那样有语义的约定，也不像自然的声音那样与特定现象有直接的对应关系，音乐的声音是一种非自然性、非语义性和非对应性的声音。所以，音乐的声音不能直接作为绘画、叙事、抒情的信息载体，也不能作为信息符号表达。任何一种艺术的物质材料都或多或少地连接着具体事物，唯独音乐艺术的物质材料——声音，与任何事物都没有直接的联系。于是，通过音乐的声音传达音乐以外信息的做法常常遭遇挑战，甚至对音乐的声音到底是否具备传达某种信息的功能也产生了怀疑。

音乐的声音传达的信息一般称之为音乐内容，音乐的声音本身也就是音乐的形式。对音乐内容和音乐形式的关系认识在音乐美学领域有较大的分歧，一种观点认为，音乐就像小说、戏剧、绘画那样，可以把特定的故事情节、场景人物、情绪情感、思想哲理通过音乐的声音表达出来。这种观点在音乐美学界习惯被称为"他律论"。

另一种观点认为，音乐不可能像小说、戏剧、绘画那样把音乐之外的内容表达出来，有些作品虽然看上去确实表达了一定的故事、画面、情感、哲理，但是这些内容是通过标题、解说词、歌词等音乐以外的方法实现的，与音乐的声音没有直接的联系，如果没有标题等预示，音乐听众不可能仅从音乐的声音中听出罗密欧与朱丽叶，或者梁山伯与祝英台来的。这种观点音乐美学界习惯称之为"自律论"。

他律论观点具有深厚而强大的传统思想支持，中国古代流传的俞伯牙和钟子期"高山流水"的故事，西方大量的艺术歌曲、标题音乐、歌剧音乐、舞剧音乐、影视音乐也都是他律论音乐美学思想的具体实践。他律论音乐美学思想指导下的音乐创作和音乐欣赏都是以音乐的内容为核心的，作曲家以音乐内容为核心组织音乐材料，表演家以表现音乐内容为核心设计安排演唱或演奏技术的使用，音乐听众也是以音乐内容为核心去聆听和领会音乐的声音。他律论面临两个不能自圆其说的问题：

第一，一部从未听过的音乐作品，事先不告诉任何相关的信息，如作曲家、创作年代、标题等，听众还能听出具体内容吗？

第二，既然音乐内容是前置于音乐作品的，可是为什么听众对内容的感知有较大的差异性呢？

自律论观点具有科学的实证主义思想支持，认为音乐内容不能从音乐的声音中找到对应关系，听众感知到的内容，作曲家可能并不知道，甚至作曲家压根儿也没有用自己安排创作的音乐声音去传达听众感知到的那些内容，音乐内容是主观臆想的、子虚乌有的，认为音乐的内容就是乐音的运动形式。20世纪以来，绘画艺术同样遇到了类似于自律论美学的问题。如果说绘画就是线条和色彩的艺术，绘画作品的内容是什么呢？如若没有事物和人物造型的绘画其内容又是什么呢？当作品是一些色块的组合和线条的交织时，它的内容也就只能是线条和色彩的形式了。自律论也面临两个不能自圆其说的问题：

第一，当听众聆听一部从未听过的进行曲风格的音乐作品时，没有任何背景资料参考，不会有人认为这个作品是一个垂死病者的痛苦呻吟。听众理解这部作品的内容是什么上或许是有分歧的，但是在认知这个作品的内容不是什么上却有着惊人的一致，是什么因素导致他们有了相同的共识呢？

第二，艺术作品的内容是作品的客观存在还是艺术作品接受者感知的主观存在？艺术作品的创作者确实具有不让自己的艺术作品具有某些特征的权力，但是艺术作品的创作者对受众的感知有多少干预的力量呢？

他律论和自律论在理论上都存在着不够周全的地方，他律论既然认为音乐的内容就是通过音乐的声音传达信息，可是却无法解释为何音乐听众对音乐内容有各自不同的理解和感受；自律论既然否定音乐的声音具有传达信息的可能性，可是却又无法解释为何音乐听众对音乐内容具有一致性的感受和理解。简言之，他律论无法回答听众对音乐审美的分歧，自律论无法回答听众对音乐审美的一致。

他律论与自律论的矛盾和论争从表面看是在音乐内容的有无上，实际上"两论"所依据的"音乐"是不一致的。

他律论把音乐作为表演艺术，所谓表演艺术就是现场装扮人物、动物、事物，制造声音、器物，展示肢体、五官等特殊运动技巧的艺术。音乐作为表演艺术就是通过音乐表演家的歌唱和演奏乐器的方式制造出音乐声音的艺术。音乐表演家现场制作的音乐需要预先的设计和训练，音乐表演艺术在发展过程中，音乐声音的设计环节逐渐独立为作曲行当或职业，音乐表演技术的训练逐渐独立为音乐教育。表演过程中，音乐表演家的演唱、演奏时的五官表情、肢体的语言，音乐表演活动组织者的作品介绍等共同参与了音乐之声的制造，也共同构成了音乐内容的表现手法。所以，他律论的音乐观是综合性的音乐观，音乐既是听觉艺术也是视觉艺术，音乐的内容既是通过音乐的声音传达，也是通过表演家暗示和主持人介绍的，在他律论的音乐观念里，这些因素被视为音乐的共同组成部分。特别是他律论认为，音乐是人类感情的共同语言，音乐音响带给人们的一般感受是共同的，当人们"听了一段抒情的音乐时绝不会感到紧张，听了一段紧张的音乐时也不会感到轻松愉快；振奋人心的进行曲不会使他感到萎靡不振；缠绵曲折的悲歌也不会使他感到兴奋"。由此可见，人们对部分音乐具有普遍一致的心理感受。

自律论把音乐作为声音艺术，既然音乐是声音的艺术，所有的无关于声音的外在物就必须从音乐中剔除出去。实际上音乐美学的自律论也有着悠久的历史传统，如魏晋时期的嵇康提出的"声无哀乐论"和今日的自律论观点就有一定的理论相通之处，特别是东晋诗人陶渊明说的"但识琴中趣，何劳弦上声"和美国当代作曲家约翰·凯奇的作品《四分三十三秒》简直如出一辙。西方音乐自律论观点的鼻祖当属奥地利的音乐美学家爱德华·汉斯力克，1854年，他出版的《论音乐的美》，对音乐内容提出了颠覆性的观点："鸣响地被运动着的形式是音乐唯一的和仅有的内容和对象。"19世纪中叶，正是他律论美学观点大行其道的年代，这本专著出版后几乎无人关注。然而百年之后的20世纪，音乐美学思想几乎出现了惊天逆转，人们如获至宝般发现了这部专著，很快将其列为自律论音乐美学的奠基之作。自律论音乐美学观点盛行于20世纪的重要原因之一是录音技术的成熟，有了录音技术，音乐挣脱了现场演唱、演奏的表演艺术桎梏，音乐听众直接面对的是音乐录音而不再是歌唱家或演奏家，音乐变为纯粹的声音艺术和听觉艺术，"纯音乐"上升为最高级的音乐形式，所有的无关音乐声音的事物受到了贬低和排挤。在自律论的音乐观念里，表演家的表演、主持人的介绍以及音乐作品的标题、表情术语、小标题、解说词等都被视为音乐声音之外的东西，音乐的内容也就是乐音的运动形式了。其实，自律论只在无标题器乐作品的创作和欣赏中有较大的影响，在标题音乐和声乐类作品，在歌剧、舞剧、影视类音乐的创作和欣赏中是难以推行的。自律论的意义和合理性，在音乐美学研究、作曲技术使用、音乐欣赏和音乐评论等领域都被不恰当地扩大了。

他律论和自律论矛盾的焦点在音乐内容的认识上，问题是持论的双方并没讨论音乐内容的存在方式，音乐内容是客观地存在于音乐作品之中呢？还是主观地存在于音乐听众的感知与想象之中呢？自律论以充足的论据否定了音乐作品的声音之中存在音乐之外的内容；他律论以同样充足的论据证明了音乐听众真切地感知到了音乐之外的内容存在。实际上，关于音乐作品的内容是否需要具体问题具体分析，在音乐历史的长河中，既有内容比较确切的音乐作品，也有内容较为虚化的音乐作品；就音乐作品的体裁和数量来看，绝大部分的音乐体裁和音乐作品都是有着具体音乐之外的内容指向，只有个别音乐体裁和少量的音乐作品存在内容虚化甚至无从谈起音乐之外的内容存在。也就是不能用他律论音乐美学或自律论音乐美学观点去评价所有的音乐作品。

所谓音乐内容，指的是作曲家和表演家通过自己的作品表现和传达信息，同时也是音乐听众从音乐声音中的体会和感受；音乐内容既存在于音乐作品的客体之中，也存在于音乐听众的主体之中，音乐作品提供了类型化、轮廓式的内容，音乐听众从各自的角度对类型化、轮廓式的内容进行个性化和具体化的填充，音乐内容是由作品客体和听众主体共同构建的。

音乐美既是音乐的声音能体现一般基础上不一般的价值，也就是音乐之声的贵和音乐之声的美，这种音乐美又称作音乐的形式美；音乐美又是通过音乐之声传达的信息所体现的一般基础上的不一般价值，这种音乐美又称之为音乐的内容美。作曲家和表演家总是希望自己的音乐作品实现形式美和内容美的统一，实际上在具体的音乐作品中实现二者的统一是比较困难的，如孔子评价《韶》和《武》两部乐舞作品时，就认为《韶》在形式上和内容上都达到了美的要求，而《武》只是在形式上达到了美的标准，内容上还没有达到。

音乐的形式美也就是音乐作品的声音之美。音乐形式美在于音乐的声音具有了贵的品质，贵的品质体现在音乐作品的声音具有了一般基础上不一般的特质。一般和不一般的关系也就是既有的和创新的关系，一般的或既有的、传统的音乐声音是音乐作品普遍具有的声音结合方式或传达方式，音乐听众正是从这个普遍的、熟悉的声音中找到自己对这个作品的理解和欣赏基础。如若没有这个一般的基础，作品的声音结合完全是陌生的，就会觉得这个作品是怪诞的、难以接受和难以理解的。一部音乐作品的成功，关键在于能否在一般的基础上创造出不一般的特质，这个不一般的特质就是音乐之声的贵和美。

音乐的内容美也就是音乐的声音和音乐的表演传达出的信息之美。音乐的内容美不在于所传达的信息本身，因为音乐之声和音乐表演所传达的信息对于音乐听众而言是非常熟悉的，这些熟悉的信息只是音乐内容的一般性基础，并不具备不一般的贵和美的品质。音乐内容不一般的贵之美体现在音乐的声音和表演也可以传达听众熟悉的信息，音乐内容美的魅力在于不是让音乐之声讲一个离奇的从未听说的故事，而是从音乐之声中也可以听出那个熟悉的故事，而这个熟悉的故事过去是通过语言的、图画的方式获得的。当听众从奇妙的音乐之声中听出了自己熟悉的故事，仿佛看到了自己熟悉的场景，音乐之声激发出真切的情感，从音乐之声中似乎明白了一个道理，所有这些，都是音乐的内容美所在。

二、音乐的构成

音乐是由声音构成的，作曲家通过一定的规则和方法把音乐的声音组织起来，再由歌唱家或演奏家把这些组织起来的声音歌唱出来或演奏出来就是音乐了。作曲家、歌唱家、演奏家共同完成的音乐作品是声音形式艺术，音乐家们将自己的所有技术全部用于音乐形式的建构。音乐家们还要将音乐的声音形式与特定意蕴的音乐内容相联系，这种联系越紧密、越巧妙，则音乐作品的艺术性就越高超。就像世界万物都是形式和内容构成的统一复合体，不存在虚无缥缈的形式空壳也不存在赤裸裸的内容本体一样，音乐作品也是音乐形式和音乐内容的统一复合体。但是，音乐的形式和内容之间没有类似于语音的形式所指和与语义的内容所指那样的符号约定，而且音乐的形式也没有像造型艺术那样有具体可感的形状、色彩、线条、质地。音乐作品的形式和内容的联系从作曲家层面就是比较笼统、概括的，有些作曲家并不在意甚至并不承认自己作品的形式所具有那些音乐之外的内容或者意蕴；从表演家层面来看，不同的表演家演唱或者演奏同一部音乐作品时通常都有自己的理解和处理，这就增加了音乐形式和内容联系的偶然性；从音乐接受者层面来看，不同的接受者欣赏同一部音乐作品时多有不一致的内容感知或联想，由此也加深了音乐形式与内容联系问题的复杂性。从音乐本体论的角度看，音乐形式毕竟是有限的，而音乐内容却是无限的，所以，讨论音乐的构成时，总是从形式层面剖析其结构、区别其类型。

（一）音乐的构成材料及构成方式

1. 音乐的构成材料

（1）声音是构成音乐的物质材料。音乐的魅力在于它既可以表达喜怒哀乐的情感，又可以描绘优美绚丽的画面；既可以讲述曲折生动的故事，还可以揭示耐人寻味的哲理。音乐是语言之外人类最重要的表达方式之一，它几乎与语言同时起源，甚至有人认为早在人类会说话之前就已经有了音乐的萌芽。音乐的魅力更在于它不像语言那样有明显的地区和民族的界限，同一种音乐形式可以在不同地区不同民族引起人们共同的心理感受，就像奥地利著名作曲家海顿说的：我的话（音乐）是全世界人都懂的。虽然很多人都不相信海顿的话，而且海顿和随后的莫扎特、贝多芬等许多作曲家的作品也确实为世界各地和各民族的人们共同接受。但是另一方面，即使在同一地区或同一民族，人们对同一部音乐作品却又有着不同的感受，有的人可能听得如醉如痴，有的人则可能听而不闻木然处之。音乐也因此披上了神秘的面纱，既令人心驰神往，又让人迟疑困惑。尽管如此，音乐作为人类特有的表达方式和人类的一种共同语言还是被大多数人认同的，这是因为不同地区不同民族的音乐无论在形态上如何不同，但它们都是由高低、长短、强弱、色彩不同的音组合而成的，人们也正是从音高、音值、音强、音色这四个方面去感知音乐、理解音乐和欣赏音乐的。

（2）声音材料构成的音乐是可以感知的。具有正常听觉的人都可以感受到音乐的高低起伏、长短变化、强弱对比和音色转换。据说，胎儿在6个月的时候对外界的音乐就已经有所反应；婴儿在两个月的时候就能够在柔和的音乐中安静下来，也可以在喧闹的音乐中躁动起来；婴儿在5个月的时候能够随着音乐的进行做简单的身体律动；在8个月的时候可以对经常听到的音乐做某些节奏的或曲调的模仿……所以，感知音乐是人的本能之一。但是，自孩子开始进入学说话的阶段，他就更加关注语言的声音，而他对语言声音的反应也往往能够得到大人更多、更直接的鼓励和赞扬，于是婴儿对声音的兴趣也很快地转向了语言；人类感知音乐的本能自开始说话时起就不断地被抑制，如果不经刻意的培养，人对音乐的感知能力和敏感度到了成年时可能还会有所退化。成年之后往往觉得自己的音乐欣赏水平不够，很容易产生自卑心理，甚至怀疑自己缺乏"音乐细胞"。其实这些怀疑是完全不必要的，因为，尽管过去可能因为学习、工作压抑了音乐感知能力的发展，但只要恢复经常性的音乐刺激，经常主动地欣赏音乐，积极参与各项音乐实践活动，被压抑的音乐感知能力就可以迅速地被唤醒，音乐欣赏水平也能很快地得以提高。

（3）音乐感知能力是通过教育培养获得的。一般来说，如果一个人对所听的音乐能够辨别它的演唱（奏）方式、体裁类别和结构要素，并且能够从所听音乐中获得较多的理解或感悟，那么可以说这个人就具有了较高的音乐欣赏水平。虽然人具有欣赏音乐的本能，但较强的音乐感知能力和较高的音乐欣赏水平还是通过后天培养形成的。怎样才能提高音乐感知能力和欣赏水平呢？

首先，要多听音乐，培养自己对音乐的兴趣，所谓音乐的感知能力也就是对音的高低、长短、强弱、色彩的敏感程度，听得多了，音乐的敏感程度也就自然提高了。

其次，对音乐的演唱和演奏方式、体裁类别、音乐构成的基本要素要有一定的了解。听音乐时可以分阶段、分类别、有选择地听，一般可以先选听人声歌唱的声乐曲，然后选听乐器演奏的器乐曲。听声乐时还可以先选听独唱曲、重唱曲，再选听齐唱曲和合唱曲。选听器乐曲时，也可以先选听独奏曲、重奏曲，再选听协奏曲、合奏曲。

最后，对所听音乐作品的创作背景和创作意图、作曲家生平和个人风格要有大体的了解，有了这些知识储备以后再去听音乐就会对作品有更深层面的理解了。

2. 音乐形式的构成要素

任何音乐作品都是由一些高低、长短、强弱、色彩不同的音组合而成的，但在不同的作品中或在同一作品的不同位置上往往对这四个基本要素有不同的强调。音乐的四个基本要素的具体组成与使用又构成了音乐的基本组织形式，主要有旋律、调式、调性、复调、和声、节奏、曲式、力度、节拍、配器等。

（1）旋律。作曲家将一连串高低不同的音按照自己的意图和一定的规则，前后相继地横向排列起来就构成了旋律。旋律有低音向高音的上行、有高音向低音的下行、有在同一个音上的连续平行和高低音交替的波浪式进行等旋律进行方式，旋律进行使音乐充满了律动，并且具有丰富的表现性。中国传统音乐非常注重旋律进行的流畅性和完整性，中国人在欣赏音乐时也往往习惯于捕捉横向的旋律线条及旋律线条所暗含的意蕴。

（2）调式。一般的旋律总是围绕一个主音进行，各音之间以及各音与主音的关系即调式。主音具有稳定感，当音乐以主音收结时往往意味着一个大的音乐片段或全曲的终结。西方音乐的调式主要有两种，以 do 为主音的调式叫大调式，一般认为大调式的色彩较为光明；以 la 为主音的调式叫小调式，一般认为小调式的色彩较为黯淡。中国传统音乐的调式主要有五种：以 do 为主音的调式叫宫调式，以 re 为主音的调式叫商调式，以 mi 为主音的调式叫角调式，以 sol 为主音的调式叫徵调式，以 la 为主音的调式叫羽调式。一般认为宫调式和徵调式的色彩与大调式相近，角调式和羽调式的色彩与小调式的色彩相近，商调式的色彩则介于大调式与小调式之间。

（3）调性。调式在不同音高位置上的色彩或特性即调性。20 世纪西方的许多作曲家抛弃了传统调式，音乐中没有了调式也就当然没有了调性，所以这些作曲家的作品又叫"无调性音乐"。以"无调性音乐"为代表的西方现代作曲技术传到中国，我国的一些作曲家已经用这些技术写出了不少作品，音乐界称用西方现代作曲技术和由此形成的作品风格为"新潮音乐"。

（4）复调。两条或两条以上的旋律线条按照一定规则交织起来的音乐进行叫复调。复调首先具有旋律的所有特征，同时，由于两条或多条旋律的交织，复调比旋律有更大的容量和表现范围。

（5）和声。三个或多个音按照一定的规则纵向排列同时唱（奏）出来称和弦，由于构成和弦的各音关系不同或和弦所处位置的不同，和弦不仅具有光明、黯淡、空旷、丰满、纯净、嘈杂的色彩变化，而且还有协和、不协和、稳定、不稳定的特性，不同和弦按照一定规则的连接和进行的形式即和声。

（6）节奏。一连串长短相同或不同的声音与声音的停歇在时间中排列起来所形成的音与音和发音与停歇之间的时值比例关系即节奏。音乐中，节奏是无所不在的，旋律、复调、和声也都是由节奏组织起来的，所以，有人认为节奏才是音乐最基本的构成要素。

（7）曲式。由若干个较小的音乐片段组成一个较大的音乐片段，由若干个较大的音乐片段组成一个更大的音乐片段，再由若干个更大的音乐片段组成一部完整的音乐作品的构成样式即曲式。就像文章由字、词、词组、句、段组成的一样，音乐作品是由乐汇、乐节、乐句、乐段组成的。曲式的类别主要根据构成作品的段落确定：声乐作品的曲式一般有一段体、二段体、三段体、多段体和回旋体，等等。器乐作品的曲式一般有二部曲式、单三部曲式、复三部曲式、变奏曲式、奏鸣曲式、回旋曲式、回旋奏鸣曲式，等等。

（8）力度。音乐的乐音具有音高、音值、音色、音强等四个基本性质，力度是相对音强而言的，指的是音乐的声音在发音时因施加力量的不同，所形成的声音强弱有所不同。声音越强，发音时施加的力就越大，声音越弱，发音时施加的力就越小。音乐的力度是音乐的重要表现因素，通常强的力度总是和强烈的情感、刚强的性格、庞大的体积、较近的距离相联系；弱的力度通常和细腻的情感、温柔的性格、细小的物体、较远的距离相联系。音乐的力度有一个等级的序列，供作曲家选择使用：fff 表示极强，ff 表示很强；f 表示强，mf 表示稍强，mp 表示稍弱，p 表示弱，pp 表示很弱，ppp 表示极弱。

（9）节拍。若干个强弱规律相同的律动单位连续循环进行的音乐组织方式即节拍。节拍单位用拍号表示。二拍子和三拍子是两种最基本的节拍形式，在这两种节拍的基础上还可组成四拍子、五拍子、六拍子等更复杂的节拍形式。二拍子的强弱规律是：强、弱。三拍子的强弱规律是：强、弱、弱。四拍子的强弱规律是：强、弱、次强、弱。五拍子的强弱规律是：强、弱、次强、弱、弱，或强、弱、弱、次强、弱。六拍子的强弱规律是：强、弱、弱、次强、弱、弱。

（10）配器。将不同音色和不同音量的乐器按照预定的要求组合起来即配器。配器不仅使各种不同的音色相互协调并形成对比，而且使各声部乐器的音响力度得以平衡。从这层意义上说，合唱也是一种"配器"，即把不同音色的人声协调组织起来并形成对比，同时又使各声部的音量得以平衡。

3. 音乐内容的构成

音乐内容指的是作曲家通过自己的作品所表达的意图和音乐听众对作曲家意图所表达

的感悟或理解。事实上作曲家的创作意图和听众的感悟完全一致的情况是十分罕见的，在很多情况下不仅听众的感悟或理解与作曲家的原意相差甚远，而且听众之间的感悟与理解也各不相同，于是不少人怀疑音乐表现内容的可能性。音乐内容的问题在20世纪变得复杂化了。尽管如此，音乐还是可以表达内容的，听众也可以感知音乐内容，不过音乐的内容不像文学、绘画那样具体，音乐作品通常只提供轮廓式、类型化的内容框架，音乐听众则根据自己的生活经验和知识领域对这个框架做填空式的想象或理解，所以，音乐作品的内容实际上是作曲家和听众共同实现的。总体来看，音乐的内容有情感性的、绘画性的、故事性的和哲理性的四大类。

（1）音乐的情感性内容。音乐是最擅长表达情感的艺术，所以人们常说音乐是感情的艺术。音乐之所以擅长表达情感，是因为音乐的运动方式与人的情绪运动方式有许多惊人的相似。音乐运动与情绪运动一样，都是在时间中展开的；音乐的运动形式与情绪运动形式一样体现为急剧、缓行、高涨、低落、紧张、松弛、增强、减弱，等等。音乐的运动往往可以引起情绪运动的"共振"，然而，音乐所唤起的仅仅是单纯的、类别化的情绪运动，并不能说明情绪运动的原因。而在正常情况下，人的任何情绪运动总是由具体原因引起的；当音乐使人们进入单纯的情绪运动之中的时候，人们一般会联想或回忆起曾经有过的类似情绪运动的具体原因，然后把经验中的原因与当下听到的音乐连在一起，从而完成了对音乐情绪"空壳"的填充，于是，音乐的内容被听众具体化了，音乐也因此被理解了。如上行的旋律进行、密集的节奏和较快的速度总是和愉快、兴奋、激动的情绪相联系，而下行的旋律进行、疏松的节奏和较慢的速度总是和痛苦、忧伤、压抑的情绪相联系。

（2）音乐的绘画性内容。虽然从时间性的音乐听觉中很难直接听出视觉的空间画面，但音乐可以通过模仿画面中运动着物体所发出的音响，使听众想象出曾经历过的环境、场面。由于人们总是习惯于把低音和较暗的色调与较大的物体相联系，把高音和较亮的色调与较小的物体联系，把较强的力度与较近的距离相联系，把较弱的力度与较远的距离相联系，把密集的节奏和较快的速度与灵巧的东西相联系，把疏松的节奏和较慢的速度与笨重的东西相联系，因此，音乐可以通过人声或乐器的音色、调式或和弦的色彩与绘画的色彩相对应，通过音的高低与视觉中色调的明暗相对应，通过速度的快慢、节奏的疏密、力度的大小与物体运动的笨拙、机灵，体积的庞大、小巧，空间方位的上下远近等联系起来，造成人的心理联觉，从而产生框架式的画面感；听众个人再根据各自的经验和想象，使框架式的画面具体起来。

（3）音乐的故事性内容。文学故事总是由各种不同性格的人物和人物之间或人物与环境之间的种种矛盾关系构成，虽然音乐不能像语言那样对故事做具体的描述，但是音乐可以通过特征性的音乐主题把特定性格的人物对应起来，再把这个音乐主题放到不同的音乐环境中去对比、展开，以此来象征人物的种种经历或遭遇。听众可以根据音乐提供的人物和大体的情节线索，通过联想或想象使人物具体化并使故事完整化。

（4）音乐的哲理性内容。思想观念和生活哲理是更加抽象的，虽然音乐不能像语言那样做详尽的阐述，但是音乐可以通过一个特征性的主题以不同的方式展开、变化，来象征出某种规律；通过呈示、发展、再现的曲式暗示出某种哲理。物质世界和人类社会是不断运动、发展的，这些运动和发展总是有其自身的规律和逻辑，当音乐的进行及发展方式与某类事物的发展方式类似时，听众就可以联想到某事物，并从音乐的进行中感悟到某种思想哲理。音乐展示的可能只是类型化的哲理，但听众可以在听觉中将其具体化。

（二）音乐的表达方式和作品体裁

1. 音乐的表达方式

音乐的表达方式主要有声乐表达和器乐表达两种，但是在音乐实践活动中还有一些综合性的表达方式，最常见的是声乐和器乐综合在一起的表达方式，还有音乐和舞蹈综合在一起的表达方式（歌舞、乐舞）、音乐和戏剧综合在一起的表达方式（歌剧、戏曲）、音乐和讲故事综合在一起的表达方式（曲艺）等。中国传统音乐思维比较重视综合性的表达方式，而欧洲音乐思维则比较重视单一的（纯音乐）表达方式。

（1）声乐的表达方式。人声歌唱的音乐称为声乐，从演唱方式上看，声乐作品可由一个人、两个人、几个人或众多人歌唱。一个人的歌唱称独唱，根据音色，独唱分为女高音、女中音、女低音、男高音、男中音、男低音，变声期以前的男孩和女孩音域和音色差别不大，所以不分男女而统称为童声独唱；我国的歌唱演员多是女高音和男高音，女中音和男中音较少。由两个或两个以上组成，一般不超过12人，各人唱不同旋律的歌唱称重唱，我国常见的重唱形式主要有男声二重唱、女声二重唱、男女声二重唱、童声二重唱、男声四重唱、女声四重唱，等等。中国民歌中也经常有两个人的歌唱，但两个人唱的曲调不重叠，通常是对答式的交替歌唱，人们称这种歌唱为对唱。众多人共同歌唱相同的曲调和歌词称齐唱，齐唱分为男声齐唱、女声齐唱、混声齐唱、童声齐唱，等等。众多人分成若干组（声部），各组（声部）唱不同曲调的歌唱称合唱，合唱分男声合唱、女声合唱、混声合唱、童声合唱，根据声部又分为二部合唱和四部合唱，等等。如果男声合唱和女声合唱歌唱的人数不多，一般又称为男声小合唱和女声小合唱，有些人还习惯地称百人以上的合唱为大合唱，其实大合唱并非指的是人多，而是指含有独唱、重唱、合唱的多乐章声乐套曲，过去曾将这种音乐体裁音译为"康塔塔"，后来才译为"大合唱"，冼星海写的《黄河》就是这种多乐章声乐套曲的大合唱。

（2）器乐的表达方式。从演奏方式上看，器乐作品可由一个人、两个人、几个人或众多人演奏。一个人演奏称独奏，大部分中西乐器都可以用作独奏，我国常见的用作独奏的乐器主要有二胡、琵琶、古琴、古筝、笛子、箫、笙、唢呐和钢琴、小提琴、手风琴、萨克斯管等。由两件或两件以上乐器共同演奏，每个声部只有一件乐器的演奏作品称重奏，根据演奏乐器数量分为二重奏、三重奏，直至八重奏。我国常见的重奏主要有两把小提琴、一把中提琴和一把大提琴的"弦乐四重奏"；一架钢琴和两件弦乐器的"钢琴三重奏"；一支单簧管和四件弦乐器的"单簧管五重奏"，等等。一件独奏乐器与管弦乐队竞相演奏的作品称协奏曲，我国常见的协奏曲主要有小提琴协奏曲、钢琴协奏曲、圆号协奏曲、二胡协奏曲、琵琶协奏曲，等等。众多乐器在一起，按照乐器的类别组成若干组，每组乐器再分成若干声部，共同演奏的音乐作品称合奏曲；由于参加合奏的乐器主要是管类乐器和弦类乐器，所以合奏又称管弦乐合奏，管弦乐合奏在西方音乐中又称交响乐。将众多的中国民族乐器组织起来，按照乐器的类别分成若干组，每组乐器再分为若干声部的共同演奏称民族器乐合奏。

2. 音乐作品的体裁

（1）声乐作品的体裁。我国的声乐作品体裁主要有颂歌、抒情歌曲、进行曲、叙事歌曲、舞蹈歌曲，等等。

颂歌的特点是旋律线条大起大落，节奏宽广舒展，速度较慢，音域较宽；颂歌的歌词多是歌颂祖国河山的壮美、人民英雄的伟大和革命领袖的英明；颂歌多采用独唱或合唱的演唱方式。

抒情歌曲的特点是旋律优美流畅，节奏疏密有致，速度中等；抒情歌曲的歌词多是抒发内心的情感；抒情歌曲多采用独唱的演唱方式。

进行曲的特点是旋律棱角分明，节奏铿锵有力，力度饱满，二拍子节拍和进行速度。进行曲的歌词多是宣传革命思想、号召人们行动、表达决心或信念等内容。进行曲一般多采用齐唱的演唱方式。

叙事歌曲的特点是旋律平稳朴素，节奏舒展，速度中等；歌词多有完整的故事情节；通常采用独唱的演唱方式。

舞蹈歌曲的特点是结构规整，律动性强；歌词多是抒情性的或叙事性的，通常采用独唱或合唱的演唱方式。

（2）器乐作品的体裁。从体裁类别上看，中国常见的器乐作品体裁主要有独奏曲、丝竹乐、吹打乐和奏鸣曲、叙事曲、随想曲、交响曲，等等。

独奏曲。独奏曲是一件乐器演奏的乐曲，一件乐器独奏时，也可以由另一件或几件乐器乃至一个乐队为其伴奏。中国比较常见的独奏乐器主要有：古琴、古筝、琵琶、二胡、竹笛、唢呐，等等。西方乐器中的钢琴、小提琴、长笛的独奏也比较常见。

丝竹乐。丝竹乐就是丝类乐器和管类乐器合奏的乐曲。江南丝竹和广东音乐采用的都是丝类乐器和管类乐器的合奏，这两个乐种也积累了大量的丝竹乐合奏曲。

吹打乐。吹打乐就是吹管类乐器和锣鼓等打击类乐器的合奏曲。吹打乐也是中国民间最为常见的器乐合奏形式，通常用于民间的婚丧嫁娶、节日庆典活动。吹打乐已经积累了数以万计吹打乐曲。

奏鸣曲。奏鸣曲一般指的是钢琴独奏或一件乐器与钢琴共同演奏时用的多乐章套曲。钢琴独奏的称钢琴奏鸣曲；其他乐器与钢琴共同演奏的以其他乐器命名，如小提琴奏鸣曲、长笛奏鸣曲，等等。

叙事曲。叙事曲是由叙事歌演化而成的器乐独奏曲。叙事曲和叙事歌一样具有叙事性，曲调富有语言表现力，好像讲故事一般侃侃而谈，内容多取材于民间史诗、古老传说和文学作品。

随想曲。随想曲是一种曲式结构较自由，带有随意性并富有生气的器乐曲。常指带有诙谐性、即兴性的独奏曲或管弦乐曲。

交响曲。交响曲就是管、弦类乐器和打击类乐器的合奏曲。交响曲的典型结构多为多乐章套曲，一般由3～4个有一定对比关系的乐章构成，一般第一乐章为快板，用奏鸣曲式；第二乐章为慢板，用变奏曲式或复三部曲式；第三乐章为小步舞曲或谐谑曲，用复三部曲式；第四乐章为快板，用奏鸣曲式或回旋曲式。

第二节　音乐的基本性质

音乐包含四个基本性质：高低、长短、强弱、音色。

其中，音的"高低"和"长短"相比另外两个性质，对于音乐本身具有更为重要的意义。

一、音的高低

音的高低简称为音高。由发声体振动的频率所决定，不同的频率决定了不同的音高。振动次数（赫兹）越多，声音就越高，反之亦然。

音乐旋律的起伏，最能体现音的高低变化。音高的变化能够直接刺激听觉感官，激发听者产生对音乐形象和音乐内容的联想。音高的变化直接作用于音乐形象的塑造。如果演唱、演奏中出现音高失控的情况，音乐质量会受到极大损害。所以，音准问题是所有音乐实践者必须面对和解决的问题。

二、音的长短

音的长短也称为音的时值。发声体振动延续的时长，就是音的长短。延续时间长，音的时值就长；延续时间短，音的时值就短。不同长短的音结合起来，就产生了音乐的节奏、节拍。

音的长短时值构成了节奏和节拍，节奏、节拍则被认为是旋律的骨架。在舞蹈艺术中，节奏、节拍最能体现舞蹈身体语言特有的动律。对于舞蹈而言，节奏、节拍是舞蹈动律的灵魂。所以，舞蹈音乐中节奏、节拍的特征和变化也是舞蹈者最需要关注和把握的。

三、音的强弱

音的强弱是由发声体振动的振幅来决定的。发声时用于振动的力量越大，发声体振动的振幅就大，音则越强，反之亦然。

在音乐实践中，音的强弱会形成有规律的节奏、节拍重音，产生音乐的基本律动，不同的音乐风格就有不同的强弱规律。音乐情感的表达也同样离不开音乐强弱的变化。在舞蹈音乐中，音乐的强弱变化会直接影响舞蹈在空间和力度上的表现形式。

四、音的音色

音色由发音体的材料性质、结构形状、发声方式及其泛音的多少来决定。从直观角度讲，音色就是发音体传达给人们的听觉质感。

由于发音体千变万化，音色也会随之呈现出悬殊或微妙的差异。音色极具民族性和地域性特征，不同乐器的材质、演奏形式，歌唱者的嗓音条件、唱法等，都赋予了音色独特的功能性和艺术表现力。作曲家会精心选择适合的音色来表现音乐作品的内容和其中蕴含的文化背景。

在舞蹈音乐中，特定音色的运用俯拾皆是。傣族舞蹈中葫芦丝、铓锣的音色，蒙古族舞蹈中马头琴、四胡的音色，西班牙民间舞蹈中木吉他、响板的音色等，都为舞蹈作品增添了奇异的魅力。

在音乐实践中，音乐的四个性质各司其职，共同构建了音乐听觉的完整形态。

第三节　音乐与舞蹈的结合

就艺术感知力的丰富性和灵敏性而言，乐感和舞感是相通和同步的。音乐在听觉层面，舞蹈在肢体动作层面，都是艺术天赋和审美能力的集中体现。音乐能够给予舞蹈艺术想象的空间，并指示舞蹈动作的表情和意义。在舞蹈作品中，音乐从属于舞蹈，二者的结合相互磨合形成默契，呈现出艺术的共性。

一部优秀的舞蹈作品，既要展现舞蹈表演自身的艺术规律，同时还要兼顾音乐表现上的独立功能和美学原则。舞蹈编导和舞蹈演员对于音乐的理解力、把控力和表现力决定了舞蹈作品中音乐舞蹈合成后的艺术质量。

舞蹈与音乐的结合，可以总结为四个方面。结合舞蹈作品的视频资料对照分析：

一、音乐的节奏为舞蹈肢体语言提供了律动的依据

音乐不仅是舞蹈动律的节奏来源，同时舞蹈张弛顿挫的细节处理也与节奏形态紧密关联。

例如中国古典舞作品《秦王点兵》配乐中的"鼓边段"。

古舞曲《秦王点兵》"鼓边段"

小快板

| 大 大各 大 | 乙 大各 大 大各 | 大 大各 大 | 乙 大各 大 大各 | 大. 各 大各 |

| 乙 大各 大 大各 | 大各 大各 大 各 | 乙 大各 大 | 刮儿 大各 乙 大各 大 |

| 刮儿 大各 乙 大各 大 | 刮儿 乙乙 | 刮儿 乙乙 | 刮儿 乙乙 | 刮儿 乙乙 |

| 衣 大 大 衣 大 | 衣 大 大 衣 大 | 大 大各 大各 大各 | 大 大各 大各 大各 |

| 大各大各 大各大各 | 乙 大各 大 | 大 大各 大 | 乙 大各 大各 | 大 大各 大 |

| 乙 大各 大 大各 | 大. 各 大 各 | 乙 大各 大 大各 | 大各 大各 大 各 |

| 乙 大 各 大 | 刮 儿 大 各 乙 大 各 大 | 刮 儿 大 各 乙 大 各 大 | 刮 儿 乙 乙 |

| 刮 儿 乙 乙 | 刮 儿 乙 乙 | 刮 儿 乙 乙 | 衣 大 大 衣 大 | 衣 大 大 衣 大 |

| 大 大 各 大 各 大 各 | 大 大 各 大 各 大 各 | 大 各 大 各 大 各 大 各 | 乙 大 各 大 ‖

这一乐段以敲鼓边和夹板演奏为主，音乐的速度以稳健的中速进入，之后逐渐加快。鼓边段音色脆薄清亮，音乐的动态性格转化为轻盈矫健。

舞蹈动作设计动静结合、刚柔相济。动作密度持续加大，细碎的节奏衬托定格造型与干净利落的舞姿不断切换，形成流动和顿挫的交替。四人舞在舞台调度上凸显出四人之间对角、开合、旋转等丰富的变化手法和空间变化上的奇特美感。

二、音乐旋律的歌唱性为舞姿的流动性和抒情性提供了听觉前提

音乐是舞蹈情感的来源，音乐旋律能够激发舞者产生内心情感的升腾并外化为舞蹈肢体语言，以情带形，动作和气息随音乐自然流淌，呈现出乐感舞蹈化和舞感音乐化的高度统一。

例如舞剧《大梦敦煌》配乐中"莫高月牙的双人舞"。

舞剧《大梦敦煌》"莫高月牙的双人舞"
张千一曲

这是该舞剧以最为动人的爱情为主题。小提琴及乐队奏出缠绵悱恻的旋律，乐句与乐

节展现出气息悠长,以饱满充沛的听觉质感配合舞蹈场景,烘托了男女主人公对艺术、对爱情的极致虔诚和二者精神世界的圆满升华。

三、音乐的空间织体结构以音响层次的立体性及旋律交错重叠的形式

音乐的空间织体包含三种类型:

(1) 单声织体——只有一条单旋律。

例如中国古典舞作品《爱莲说》配乐中的 A 主题。

《爱莲说》配乐
史志有曲

(后略)

这是由四个乐句构成的乐段,旋律线条柔婉细腻,清晰呈现出完美的起、承、转、合结构。苏州评弹音调素材配上琵琶的音色,烘托出浓郁的江南风韵。仿佛是被琵琶评弹音调头音激发出的舞蹈动作,演员在身前打出精致的小五花,并缓慢旋转,犹如莲花初蕊吐露芬芳。

第一乐句中,舞蹈保持地面姿态,动作不大;随着第二乐句旋律音调的逐渐舒展,舞

姿重心提升，演员缓缓从地面站起，手袖遮面，含羞带怯。第三乐句是旋律的转折，情绪略有波动，演员以后腿半脚尖的姿态保持着静态的平衡，拔高的身姿比拟出莲花亭亭净植、不蔓不枝的品质。第四乐句承接第三乐句，形成音乐上的一个小的高潮，之后收拢乐思。舞蹈也随之以连贯的"盘"技法快速转换到半卧的地面姿态，右手托腮、垂目莞尔的动作造型凸显出少女般的娇俏可爱。

（2）复调织体——对比式复调，由两条或两条以上不同的旋律叠置而成。模仿式复调，同一条旋律在不同声部以一拍、两拍的差距先后追逐出现。

例如中国古典舞剧目《黄河》配乐中的"保卫黄河"。

古典舞剧"保卫黄河"变奏三

（后略）

变奏三的配乐运用二声部卡农手法，形成钢琴与乐队的竞奏，两声部之间错开两拍。

女子两组三人舞，形成两个三角形队形排列，按声部各自运行本组动作技巧，构成舞蹈调度的对位关系。音乐的连接部分以串翻身技巧过渡。

（3）和声织体——一条主旋律加上和声陪衬。复调织体与和声织体这两类常常会综合在一起，即又有和声，又有多线条的旋律，构成"混合织体"。

例如舞剧《鱼美人》配乐中的"水草舞"。

舞剧《鱼美人》"水草舞"片段

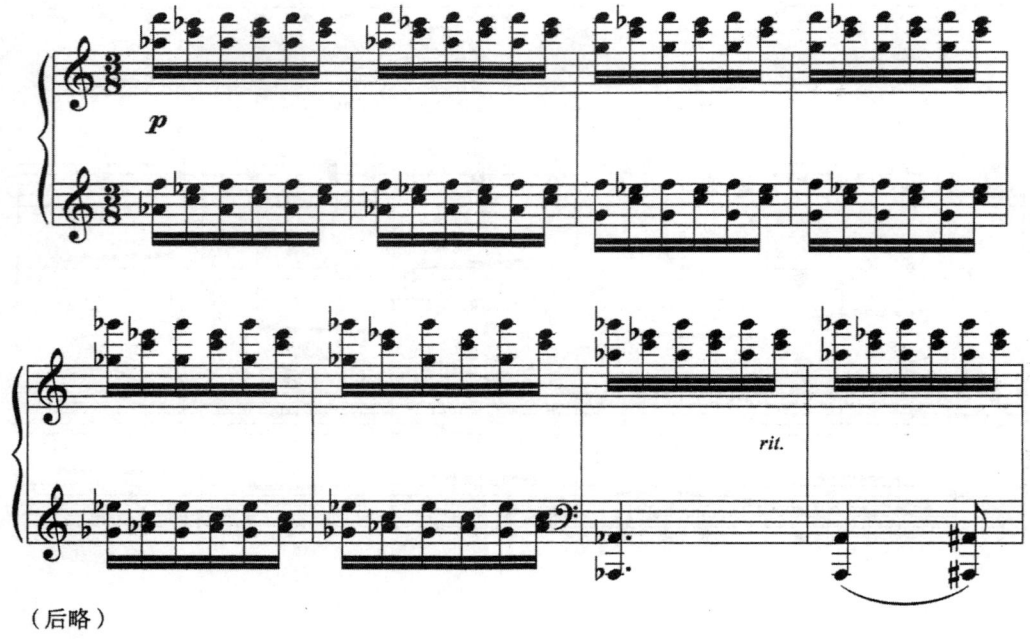

（后略）

八小节的引子运用和声音程的色彩变化来表现海水的明暗晃动和水草的婆娑摇摆。舞姿根据音乐设计成手臂的摆动和身体的旋转。

四、音乐的曲式结构及其特定的发展逻辑和结构张力限定了舞蹈作品的长度和内部结构

各种音乐要素在一个有起讫的时间过程中按照一定的逻辑加以分布、组合所形成的整体结构关系，就是音乐的曲式。任何一个舞蹈作品，无论是长篇巨制的舞剧，还是精炼短小的舞蹈作品，其中的音乐部分都要在时间的延展中一点点地铺陈，这是音乐艺术的一大特点，所以音乐被称为"时间的艺术"。舞蹈同样是时间的艺术。二者结合时，音乐的曲式结构同时也会成为舞蹈的结构。

曲式中包含主题、动机、乐段等结构元素，同样适用于舞蹈结构概念。

例如汉唐古典舞经典作品《踏歌》的音乐主题。

乐段由5个乐句构成，其内在关系体现出三部性原则：第1、2乐句为呈示；第3、4乐句为对比发展，第5乐句变化再现了第2乐句的材料。乐段每句8拍。其中第1句和第3句各能分出2个乐节，每个乐节4拍，其余乐句不分乐节。该乐段除了以各种踏足为主

流步伐之外，还发展了一部分流动性极强的步伐。这样可以在整体的"顿"中呈现一瞬间的"流"，通过流与顿的对比，形成视觉上的反差。这种反差在舞蹈与音乐结合的规律上体现为每4拍（1个乐节）换一个动作，并形成顿挫感，使舞蹈从头至尾都保持了一致的动律，让观众于踏足的清新、俏丽中又品味出些许的温存和婉约。

第二章　音乐舞蹈的一般原则

音乐与舞蹈虽是独立的艺术类别，却有着许多共同之处。首先，音乐与舞蹈的全部律动来源于它们的共同基础——节奏。节奏是音乐作品的骨架，也是构成舞蹈的基本要素。乐曲及舞蹈的主题形象和不同风格往往通过节奏感表现出来。最原始的乐舞是通过节奏把乐与舞联系到一起的，节奏就是它们关系的纽带。本章对音乐舞蹈中的节奏与韵律进行分析。

第一节　舞蹈和音乐的关系

一、舞蹈和音乐共生

舞蹈和音乐共生，指在舞蹈中一刻离不开音乐。而从音乐方面讲，舞蹈音乐离不开舞蹈，这使舞蹈和音乐二者呈相交状态。

我国远古至周代，"乐"是指诗歌、音乐、舞蹈三结合的艺术形式。直到唐宋，又有乐工、乐舞之称，尚无独立的"舞蹈"之行，到了近代、现代，音乐、舞蹈逐渐分开为两个行业。

二、舞蹈与音乐共生的可能性和必然性

舞蹈和音乐，都在时间的推移中展示主题、刻画形象，旋律的起伏跌宕，如同舞蹈姿态的高低变化，和声色彩的对比，好似各种场面、造型的交替。舞蹈和音乐，同样依靠结构、节拍和节奏才能组织起来，正如《乐记》云：

诗言其志也，歌咏其声也，舞动其容也。三者本于心，然后乐器从之。

音乐是听觉艺术，看不见摸不着。舞蹈是视觉艺术，可看不可听，具有优美的形象、丰富的造型，由于音乐和舞蹈同是时间的艺术，都善于表现感情活动的过程。这一共性，为舞蹈和音乐的共生提供了可能性。

然而，从音乐对于舞蹈的作用来看，仅仅依靠舞蹈本身难以独立。迄今为止，尚未发现任何其他手段能够将舞蹈动作组织、连贯起来——唯有音乐！如果脱离、抛弃音乐，演员表情再丰富，干巴巴的一串串动作，恐怕很难吸引观众。唯有发自内心的音乐语言如旋律、结构、节拍、节奏等能给予舞蹈以生命。音乐是舞蹈的灵魂，舞蹈时时刻刻依附于音乐，就好比鱼儿离不开水一样。

再从另一个角度看，舞蹈能将原本抽象的不确定性的音乐形象具体化，亦为音乐增色，使观众从视觉到听觉都获得美的享受，这便是舞蹈演出比交响乐、室内乐演出观众面广，易被群众理解接受的原因。故而可以说，不论任何类型的舞蹈，音乐是舞蹈的时间内涵，舞蹈是音乐的空间延展。这就是二者共生的必然性。

舞蹈依附于音乐包括伴奏音乐（有声的）以及演员通过动作节奏——强弱快慢——体现出来的内心音乐（无声的）。有的时候舞台上可能寂静无声，音乐节奏在演员心里。这同样是舞蹈离不开音乐的实例之一。

三、舞蹈与音乐结合的定位点

舞蹈与音乐结合的定位点是节奏。在我国民族民间舞中，现有均分律动和非均分律动两种节奏类型。古典舞身段也会遇到快慢相间、松紧交替的非均分律动节奏。节奏强拍的规则或不规则的出现，决定着舞蹈者动作姿态的转换，以及舞姿形成过程中抑扬顿挫的韵律。

节奏型的改变往往伴随着动作的改变。但有时候，相同的节奏可进行不同的舞蹈处理，或节奏型不同而动作相同，显示出舞蹈和音乐结合既统一又富有变化，达到绚丽多彩的艺术效果。

在我国民间舞中，还有舞蹈与音乐多线条、多层次结合的情况，舞蹈重拍和伴奏音乐

的重音不同步，此起彼落，交错进行。

四、舞蹈与音乐结合的框架

中国民间舞蹈大多短小，情绪单一，结构简单，舞蹈与音乐结合的框架，复杂现象少见。框架问题主要表现在创作上，舞蹈作品如何处理舞蹈与音乐的结合，必须先抓住整体结构这个框架。

音乐作为时间艺人，讲究结构的严谨，最忌杂乱、松散、拖沓。为了给听众留下深刻印象，音乐作品有主题陈述、展开、再现等一整套结构的原则。凡成功的舞蹈作品。结构处理和音乐逻辑必相一致、一浪涌一浪而推向高潮，在结构上舞蹈与音乐参差错落的例子至今未见。若音乐节奏加快，激烈，已达到高潮，而舞蹈轻柔无力，冷漠，从而跌入谷底。但是，我们有时遇见舞蹈编导们为了突出某些动作，硬把作曲家构思好的作品大砍大改，任意破坏原有的结构设计，好像一件美丽的新衣被剪得破破烂烂，却还要穿出门去，令作曲家头疼不已，致使一些很有才能的著名作曲家发誓再也不为舞蹈写音乐了。

我国舞蹈教育实行音乐为舞蹈服务的方针造成了一代又一代编导、教师、演员不尊重音乐。可悲的是许多舞蹈教育者至今执迷不悟，因此，愈来愈难找到真心的音乐合作者。

如果不重新端正舞蹈教育思想。这个问题永远解决不了。

五、舞蹈音乐和音乐的舞蹈性

为舞蹈伴奏和舞蹈共生的音乐是舞蹈音乐。其中包括自娱、娱神和娱人的民族民间歌舞。为舞蹈节目和舞剧创作的音乐同样是舞蹈音乐。

总之，舞蹈音乐不仅是为了给人听，还是为了给人跳的，不能跳的不叫舞蹈音乐。

音乐作品中常见的××舞曲或××之舞，那是作曲家用音乐描绘舞蹈场面或采用某种舞蹈节奏塑造音乐形象的作品，仅供耳闻，不适合为舞蹈伴奏。这类乐曲曲名虽冠以"舞"字，（也可能没有"舞"）字，实乃具有舞蹈性的音乐，并非舞蹈音乐。

近年，一些大编导（尤其国外的编导），常把过去认为不可跳的非舞蹈音乐编成舞蹈节目搬上舞台，是由于编导能深刻理解音乐，善于从音乐的旋律、节奏、结构中设计出最佳的动作表达，善于抓住并通过演员形体表现出音乐的情感变化和风格特点，他们的尝试正在打破舞蹈音乐与非舞蹈音乐的界限，从而开拓了视野，扩大了领域。迄今为止，也许有的节目成功，有的失败，有的暂时不被人们接受，但无论如何，这种尝试是有益的。正如人类的科学进步永无止境一样，我们对于舞蹈音乐的探索还需要不断努力。

第二节 中国民间舞蹈音乐中的节奏

一、舞蹈节奏的来源

广义地说，宇宙间万事万物都离不开节奏。天体运行，四季更迭，昼尽夜来，有一定节奏。人的生活，日出而作，日落而息，走路、说话等，都离不开节奏。狭义地说，艺术中任何规律性的东西也都是节奏。绘画的构图，音符的长短，戏剧情节的安排，电影的蒙太奇等。

现在，远的暂且不谈，只讨论与舞蹈音乐节奏有关的问题。

(一) 人体动作是产生节奏的原因

人在单独唱歌时，旋律很少具有西方文化力求的整齐划一，在原始人独唱中，张弛的往返是不规则的。

当唱歌同身体配合时，才形成了节奏。或微微摇晃上身，或按旋律的起伏打拍子，身体不论真动或有想动的意思，都是节奏的起因。2500年前希腊哲学家柏拉图就曾把旋律的产生归功于歌唱，把节奏的产生归功于人体动作。

舞蹈是人体动作产生的结果，但人体动作不仅仅是舞蹈，它包括的范围要广泛得多。

(二) 舞蹈节奏是舞蹈动作的伴随物

对于人的意识来说，唱歌时向前流动的旋律，和身体动作发出的起调节作用的节奏都是诱因，而舞蹈是使这两种力量平衡的桥梁。

举例说明，坐唱散板是难画小节线的，而站起来跳舞时节奏才往往有了规律。例如，西藏阿里地区札达县歌舞"宣"（参看第二章第二节），是慢板坐唱，拍子不规则，中速站起来按特定步伐跳舞时，音乐就具有了舞蹈节奏。例如，新疆维吾尔族十二木卡姆，前面序曲大段坐唱、散板，也是跳舞时音乐才有舞蹈节奏。以上二例说明，伴随舞蹈动作产生了舞蹈音乐的节奏。

二、节奏的历史观

（一）古典时期欧洲人的节奏感

自从物理学经典力学产生以来，人们不断征服自然。瓦特发明蒸汽机、火车车轮的转动、钟摆、机械运动等社会文明现象的出现，而以节拍器为标志，造就了欧洲人的均分律动感。

用节拍器表示均分律动节奏，是资本主义上升时期的产物。从伟大的古典音乐家巴赫、贝多芬到浪漫派大师肖邦、瓦格纳无一例外，贯穿在欧洲古典音乐传统之中。

（二）节奏感并非永恒不变

自从近代物理学之父爱因斯坦发现了失重状态下物体运动的力学规律，人类开始飞出地球，走向太空。太空生活很可能给人们另一种节奏感的启示。当人们普遍去太空遨游后，也许会发明另一种代替节拍器做节奏律动标尺的机器，也许就不是均分律动了。

三、中西不同节奏感的审美依据

（一）西洋

欧洲传统音乐均匀的节奏有其科学依据（如前所言），也有审美依据。

西方认识世界的出发点是物我对立，人要改造自然，征服自然，其审美的基本范围为宇宙、自然、客观世界的完美秩序——和谐、均衡、比例均匀——强迫自然人工化。以号称"凝固的音乐"的建筑为例，西方园林里改造自然使之符合人工的法则；笔直的道路，几何形的池岸，地毯式的花坛，规整的树木剪饰等，可见欧洲人何等喜爱整齐划一。

因此，从欧洲人的传统审美心理看，他们习惯将千姿百态的大自然纳入整齐、规划的节奏轨道。

（二）中国（以汉族为代表）

和欧洲不同，我们自古是漫长的农业社会，靠天吃饭，以顺应自然为本。北京天坛、地坛、皇帝每年祭天、祭地，祈求风调雨顺、五谷丰登。我们处处以保持自然的本来面目为美，故作"清水出芙蓉，天然去雕饰"。

中国古典园林建筑的美学原则是将人工自然化，用人工手段体现自然的美妙，达到身居城市而享受山林之趣的目的，和西方园林建筑的追求正相反。

北宋诗人苏东坡在《答谢民师书》一文中云，写文章"大略如行云流水，初无定质，但常行于所当行，常止于所不可不止，文理自然，姿态横生"。苏东坡的话是对顺应自然的进一步发挥——写文章如行云流水，保持自然的千姿百态。

正因为出于保持自然本来面目的传统审美观，我们在接受西方文明带来的西洋节奏感的同时，也还有伸缩性的节奏型，并允许非均分律动的存在，而不会像欧洲古典主义那样，要求一概整齐划一。

四、中国民间舞蹈音乐中的节奏型

谱例1

句 句 双

（汉族东北秧歌）

$1=C \dfrac{2}{4}$

0 6 5 3 | 1. 2 7 6 5. 3 | 2 3 5 3 5 6 1 3 2 | 1. 2 7 6 5 6 1 ‖

"句句双"每小节第一拍松（稍慢）。第二拍紧（稍快），是因为：
第一拍（强拍）动作大些。第二拍（弱拍）动作稍小。
板眼造成不平均节奏。

谱例2

汉族安徽花鼓灯

仓另个 仓另个 | 仓 打 | 令仓 乙令 | 仓 打 ‖

"打"字敲锣，向前催着，给人紧紧咬住小节第一拍不放的感觉。这时脚下虽停一拍，但不松劲，立即变动作，所以需要节奏紧凑。

谱例3

山东鼓子秧歌

‖: 龙冬 乙个龙冬 | 匡 来台 :‖

此例两小节时值相同，第二小节第一拍"匡"拉宽放慢，第二拍"来台"紧（加快）。因为"匡"字时需要右手抒髯口，压腕，手臂外推，放慢才有气势。

"和前面对比，来台"提腕手臂收回加快。因此，慢时拉开膀子压腕；快时提腕收回手臂。

谱例 4

山东海阳秧歌

‖: 冬次次　冬次次 | 冬次次　仓打打 :‖

此例第二小节"冬次次"比前后拍子都加快，是因为这时舞蹈表现狐狸精一惊一乍，跳脚扭腰，需要突出跳动的节奏变化，因此突然加快了。

以上汉族舞蹈四例说明了两个问题：

（1）舞蹈音乐的伸缩节奏，来源于舞蹈动作的需要。

（2）汉族虽存在伸缩节奏，却尚未形成民族的一套节拍快慢不同的固定程式。因此我认为不宜称非均分律动。在我国民间舞中，非均分律动节奏突出的例子是新疆帕米尔高原塔吉克族的舞蹈节奏。

第三节　中国古典舞身段及其音乐的韵律

一、身段韵律的来源

（一）什么是韵律

韵律原是诗歌的声韵和节律，由诗歌音调的高低、轻重、长短组成、匀称的间歇或停顿组成，音乐中的节奏、音调和重复等元素的有序安排构成了韵律。不同民族的诗歌，由于语言的音调、结构不同，韵律的规则也不同。譬如，我国古代诗歌的平仄、排偶、韵脚，外国诗歌中的轻重音、长短音节、音步、顿数等，都是韵律的具体运用。

简言之，韵律即诗歌中的音乐性，它包含：

（1）旋律——声调的高低。

（2）节奏——轻重长短的组合，以及匀称的间歇、顿挫等。

（3）结构——对称，呼应，相同音色的反复出现，句末行末的押韵等。

（二）诗歌——唱腔——戏曲——舞蹈身段

中唐诗人皎然著《诗式》，提倡作诗"清音韵其风律，丽句增其文采"，要求采取与诗的境界协调一致的语言形式。皎然的话非凭空臆造，而是总结前人创作的经验之谈。

试举一例：

通过朗读杜甫的七言律诗《登高》前四句标上节拍和音乐表情符号，可以体会诗歌本身的音乐性的表现力。

中速

风急 天高· 猿 啸 哀— | 渚清 沙白 | 鸟 飞 | 回 0 |
 mf mp

无边 落木· 萧 萧 | 下— | 不尽 长江 | 滚 滚 | 来 0 |
                                f

以上四句诗，力度由 mf—mp—f，渐弱再渐强，到了"滚滚来"三个字，十分响亮，准确地刻画了万里长江的气势，表达了作者深秋登高，满目苍凉，无限感慨的心情。此例是情趣、境界、韵律紧密相结合的典范，不愧为千秋佳句。

但是，如果将速度、节拍、表情记号改变，意境也会全变。

小快板 3/4

mp 风—— 急 | 天—高 | 猿—啸 | 哀—渚 | 清—沙 | 白—鸟 |

飞—— | 回 —— | 无—边 | 落—木 | 萧萧— | 下—— | 不尽— |

长江— | 滚—滚 | 来——‖

若按此法朗读，杜甫《登高》竟变成一首轻松愉快的圆舞曲，与原诗意不符。可见表情错了会歪曲形象，故不可乱意。

诗的语言的音乐性对民族歌唱旋律的产生有很大影响。譬如苏轼《念奴娇》开头

"大江东去"四个字，朗诵时为了表现出宽广豪迈的气势，"东"字比"江"字加强语气，提高声调。

谱例 5

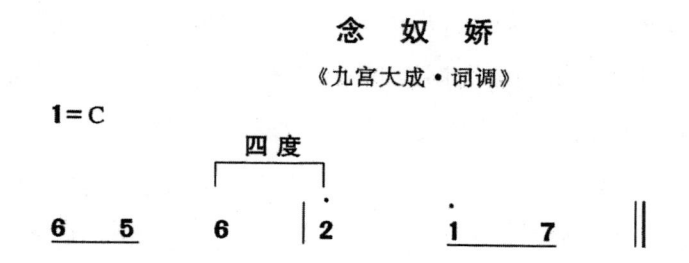

念 奴 娇
《九宫大成·词调》

1=C
　　　　　四度
6 5　6 | 2.　　1. 7 ‖

此例旋律上行四度跳进进而突出"东"字，因而突出了"东去"的动势。

再看 20 世纪 60 年代初活跃在北京舞台上的北方昆曲剧院老演员侯永奎演出的关汉卿《单刀会》，第四折关云长只身入虎穴。只见他，驾一叶小舟，面对波涛汹涌的长江，唱《新水令》，开头四个字也是"大江东去"。

谱例 6

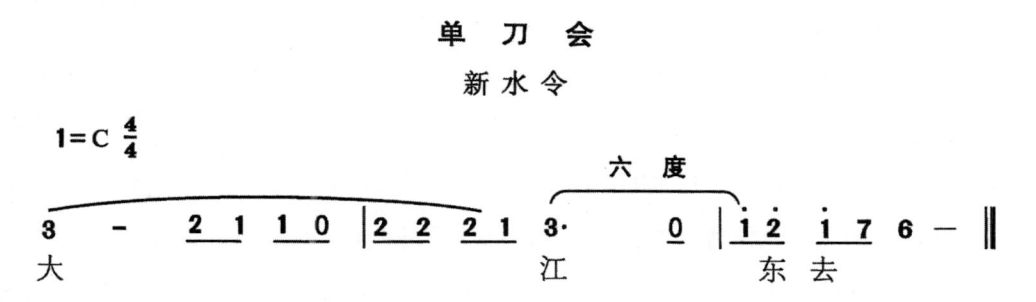

单 刀 会
新水令

1=C 4/4
　　　　　　　　　　　　　　　　　　六　度
3 -　 2110 | 2221　3·　0 | 1 2 1 7 6 - ‖
大　　　　　　　　　　　江　　　　　东　去

半句唱腔，"大"字一波三折，"江"字休止半拍突然一顿，向上六度跳进，突出"东"字的峭拔和力量。因此比词调《念奴娇》开头四字更加气势磅礴，气息宽广，也更有戏剧性。

此剧中角色关云长端坐船头，一边有艄公划船，背后周仓执大刀。关云长右手捋着美髯，左手指江水，用他那雄浑的嗓音庄严肃穆地表演，使观众肃然起敬。

戏曲唱腔讲究的是韵味。什么是韵味？韵味是含蓄美的表现方式，回肠荡气的演奏、演唱风格。譬如弹奏古琴左手吟揉走手音。再以昆曲法为例，要求"凤头、豹尾、猪肚肠"。吐字有喷口，清晰，秀丽，叫作"凤头"；收字归音，干净有力，"帅"，像写毛笔字一样，这就叫"豹尾"；"猪肚肠"指字头字尾中间行腔曲折圆润，起伏变化。用行家

· 31 ·

的话来说：即"字头轻轻发音，渐转字腹，徐归字尾，其间变化即觉轻重，犹须熨帖"。（引自北昆女演员洪雪飞的话）。总之，戏曲唱腔的韵味，指表情要求、风格味道。

以上由诗歌的音乐性谈到戏曲唱腔，下面谈戏曲中的身段舞蹈。

众所周知，不论讲中国文学史，或讲中国音乐史，宋元以后，主线是戏曲。舞蹈史讲这一段同样离不开戏曲。因为中国戏曲这门综合艺术本身包括文学、音乐、舞蹈、戏剧等。中国的音乐、舞蹈渐渐都被戏曲熔入一炉，与文学进行了结合。因此，我国原有的宫廷正统表演性舞蹈不仅未发展，且全部失传。如唐代著名的《霓裳羽衣舞》。南唐顾闳中画《韩熙载夜宴图》中著名舞蹈家王屋山跳的《绿腰舞》之类均不见了。在宫廷，过去唐、宋乐舞的地位被戏曲取代。及至清朝，宫廷先爱好昆曲，后爱好京剧，同治皇帝、慈禧太后，一个个成了戏迷。宫廷大典无不演戏，王公市民争相效仿，一时蔚然成风。

戏曲吸收了中国传统舞蹈的身法、舞姿、舞步，并和戏曲唱腔紧密结合，为交代情节，塑造人物，表达感情服务。当戏曲逐步规范化、程式化，便形成了我国独有的戏曲身段舞蹈。梅兰芳在《谈杜丽娘》一文里讲他学习、演出《游园》《惊梦》的情形，开始只觉得曲子好听，身段好看，但限于文化水平，对汤显祖的唱词和旁白不能全部理解。后请人逐句讲解，又把身段、唱法和曲文三方面结合起来下功夫，再到台上演出，就觉得和以前不同。总的来说，梅兰芳的表演是唱、念、舞结合的典范。而诗歌韵律——戏曲唱腔——戏曲的身段韵律是一脉相承的。20世纪50年代初，著名韩国舞蹈家崔承喜开创了中央戏剧学院舞蹈班，先找梅兰芳，后请昆曲名演员马祥麟、韩世昌、白云生、侯永奎几位，尝试将舞蹈从戏曲中分离出来。并培训出新中国第一代舞蹈家王诗英、王平、崔洁、叶宁、李正一以及比较年轻的杨宗光、唐满城等。按照崔承喜的路子，创造了主要由京剧、昆曲舞蹈脱胎而来的中国古典舞。崔承喜在我国近代舞蹈史上占有一席之地，为发展民族艺术做出了贡献。而古典舞身段是古典舞的重要组成部分，是其民族风格之精华所在。

（三）什么是古典舞身段韵律

正如舞蹈本身既有音乐性（指占据时间），又有造型性（指占据空间）一样。身段舞蹈的韵律美不仅指静止的舞姿造型，更讲究形成舞姿的过程，体现在连接动作的高低、强弱、大小、快慢的对比变化上。

在公元6世纪南朝梁代吴均《与顾章书》中用八个字形容白云：英英相杂，绵绵成韵。英英，说白云很轻盈，相杂，参差不齐。绵绵成韵，说连绵不断，造型高低，大小起伏变化。这里着一"韵"字，一下子点出了白云形状的音乐性，即动态美来。身段韵律之美，和吴均文章中的白云形态有异曲同工之妙。

中国书法艺术和身段舞蹈也有相通之处。书法通过结构疏密，点画的轻重、行笔的缓急来抒情写意，讲究行如流水，刚柔相济，转折顿挫，虚实分明。书法的形象特征具有造型美，运动特征具有韵律美。而舞蹈好比活的书法。以看得见的线条（姿态）和看不见的线条（手、足及身体运行的路线），或如龙飞凤舞，或如春蚕吐丝，达到刻画形象、表达感情的目的。因此，书法与身段舞蹈脉理相通。

李正一老师教身段课时，经常用毛笔字笔锋的顿挫转折来启发学生掌握舞蹈动作转折的劲头。可知多欣赏书法作品，体会了运笔的韵律感，有助于我们理解古典舞身段的韵律美。

舞院古典舞身段大体分为三种类型：

（1）慢、文雅、委婉的。从戏曲里书生、仕女形象提炼演变而来。这类动作慢中有大小、高低、疾徐的对比变化。

（2）中速、英俊刚武的。从武士、将军形象演变而来，动作要刚中有柔，大气度亮相之后有延续的抻劲。如同古琴弹奏强音后的左手吟揉走手音。

（3）快，小巧活泼，脆亮相。源于花旦形象。连接动作快中要有轻重缓急对比，抑扬顿挫的变化。

二、身段韵律的哲学思想

从根本上说，是受我国古老的辩证法——哲学思想体系的支配。

《周易》是周朝初年（约公元前10世纪）的著作，讲的是阴阳卦，早在殷商甲骨中已有卦象了。清代学者崔述说，卦起于"一阴一阳"。我国古代典籍中，阴阳之说无所不在，阴阳观被奉为一种具有普遍指导意义的世界观，成为中国人思想之源。譬如中国画论惯用的术语，如刚柔、动静、疏密、浓淡、虚实等，无不从阴阳观演化而来。

公元前6世纪春秋时代齐国人晏婴提出"同"与"和"，同——一模一样，和——对立因素构成协调统一。在儒家经典之一《春秋左传·昭公二十年》中记载了晏婴的一段话，他说："清浊，大小，短长，疾徐，哀乐，刚柔，迟速，高下，出入，周疏，以相济也。"晏婴的意思是，相济而和，构成了美妙的音乐。反之，只有单一的"同"，则不能构成美妙的音乐。

晏婴这段话，也是《周易》阴阳观的发挥，正如《周易》所说："刚柔相推，变在其中矣。"

老子《道德经》第二章更云："有无相生，难易相成，长短相形，高下相倾，音声相和，前后相随。"

总而言之，我国古代辩证法思想源远流长并影响深远，两千多年来，左右着人们的审美观念。古典舞身段美的标准是什么？从哲学的高度看，就是诸对立因素构成协调统一的"和"。由于受辩证法思想的支配，古典舞身段动作无时无刻不处在对立统一之中。如果抛开对立统一的法则，把身段动作做得呆呆板板，所有动作的节奏拉得平平的，即失去了中国古典舞身段的特色。因此可以说，没有"和"，也就没有古典舞身段的韵律。

第三章　学前儿童音乐教育课程理论

课程是实现教育目的的手段，是帮助幼儿获得有益的学习经验，是促进其身心全面和谐发展的各种教育活动的总和。学前儿童音乐教育课程是学前教育课程体系中不可或缺的一个重要组成部分，是实现审美教育目的、落实音乐教育目标的具体手段，是帮助幼儿获得有益的音乐学习经验并能够有效地迁移到其他领域与知识，通过情感的激发、陶冶和升华，培养幼儿健康乐观、积极向上的心理品质，促进其身心和谐发展的各种形式和内容的音乐教育活动的总和。

学前儿童音乐教育课程必须遵循学前教育课程的一般规律和要求，把过去那种单一的音乐课堂教学形式扩展到幼儿在园的一日生活之中，利用歌唱、舞蹈、听音乐、演奏乐器、表演、做节奏游戏等各种灵活的方式，尽可能地为幼儿提供多样化地接触音乐、学习音乐、参与音乐活动的机会和条件，重视音乐教育环境的创设，重视幼儿园与家庭、社会的联系，充分取得家长对学前儿童音乐教育意义、目标、内容、方法的认同，调动家长参与、支持和重视音乐教育的积极性，创设良好的音乐教育环境，充分发挥环境的整体教育功能。

第一节　学前儿童音乐教育的目标和内容

一、学前儿童音乐教育的目标

教育目标在学前儿童教育活动实施过程中对教育教学活动具有规定性的指导作用，它是选择教育内容、确定教育组织形式、设计教育方法、评价教育效果的重要依据。同样，学前儿童音乐教育目标是学前儿童音乐教育工作的重要指南，是学前儿童音乐教育中各项教育要素选择或确定的依据。目标体现了哪些是重要的及必须教给儿童的信念。从课程论的角度看，目标是课程构成的首要成分，处于核心位置，它既是课程设计的起点，也是它的终点。从教学论的角度看，目标之于教师和学习者，贯穿于教师的主导活动和学习者的主体活动的全过程，调控和影响着教育的结果。在幼儿园教育目标体系中，目标从上到下一般可分为五个层次。

教育目标具有不同的层次。在我国，最高层次的教育目标是通过《教育法》规定的教育方针提出来的，最高层次的教育目标就是教育目的，也就是全面指导幼儿园教育工作的总目标；第二层次是幼儿园各年龄班幼儿身心发展各方面的教育目标，是具体指导一个幼儿园的目标；第三层次是学期安排，是指导一个班的目标，是幼儿园年龄阶段目标结合本班幼儿具体情况的产物；第四层次是幼儿园的月计划或周计划的教育目标，是指导一个主题活动或教材的某单元活动的目标；第五个层次也是最后一个层次，是幼儿园一日生活、或一个活动、或一节课的教育目标，是具体指导一个教育活动或一节课的目标。

我国现阶段的教育目的，是"培养德、智、体等方面全面发展的社会主义事业的建设者和接班人"。在学前阶段，这一目的表现为"对幼儿实施体、智、德、美诸方面全面发展的教育，促进其身心和谐发展"。落实到美育，《幼儿园工作规程》将其表述为"萌发幼儿初步的感受美和表现美的情趣"。

《幼儿园工作规程》规定："幼儿园的教育活动应是有目的、有计划引导幼儿生动、活泼、主动活动的，多种形式的教育过程。"强调幼儿园的各项教育活动必须有明确的目标，学前儿童音乐教育活动也不例外。学前儿童音乐教育目标是幼教工作者对幼儿在一定学习期限内的学习效果的预期，是幼儿园教育目的的具体化，集中体现了音乐教育的指导思想，是幼儿园音乐教育活动的"指南针"和"方向盘"。

"教育目的""课程目标""活动目标"，是教育领域常见的关于"教育目标"所使用的术语。这些不同的称谓体现了教育目标的层次性。

幼儿园音乐教育目标的层次可以用示意图简要表示如图3-1所示：

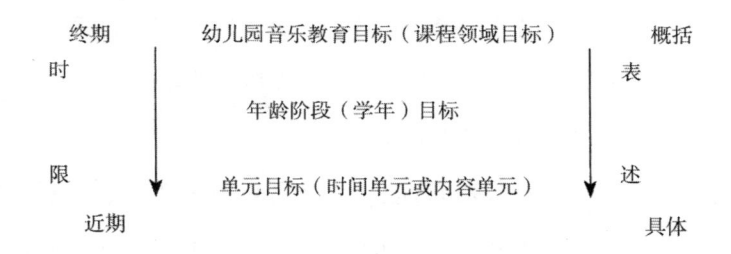

```
终期         幼儿园音乐教育目标（课程领域目标）        概括
时                                                   表
              年龄阶段（学年）目标
限                                                   述
  ↓                                             ↓
              单元目标（时间单元或内容单元）
近期                                                 具体
```

图3-1 教育活动目标

教育目的是最高层次的，它体现了国家的意识形态和教育理念，统领整个教育活动的方向。而音乐这一课程领域的教育目标和学年目标一般是由课程研究人员协同教育行政部门确定的。与幼儿教师直接相关的是单元教育活动和具体教育活动层次的目标。上一层目标的实现依托于下一层目标的分解落实。幼儿园音乐教育目标是通过一个个具体的教育活动而得以实现的，每次教育活动目标的实现，都是向幼儿园教育总目标迈进了一步。

因此，这种"自上而下"的目标体系决定了从对教育（课程）目标的把握到活动目标的确定，实际上是一个教师对教育现象由抽象的一般化定向进入到具体的可行性定向的过程。在幼儿园教育领域，落实课程目标就是要根据课程目标的指向，结合本园教育的指导思想和幼儿发展实际，制定本园教育目标和幼儿发展目标，进而确定课程内容，然后将目标和内容整合、分解，转化成为教师可操作的日常教育教学活动。音乐教育目标和活动目标也是这样，课程领域目标是国家或社会在艺术教育领域针对幼儿的发展，向教师提出的一种概括性、总体性的要求，是一种应然状态的设想和方向。活动目标则是教师根据这个指向，在具体活动中制定的一种实然性的教育标准或要求。

学前儿童音乐教育目标有着其自身的特点，一方面，我们所谈论的是幼儿音乐教育不是一般的幼儿教育或其他课程领域的教育，另一方面，我们是在幼儿教育的前提下谈幼儿音乐教育。

《幼儿园教育指导纲要》（以下简称《纲要》）将幼儿园艺术领域的教育目标定义为三个方面：

（1）能初步感受并喜爱环境、生活和艺术中的美。

（2）喜欢参加艺术活动，并能大胆地表现自己的情感和体验。

（3）能用自己喜欢的方式进行艺术表现活动。

《纲要》抓住"美"这一艺术的本质属性，从感受——体验——表现的层次提出了艺术教育的目标。具体到音乐这一艺术门类，《纲要》目标的总体规定启示我们应该关注音乐活动的情感—体验过程，而不是从一般意义上的认知—逻辑过程来思考音乐教育的目标。这是音乐活动区别于其他领域活动的最本质特征。音乐教育活动不是知识的灌输，它强调幼儿主体性的体验，但也绝不是简单的感觉，不是随意的听听、唱唱、做做就能实现的，它包含着丰富的认知、技能成分。对幼儿来说，感知主要指幼儿感性地听，对音乐作品的构成要素、各要素之间的结构、表现形式等有初步的感受与认识。体验主要是指幼儿通过亲身实践，在参与音乐活动的过程中，与作品相互激发、融合，并在感知的促动和引领下，伴随发生某种情感反应或称之为共鸣。并且幼儿在获得艺术体验时，常常伴有相应的外部行为表现——配合乐音的运动。这些表情或动作就是"表现"，即"演唱""表演"或"创造性地表现"的雏形，经过教师的引导和指点，幼儿可以获得更为深入的表现体验。

再具体到学前儿童音乐教育，能够体现音乐教育学科特点、便于分解转化为操作层次的学前儿童音乐教育总目标的确定，还需要依据一定的教育观、课程观、儿童观等教育理论基础，需要首先对音乐教育目标进行归类，确定音乐教育的归属问题。

目前，在学前教育界比较有影响的目标分类法可以说是美国布鲁姆的教育目标分类学，它是"用一种对教育过程的目的进行分类的体系"，把教育目标分成认知、情感、动作技能三个领域，每一领域的目标又依据能力的复杂程度或品格的内化程度，分成由低到高的层次，形成一个完整的目标体系。例如，认知领域的目标包括知识、领会、运用、分析、综合、评价六个层次；而知识这一层次又分成三小类，如具体的知识、处理具体事物的方式方法的知识、学科领域中的普遍原理和抽象概念的知识。这种分类的特点是"一种对学生行为的分类，而这些行为代表了教育过程所要达到的结果"。

这一理论为我们观察学前儿童音乐教育过程、分析教育活动、评价教育效果提供了可触可辨的具体框架，它赋予学前儿童音乐教育目标以可操作的具体内容。

但是正如有的学者对布鲁姆的目标分类学所提出的意见那样：学习可以认为是不同领域的融合，并不可以人为地分割成三个领域；即使领域的概念能确立，认知、情感、动作技能这三个领域是否足够反映心理结构的成分和学习的性质还有待讨论；况且每一层次的目标都含有理解的成分。那么，尤其对于像音乐这样充满智慧和灵性的艺术学科，对于以萌发幼儿对音乐美的感受和表现为己任的学前儿童音乐教育，如何在认知、情感、动作技能这三个维度上凸显感受和表现的教育内涵，如何突出音乐教育作为艺术教育、审美教育、情感教育与科学教育、知识技能教育的显著区别与优势，如何显明音乐艺术自身的学科特点与规律，如何在体现操作性的同时克服烦琐与简单化的倾向，就值得进一步研究与推敲。

对教育目标进行分类可以使我们在教育过程中有更清晰、更明确的指向性，同时也可以引导我们去注意一个教育过程可能对幼儿产生的多方面的教育影响。但是，没有一种十全十美的理论框架能够囊括所有的教育因素和心理因素，所以我们只能依据我们所持有的教育价值与教育信念来进行取舍和扬弃。

学前教育常用的目标分类法还有以儿童发展方面分类的，把"身心健康和谐发展"的教育目的分解成能力培养的三个方面，将艺术纳入认知经验和操作经验的范畴。

从音乐教育作为艺术教育、审美教育、情感教育所应有的特殊性和具有的特殊功能来看，我们比较倾向于以教育内容领域的分类方法，把学前教育划分为自然、健康、社会、语言和艺术五个领域。这种分类方法使音乐作为艺术学科的地位和特性得到了充分的肯定。只有在充分体现与尊重音乐艺术特殊性的基础上，音乐教育才有可能在整个学前教育体系中发挥其不可替代的、独特的、应有的作用。当我们讨论任何有关学前儿童音乐教育的问题时，我们都必须清醒地认识到，我们在谈论的是学前儿童音乐教育而不是一般的学前教育或语言教育及其他教育；当然，我们也必须同时意识到，我们是在学前教育的大前提下谈论学前儿童音乐教育，而不仅仅是在谈论音乐或音乐教育。

在这一思想原则指导下，根据《幼儿园工作规程》对学前儿童美育目标的规定："萌发幼儿初步感受美和表现美的情趣"，根据现代学前教育理论对教育主体——幼儿学习经验的重视与关注，基于这样的教育理念：即儿童是在主动地与环境中各种因素相互作用的过程中学习和发展的，尤其是学前儿童的学习主要以行动为向导，而不是以文字符号为向导。因此，直接参与的经验是学前儿童学习的必备要素，学前教育应该以真实的经验和真实的事件为基础，尽可能给予幼儿动手操作、直接观察和亲身体验的机会，让他们获得亲身的经历和体会，并能用自己的话说出事情发生的过程，这样的学习对幼儿才是最有意义的。重要的是让幼儿去做，所有学前儿童的学习活动都必须建立在物体操作的主动性经验的基础上。尤其是像音乐这样充满智慧和灵性的艺术学科，对于以萌发幼儿对音乐美的感受和表现为己任的幼儿音乐教育，如何在认知、情感、动作技能这三个维度上凸显感受和表现的教育内涵，如何突出音乐教育作为艺术教育、审美教育、情感教育与科学教育、知识技能教育的显著区别与优势，如何显示音乐艺术自身的学科特点与规律就成为一个非常重要的问题。

在具体的幼儿园音乐教育实践中，要实现《纲要》所提出的艺术教育目标，需要教师不断地深化对教育理念的认识，强化目标意识，并转化为教育行为。必须制定合理、适宜的目标，因为如果活动目标本身不合理，那么在它"指引"下的教学过程也是无效的。显然，如果课程目标不能在每一次具体的教学活动中得到转化和落实，就会成为一句空文，流于形式。

具体到幼儿园音乐教育的目标，我们认为应该从以下几个方面加以培养：

（1）培养幼儿参与歌唱、韵律活动、倾听等幼儿园各种音乐活动形式的兴趣和热情，挖掘每一个幼儿与生俱来的音乐潜力，使幼儿在亲身参与的音乐实践活动中获得音乐能力，以音乐能力的发展来进一步巩固和激发幼儿对音乐活动的兴趣与热情。

（2）教给幼儿感受和表现音乐美的方法、手段与途径，使幼儿通过必要的音乐知识与技能，即通过音乐本身所特有的路径走向对音乐美的感受和表现，而不仅仅停留或结束在音乐的知识与技能上。

（3）使幼儿以一种自我肯定的、创造性的态度去对待音乐的感受与表现，并有能力以声音、节奏为手段去表现他所感受到的音乐和情感。

（4）积累一定数量的音乐作品，能够富有热情、富有表现力和创造性地进行表演。

具体说来，学前儿童音乐教育首先要培养幼儿对音乐艺术美的感受能力，培养幼儿对声音的敏感和喜爱，能够分辨、认识自然界和现实生活中各种美妙有趣的声音，并保持对各种声音的好奇、敏感和喜爱，培养幼儿对优秀的经典音乐小品的兴趣和热情，养成良好的倾听音乐、欣赏音乐的习惯，逐渐学会听辨童声、男女声等人声的不同音色及笛子、二胡、琵琶、锣、鼓、钢琴、小提琴、大提琴等常用的民族乐器和西洋乐器的音色,懂得欣赏这些不同音色的美;学会听辨和感受乐音的高低、长短、强弱、音色的变化及其不同的表情作用,进而学会听辨和感受音乐中旋律、节奏、节拍、速度、力度、音色等音乐的基本表情手段及其表情作用,懂得欣赏这些音乐表情手段所表现的音乐美;能够从风格上初步感知进行曲性质的、舞曲、摇篮曲性质的音乐的基本情绪表现,并能感知2/4、3/4、4/4等常用节拍的强弱循环规律及其内含的韵律美;同时,学会从听觉上感知和辨别音乐中的相同和不同,从感性听觉上获得对音乐结构的初步感知。

音乐是表演的艺术。学前儿童音乐教育要培养幼儿对音乐表现的兴趣和热情,要使幼儿喜欢唱歌,并初步养成良好的歌唱习惯,能够用自然、好听的声音有表情地演唱音域和速度适中、结构短小、内容集中的幼儿歌曲,做到姿势正确、呼吸恰当、吐字清楚、音高和节奏基本准确。尤其要让小朋友知道合理用嗓、保护嗓音,不大声喊唱,能够有表情地用歌声来表现歌曲的情绪情感和鲜明的风格特征,抒发自己的情感;培养幼儿喜欢演奏乐器,掌握木琴、钟琴、沙锤、三角铁、双响筒等5~6种简易节奏乐器的正确演奏方法,能够用好听的音色,有表情地为学过的歌曲、律动、游戏伴奏,要求基本节奏准确、速度稳定、音响效果合理。培养幼儿喜欢音乐表演,能够有勇气、有表情地独自在众人面前演唱或演奏,并能在齐唱或齐奏、合奏中与集体保持协调一致。教师应当为幼儿提供充分的表演机会和条件。幼儿每年至少应学会齐唱、独唱歌曲15~20首;学会用节奏乐器演奏5~6首乐曲。

艺术是最富创造性的领域。在学前儿童音乐教育活动中要培养幼儿学习利用声音这一物质手段进行最初步的音乐创造的能力;学会运用声音手段表达情感,学会用各种声音材料去模拟和表现各种有意义的自然现象、人物或事件,用声音去编创较为完整的带有情节的声音故事,进而尝试为所学的有关儿歌或故事进行配乐表演。在器乐演奏中学会自己创编富有效果的节奏型和配器,可以先从老师独立编配、师生共同讨论,逐步过渡到幼儿自己的独立编配。学会根据歌曲的内容、形式和情绪表现,创编出有表现力的表演动作或新的表演形式,边唱边表演,丰富歌曲的表现内容。

在对幼儿进行音乐感受能力、表现能力和创造能力培养的基础上,还可以通过艺术的、游戏的方式,使幼儿获得最基本的、初步的、必要的,然而必须是正确的、准确的、浅显的音乐文化知识和概念。了解音乐是借助声音这一物质手段,表达我们人类自身喜怒哀乐各种情感的一种艺术形式，通过音乐我们可以分享他人的喜悦和忧伤，也可以表达我们自己的快乐和希望；结合歌曲学唱、乐曲演奏和欣赏，学习认识节拍，并能感受、理解和分辨四二拍、四三拍、四四拍的强弱循环规律，认识单纯的节奏符号（即节奏谱），能够口读、识别、拍击、视奏。

（一）活动的目标层次是交织融合的

幼儿园艺术教育领域的"感受—体验—表现"的目标实际上体现了情感与态度—过程与方法—认知与技能的三维价值理念。"感受—体验—表现"本身就是一个情感与态度获得的过程，包含了幼儿认知和技能的学习与发展，也就是说，它们不是截然断开的三个目标层次，而是相互交织、促进的整体，它们是共同实现的，只是每次具体活动目标的侧重点不同而已。

当前的幼儿园音乐教育强调把情感与态度目标放在首位，反映了对幼儿主体性的关注。但是，我们不能简单地把它理解为教育活动只要让幼儿高兴、快乐就行了。其实，这个目标本身就包含着对另外两个目标层次的要求，即在音乐教育的框架内，通过什么样的过程和方法，需要什么样的认知和技能的支持，才能让幼儿立足于发展，并从中获得快乐、愉悦等良好的情感和态度。此外，感受、体验、表现，一方面表现出一定的层级关系，另一方面也是一个交织融合的整体，没有超越感受和体验的表现，也没有脱离表现的感受和体验。

因此，幼儿音乐教育的三维目标体现了幼儿园课程改革的新理念，旨在促进幼儿的主体性发展，为其终身学习奠定良好的态度基础。在教育实践中，有时根据各方面的要求，各种渠道信息所确定的教学目标，可能是散乱而无序的，这样的目标无法很好地发挥其应有职能，必须形成一定的系统结构，有机地组织成为一个完整的综合体，体现合力的作用。这就需要教师在制订具体的音乐活动目标时灵活变通，具体情况具体分析，确定目标时必须抓住与全面发展的内在联系，选择能牵一发而动全身的"点"，从点上去完成面上的目标，有重点地全盘考虑目标层次性之间的交融性，避免目标太大、太空洞，缺乏实质性的内容。

（二）活动目标各层次的表述有程度之分

活动目标有层次分类，每级层次又有程度的水平之分，布鲁姆的目标体系就对每类目标都做了水平描述。比如在情感目标方面，由低到高，接受—反应—价值—组织—体系的个性化五个等级；动作技能有知觉—定向—受指导反应—机械动作—外显反应适应—独创性七个等级。当然，这里的水平等级还应该结合具体的学科和学龄特点来分析。

《纲要》提出的幼儿艺术教育目标是绝大多数幼儿经过努力能够达到的。但是这个指导标准在对不同阶段目标进行描述时，重点不是对活动过程的规定，而是对教学具体内容、教学先后顺序等问题提供一些详实的建议、指导和多种可供选择的空间，对教师教学的影响是间接的、指导性的、具有弹性的。所以，在每次具体的活动中，幼儿要达到，可以达到什么样的发展，教师要自己把握、调整，先实现什么，后实现什么，实现的程度是什么，教师可根据实际情况自行安排，应该反映出水平的程度性，不能过于笼统，不能一概而论，否则，态度情感方面和能力方面的目标，很容易最终流于形式，变成教师想当然的一种期望。尤其是对于幼儿音乐教育，在活动中幼儿的生成性和表现性也是需要教师在制定目标时有所考虑并在实际活动中重点关注的。

（三）活动目标的表述措辞明确具体

模糊的语言必然使陈述的目标模糊不清。行为目标的描述应该使用明确的行为动词和具体的宾语。当前幼儿园音乐活动围绕《纲要》提出的"感受、体验、表现"音乐之"美"的教育目标组织活动，因此，在活动中必须具体分解这些目标用语。就拿"美"来说，不同的活动，不同的教材，表现出的美是不同的：舞曲的欢乐活泼，摇篮曲的安静轻柔，进行曲的雄壮有力等，这就要求教师能够运用准确和标准的词语对音乐的"美"进行描述。只有这样的描述，我们才能看到幼儿将会获得什么样的"美"的感受和体验。陈述教学目标的语句固然要简洁精练，但是必要的限制性词语不可随便省略。

至于"体验、想象"等词语虽然是反映内心活动的目标，也应该有相对应的外显行为的动词，但不必太具体，因为这样的目标已经属于表现性目标的行列，具有发散性和个性化，是随着活动的展开而发生的。

但是由于行为目标是针对幼儿行为变化的教育效果的角度来叙写的，容易忽略一些反映幼儿内在品质变化的教育期望和一些不可预测的教育效果，它容易引起设计者和教师仅对幼儿外显的具体细微的行为的关注而忽视了一些真正重要的教育成果。这种预先界定的外显目标还有可能妨碍教师利用教室中偶发的教育机会，容易引导教师单纯地追求教学结果而忽略了教学过程。还有一些科目辨别可测量的幼儿行为较为困难。音乐就是这样，有时候音乐带给人们情感上的体验和感动不是很容易通过外显的行为特征所能观察和测量的，而这种内心深处的情感打动又恰恰是最具教育价值的。因此，我们在运用行为目标的叙写方式确定学前儿童音乐教育的具体活动目标时，对幼儿在音乐行为方面的表现与期待不能太机械、太刻板，而是应当理解得更为宽泛一些、灵活一些，不要把活的音乐，把充满活力的孩子的活的音乐活动给限制死了。

二、学前儿童音乐教育的年龄目标

目前对学前儿童音乐教育年龄阶段教育目标的确认，基本如下：

（一）小班（3~4岁）

1. 歌唱

（1）学会15~20首幼儿歌曲，在有伴奏的情况下能独立演唱。

（2）学习用正确的姿势、自然的声音歌唱，音域在c^1~g^1，吐字节奏基本正确，音准大致准确，并能注意歌声的协调一致。

（3）能够初步理解和表现歌曲的形象、内容和情感。

（4）在教师的帮助下能够为歌曲创编表演动作、增编新的歌词。

2. 韵律活动

（1）喜欢韵律活动，积累一些简单的模仿动作和基本动作。

（2）基本上能按照音乐的节奏节拍做上肢或下肢的简单模仿动作和基本动作，并能基本上做到随音乐的变化及时改变动作。

（3）学习几种节奏乐器的基本奏法，在齐奏中基本合拍，并能基本整齐地开始和结束。

（4）学习一些由二分音符、四分音符、八分音符构成的简单节奏型，并能够进行一定程度的创造性表现。

3. 音乐欣赏

（1）喜欢倾听周围环境中各种丰富的声音形态并加以模仿和表现，喜欢欣赏音乐，积累一定数量的欣赏曲目。

（2）能够初步感受形象鲜明、集中，结构短小的歌曲或有标题的器乐曲，并能在感受的过程中产生一定的积极的外部行为反应。在有对比的情况下能分辨其中差别明显的高低、快慢、强弱的变化及其音乐表现力。

（3）初步了解进行曲、摇篮曲、舞曲的音乐特征，并能通过动作、绘画等适当的方式表达他们对这些不同风格作品的感受。

（二）中班（4~5岁）

1. 歌唱

（1）学会15~20首幼儿歌曲，喜欢并能够独立地在众人面前表演。

（2）能用正确的姿势、自然的声音歌唱，音域在 c^1 ~ a^1，吐字清楚、节奏正确，在有伴奏时演唱音调准确，学习各种不同的演唱形式，学习协调一致地在集体中歌唱，学会倾听歌曲的前奏、间奏等。

（3）学习用不同的速度、力度，音色的变化来表现歌曲的形象、内容和情感。

（4）在教师的帮助下能够为歌曲创编表演动作、增编歌词、变换演唱形式、编配伴奏。

2. 韵律活动

（1）逐步积累稍复杂的模仿动作，学会一些基本的舞蹈动作和集体舞。

（2）能按音乐的节奏节拍做简单的上下肢联合的基本动作、模仿动作和舞蹈动作，能随音乐力度、速度、音区、节拍等的变化变换动作，学会用动作表现音乐的情绪情感。

（3）进一步学习节奏乐器的奏法，能主动探索乐器音色的不同表现力，有兴趣在教师的指导下学习节奏乐曲的配器。

（4）学习根据音乐创造性地用动作的方式表现音乐。

3. 音乐欣赏

（1）欣赏音乐，并对欣赏过的作品有自己的态度倾向。

（2）能够感受形象鲜明、集中，结构短小的歌曲和器乐曲，并能在感受过程中产生一定的想象、联想和积极的外部行为反应。在有对比的情况下能分辨差别较明显的高低、快慢、强弱的变化及其音乐表现力。

(3) 进一步了解进行曲、摇篮曲、舞曲的音乐特征，并学会通过动作、绘画、语言等各种方式表达自己对于作品的感受和理解。

（三）大班（5~6岁）

1. 歌唱

（1）学会15~20首幼儿歌曲，能够用各种不同的演唱形式在人前表演。

（2）能用正确的姿势、自然好听的声音歌唱，音域在c^1~c^2、吐字、节奏、音准正确，在各种演唱形式中歌声整齐、和谐、统一。

（3）能用不同的速度、力度、音色变化来表现歌曲的形象、内容和情感。

（4）能够自己为歌曲创编表演动作、增编歌词、变换演唱形式、编配伴奏。

2. 韵律活动

（1）进一步丰富舞蹈动作语汇，学会稍复杂的集体舞和表演舞。

（2）能够比较准确地按照音乐的节奏节拍做出各种稍复杂的基本动作、模仿动作和舞蹈动作组合，能用富有表现力的动作反映音乐的情绪和变化。

（3）进一步学习更多的节奏乐器奏法，学会独立地设计演奏方案。

（4）学会根据音乐自编各种韵律活动形式。

3. 音乐欣赏

（1）欣赏音乐，有欣赏音乐的自觉爱好，有自己喜欢的音乐作品。

（2）能够较准确地感受形象鲜明、集中的歌曲或器乐曲，并能在感受过程中产生较丰富的想象、联想和积极而富有个性的外部反应。能够辨别音乐的音区、速度、力度等变化及其音乐表现力。

（3）进一步深化对进行曲、摇篮曲、舞曲音乐特征的认识和把握，能够富有个性地通过语言、绘画、动作等各种方式表达自己对作品的感受和理解。

三、学前儿童音乐教育的内容与教材

教育内容是教育的活力源泉，是用来解决"教什么或学什么"的问题。

当前我国幼儿音乐教育的内容一般包括三个方面：歌唱、韵律活动、音乐欣赏。从幼儿园的教育实践来看，无论是哪种活动通常都离不开歌曲或器乐曲。因此，幼儿园音乐教育的内容主要就是指具体的歌曲和器乐曲（统称音乐作品），即教材。

从教育目的，培养目标到课程目标，再到活动目标，是一个从概括向具体不断转化的过程。这一过程的实现需要通过具体的要素和途径。音乐教育的基本途径是由教师通过音乐作品（即教材）的艺术形象去激发儿童的情感，使其产生情感激动，获得审美感受，从而领悟其内涵，并受到教育。因此，音乐教材在幼儿音乐教育中有着举足轻重的作用。它承载着一定的教育价值，是教育思想、教育观念的一种外显形式，是教育内容的具体体现，是每一次具体的音乐教育活动的基础，是实现教育目标的关键要素。

幼儿音乐教育活动目标的实现和教材之间的关系可以用以图3-2来表达：

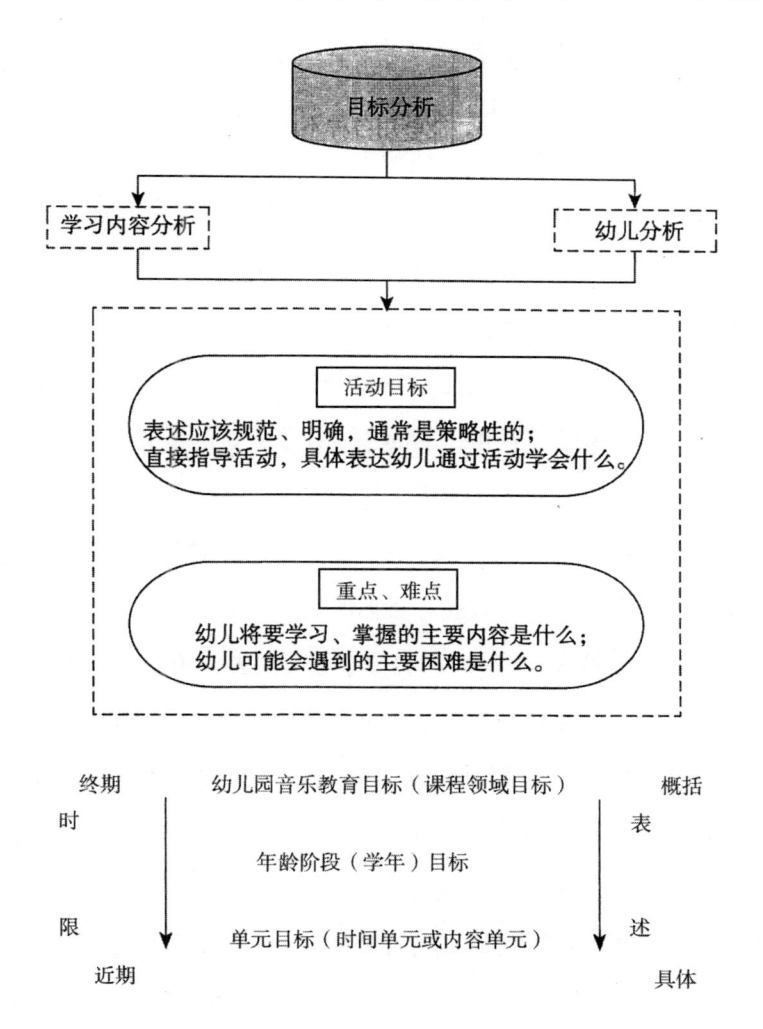

图3-2 幼儿音乐教育活动目标分析

教材是活动设计和实施最直观、最具体的表现形态。对幼儿来说，音乐教材提供了具体的学习材料，其质量的优劣、水平的高低，直接影响到音乐的学习效果；对教师来说，音乐教材是完成教育活动任务，实现教学目标的具体依托。因此，教师只有选择合适的音乐作品，才能在此基础上设计有效的"审美"目标。

选择适宜的教材是实现教育目标的第一步。接下来对教材的分析则是准备音乐活动，设计目标的重要环节。这里所说的分析既不是简单的弹奏、随意的听听，也不是纯粹的理性思考，应该包含教师生动鲜活的体验：在反复地弹奏、演唱、聆听或是动作练习中思考教材蕴涵的教育价值，是理性—感性—理性这样一个螺旋上升的过程。具体说来，可以从以下几个方面进行分析：

（1）明确音乐作品的主题内容和教育内涵。

（2）掌握音乐作品的情绪类型和艺术特点。

（3）了解音乐作品中各个音乐表现手段的表现作用。

同时，还需要教师把这些静态的"乐谱"通过自身的表现转化成活生生的艺术。康德说过："艺术不是靠理论说明而是靠范本在发挥作用。"这里的范本不仅是指优秀的音乐作品本身，同时，也可以理解为教师对音乐作品的表现和表达。教师的音乐表现能力是美感传导的重要环节，它既是审美心理"物化"的具体体现，也是整个运转机制的传导物质。由此，教师实际获得的是对每一首音乐作品的主要音乐要素的认知和感受，是对音乐作品表现力的亲身体验，这些音乐要素统一于音乐作品整体，就是音乐"美"的具体表现，就是教师设计活动目标的"敲门砖"。教师抓住了这些"敲门砖"，把它贯穿于所拟定的情感态度、认知技能以及感受、体验、表现等目标的始终，就可以使目标明确具体、切实可行，而不至于导致"盲目、散乱"，价值和成效过低而失去音乐活动"育人"的意义。

值得一提的是，教师在设计音乐教育活动时经常会参考一些教学参考资料、优秀教案等。但是，由于这些材料的编写者都是根据自己对教育目的、目标的理解而设计和编写的，作者所预设的教育目标和内容，与教育对象的个体差异之间必然存在着一定的距离，难以适合不同层次、不同需要的幼儿园和教师，也难以满足不同幼儿的兴趣和需要。因此，教学指导用书仅仅是教师音乐教育实践的素材、例子和资料库，而不是放之四海而皆准的准则，运用的关键还必须做到对参考资料的去粗取精、去虚求实的加工处理。只有基于以上两个步骤的分析，在运用教参时才真正具有甄别性，既不会优劣不分，也不会流于形式盲目照搬和模仿。而是带有自己的思考和体验,从而对教参乃至众多的教育资源,如网络资源、多媒体资源进行理性地使用,做到去伪存真,取长补短,使教材真正为我所用,而非误导、限制教师转化的能力。

此外,一切教育活动只有从幼儿的实际出发才能获得成功和优化。因此,在教学中必须自始至终关注音乐教学的对象——幼儿。我们必须了解:

(1) 幼儿整体的年龄阶段性目标,从中发现幼儿的学习特点与规律——揭示孩子的音域特点、发声水平、思维、兴趣、情绪特征以及音乐表现的程度等,并选择合适的教材,制定恰当的目标。

(2) 对照本班幼儿的实际表现进行分析,发现幼儿学习的准备性和面临的发展课题,在了解本班幼儿已有发展水平和实际表现的基础上,对幼儿可能有的表现和可能出现的问题进行预期。也就是"摸准"幼儿的基点和需要点。只有这样,在制定目标时才能做到既掌握幼儿的已有水平,又考虑到困难和问题,从而使目标明确具体、切实可行。

教育内容的确定应以教育目标的实现为原则,学前儿童音乐教育也不例外。现代教育对教育内容的理解已不再是单纯的学科知识与技能,不再仅仅是传统的几门学科,而是要给学习者提供更为综合与广泛的知识经验,还应包括建构知识的方法、包括儿童在学习过程中所形成的态度、价值观和学习能力等相应的行为方式,以适应学习者个性全面发展的需要。学前教育的课程内容必须为幼儿提供广泛接触生活、自然与社会的机会,以满足幼儿身体、认知、语言、情感、社会性各方面发展的需要,培养健康的个性和健全的人格。因此,学前教育课程内容的选择不能以传授学科知识与技能为出发点,而应该立足于满足幼儿全面发展的需要,有助于幼儿与生俱来的潜能得到充分地展现,有助于幼儿良好个性品质的形成,有助于幼儿健康人格的发展。

《幼儿园教育指导纲要(试行)》规定,幼儿园艺术领域的教育内容与要求应从以下几个方面入手:

(1) 引导幼儿接触周围环境和生活中美好的人、事、物,丰富他们的感性经验和审美情趣,激发他们表现美、创造美的情趣。

(2) 在艺术活动中面向全体幼儿,要针对他们的不同特点和需要,让每个幼儿都得到美的熏陶和培养。对有艺术天赋的幼儿要注意发展他们的艺术潜能。

(3) 提供自由表现的机会,鼓励幼儿用不同的艺术形式大胆地表达自己的情感、理解和想象，尊重每个幼儿的想法和创造，肯定和接纳他们独特的审美感受和表现方式，分享他们创造的快乐。

（4）在支持、鼓励幼儿积极参加各种艺术活动并大胆表现的同时，帮助他们提高表现的技能和能力。

（5）指导幼儿利用身边的物品或废旧材料制作玩具、手工艺品等来美化自己的生活或开展其他活动。

（6）为幼儿创设展示自己作品的条件，引导幼儿相互交流、相互欣赏、共同提高。

落实到幼儿园的音乐教育活动，课程内容的选择既要适合幼儿的现有音乐能力水平，又要具有一定的挑战性；既要符合幼儿的现实需要，又要有利于其长远发展；既要贴近幼儿的生活来选择幼儿感兴趣的事物和问题，又要有助于拓展幼儿的经验和视野。学前儿童音乐教育活动内容的组织还应该充分考虑幼儿的学习特点和认知规律，要将各领域的教育内容有机联系起来，相互渗透，注重综合性、趣味性、活动性，寓教育于生活和游戏之中。

学前儿童音乐教育的内容从总体上看，包括歌唱、韵律活动、倾听声音和音乐欣赏这三大部分。至于具体到每一学年、每一学期、每一个音乐活动，为了贯彻各个层次的教育目标，到底选择唱什么、做什么、听什么、学什么，还必须落实到每一个内容所涉及的音乐教材。教材是教育思想、教育观念的外显形式，是教育内容的具体体现，是每一个具体教育教学活动的基础。学前儿童音乐教育教材的选择必须服从于音乐教育内容的需要，而教育内容的确定又以教育目标的实现为原则。因此，音乐教育教材的选择与建设是一个十分重要的问题，历来受到音乐教育家的高度重视，甚至身体力行。

苏联作曲家卡巴列夫斯基曾以70岁高龄投身小学音乐教育实验，亲自担任小学1~8年级的音乐课教学，并亲自编写教材。德国作曲家、音乐教育家奥尔夫，身为20世纪最重要的作曲家之一，亲自为他创立的教学法编写了五卷本的《学校音乐教材》，其目的就是为了实践他的教育思想，并为其教学法打下一个坚实的基础。我国20世纪30年代著名音乐家黄自等人也都曾亲自为中小学编写音乐教材。匈牙利作曲家、音乐教育家科达伊尤其重视教材的选择，他提出的选择教材的原则成为科达伊教学法中颇具特色的一个重要内容。他坚持认为，儿童音乐教育所用的教材只能来自三个方面：

（1）真正的儿童游戏和儿歌。

（2）真正的民间音乐。

（3）优秀的创作音乐，即由著名作曲家创作的音乐。

科达伊认为，儿歌及民间音乐的语言往往比较简单，脱离于孩子们在入学前就熟悉的语言模式，它那朴素的表现形式对孩子更适宜，因为它们是活的音乐。科达伊觉得人民的音乐和伟大作曲家的音乐之间有着密切的关系，他相信对名曲的热爱是能够通过对本民族音乐的了解和热爱而培养出来的。为此他亲自搜集、编写教材，直到今天仍为匈牙利音乐教育实践所采纳。正是由于坚持采用真正的民间音乐和优秀的创作音乐作为教材，才使匈牙利人民的音乐素质得到了迅速提高，也使科达伊教学法成为举世无双的珍品。

当然，科达伊的标准不是唯一标准，但它毕竟为我们提供了有益的借鉴。一个好的音乐教材必须能够充分体现音乐艺术的形象特征、审美特征和情感特征，这三个特征是紧密联系在一起的，是密不可分、缺一不可的。如果形象离开了审美和情感就不能成为艺术的形象；同时，作品如果没有审美意义，也就失去了艺术价值。从大体上看，一个好的音乐教材要求至少能够满足以下几个方面的要求。

第一，作品必须富有情趣和艺术表现力，能够引起幼儿的学习兴趣和学习的需要，并能为幼儿的感受提供生动、感性、形象的基础。如果作品本身平平淡淡没有表现力，那么幼儿的感受也将无从获得。因此，音乐教材在音乐上必须符合音乐艺术的一般美学标准，音乐形象鲜明、旋律动听、节奏生动，具有一定的风格特点，在内容上应该是广泛而有意义的，能使幼儿在社会、情感、认知和身体等方面得到发展，与幼儿已有的知识经验相适应，能为幼儿理解、喜爱和接受，是幼儿喜闻乐见、富有情趣的作品。

第二，作品的技巧应该贴近幼儿的表现能力，是大多数幼儿都可以学会的、切合实际的，是符合幼儿音乐能力最近发展区的，而不是那些无意义的，或者说更适合于以后学习的内容。如果作品难度太大，幼儿难以掌握相关的技巧去表现他对音乐的感受，即使作品本身的表现力再丰富也无济于事。音乐教材对作品技巧的要求具体表现在以下几个方面：歌曲需要考虑音域、旋律、节奏、速度、力度、乐句长短、词曲结合等因素；唱游和节奏活动需要考虑动作是否符合幼儿的生理发展规律；节奏乐需要考虑配器是否简单、生动、有效；欣赏曲需要考虑音乐形象是否鲜明、准确、集中、生动，是否符合幼儿的音乐听觉能力发展水平，并为幼儿留下充分的发挥创造想象的余地。

第三，在选择音乐教材时，还需要考虑幼儿智力和情感上的整体性，同时尊重音乐学科自身的基本体系，将浅显的然而又是必要的、科学的、准确的、生动的、简约的、内赋情感内涵和发展动机的音乐知识教给幼儿。对知识点的安排要注意循序渐进、由浅入深，注意内容的延续性和风格的多样性。需要尊重幼儿个体的、文化的和语言上的多样化，应当有一个较开阔的、包容多元文化的音乐视野，能够从世界各民族丰富的民间音乐和古今中外的优秀创作曲目中为幼儿提供具有多种不同风格的作品，而不仅仅局限于某一民族、某一时期的作品。只有让幼儿从小浸润在古今中外、风格各异，而又具有持久生命力的音乐作品之中，他才能在发展音乐审美能力的同时，学会鉴别音乐，逐渐获得欣赏、接受、包容各种不同音乐风格的眼光与胸怀，才能真正享受音乐这一全人类智慧创造的共同财富。

第四，学前儿童音乐教育教材还必须体现幼儿教育活动性、实践性的特点，选材注重游戏性和趣味性。此外，教材本身的弹性、伸缩性和灵活性也是值得考虑的一个重要因素。每一首作品都不是一个僵死的、固定不变的东西，而是可以从多方面、多角度去理解和发展，可以不断重复使用，以增加难度、变换形式，即可以充分发挥教师的积极主动性，根据教师自己的独特感受、理解和自己的特长去设计"这一个"音乐教育活动，去满足不同程度孩子的不同需要，同时也可以充分展现不同地区、不同幼儿园、不同班级、不同执教老师各自不同的特色。

具体说来，学前儿童音乐教材所反映的年龄特点既要体现在题材的内容上，也要体现在音乐艺术表现手法的运用上。既要充分发挥音乐作品的艺术表现力，又要考虑幼儿的理解认识能力、感受表达能力，才能为幼儿所接受而取得良好的教育效果。一般来说，富有描写性的、有具体情节的音乐作品往往容易为幼儿所接受。因为具体形象性是幼儿思维的主要特点，他们更多地依赖于鲜明生动的形象去认识理解事物。旋律动听、节奏鲜明、形象生动、特点突出的音乐作品，能够唤起幼儿学习的兴趣，激发幼儿的内心情感，易于从激励情感入手，影响教育幼儿。音乐作品内含的教育意义、美的情操都应当从鲜明生动的艺术形象中、愉快活泼的情绪中自然地流露出来，让幼儿在音乐实践活动中去感受，去领会，而不是以说教的形式把教育要求直接说出来。

歌唱教材首先要考虑幼儿的音域。小班的音域常常控制在$c^1 \sim a^1$；中班为$c^1 \sim b^1$；大班为$c^1 \sim c^2$，或上下再扩展一个音，即$b \sim c^1$或$c^1 \sim d^2$。幼儿歌曲的节奏宜简不宜繁，速度以中速为多，或中速稍快、稍慢。因为幼儿的肺活量小，呼吸的支持力较弱，要把嗓音这个言语的器官变成歌唱的乐器还需要有一个学习和练习的过程。况且幼儿的语言能力也处在学习和发展的过程中，歌唱中语言的发音、吐字也要有个学习和练习的过程。因此，幼儿歌唱教材应从幼儿的歌唱呼吸、发声、吐字等方面的实际能力出发来考虑歌曲的音域、定调、节奏、速度、句逗划分、篇幅长短、词曲结合等。

韵律活动教材在音乐上应该具有旋律动听、活泼、易学易记、节奏鲜明等特点，以便于幼儿合拍地做动作，还要考虑音乐的节奏、情绪、速度、力度等都要与动作的节奏、内容、情绪相吻合，音乐的情绪与活动中的角色情绪相一致，这样以便于幼儿记忆音乐，能够符合音乐的节奏合拍地做动作，符合音乐行进中的起止而起止动作和变换动作，符合音乐的情绪做动作，用动作表达感情。

幼儿音乐欣赏曲的内容最好是幼儿能够理解、认识的，音乐所表达的情绪情感应当是幼儿能够体验、感受的，使幼儿能欣赏到比自己唱的、跳的音乐的内容、情绪情感、演奏的乐器、演唱声部、形式等更为广泛而深刻的音乐作品，得到更为广泛、优美而深刻的音乐艺术熏陶，拓宽他们的音乐视野。

除了上述音乐领域的分科教育模式以外，在幼儿园的综合主题教育活动或整合课程模式中，涉及音乐教育的内容，也都必须精心选择有代表性的音乐作品。

例如，关于"爱"的主题是幼儿园常用的一个人文主题。教师自己首先必须明确："爱"的主题在音乐中是如何表现的？音乐又是怎样运用声音的手段来表现"爱"的？最能表现"爱"的主题、最能为幼儿所感受和理解、最能与教师自己对"爱"的体验和理解相吻合的音乐作品是什么呢？

教师必须根据综合主题内容教学的需要，在音乐领域内为幼儿精心选择适当的教材。所谓适当是指符合"爱"的主旨，感性生动富有审美情趣和艺术性，既能满足音乐学科本身知识和技能训练的要求，又适合幼儿年龄特点，能满足不同幼儿的不同需要，蕴涵着丰富而又深刻的教育价值，可以为幼儿提供自我表现机会的开放性的音乐作品。只有那些在艺术上经得起推敲，真正富有艺术表现力的作品才有可能为幼儿的感知、情感与想象活动提供真实、丰富的基础。

学前儿童音乐教育教材的选择，必须最大限度地体现音乐作品自身的独特魅力与优势，选择那些感性生动、寓意含蓄、结构完整、形式优美、幽默风趣的音乐作品。这样的作品既是人类创造力的结晶，音乐宝库的珍品，也是陶冶情操，愉悦身心，促进幼儿全面和谐发展的最佳选择。

总之,学前儿童音乐教育教材的选择是教育教学工作极其重要的基础。一个美的、开放式的、符合幼儿年龄发展特征的音乐活动教材可以为教和学的双方,为教师和孩子提供充分的暗示性、主动性、积极性和创造性,可以为教学方法的设计和运用提供较大的灵活性和较多的可能性。教学方法的设计和运用在很大程度上取决于教材本身提供的暗示性和可能性。当然,它同时也取决于教师自身的教育观念和对教材的理解、掌握和挖掘程度。

第二节 学前儿童音乐教育课程的实施

一、学前儿童音乐教育课程的一般特点与要求

艺术是实施美育的主要途径。学前儿童音乐教育课程应该充分发挥音乐艺术的情感教育功能,促进幼儿健全人格的形成。

学前儿童音乐教育课程的设计需要从观念上明确幼儿是学习的主体,是以主动的姿态参与教和学的,因而不能把课程和教育活动机械地理解为单纯的上课,或者是老师教、学生学的灌输知识的过程。课程设计要注意音乐、美术、语言、戏剧等各领域教学对幼儿全面发展的整体性影响,把教学活动的各个要素加以综合,进行整体的思考,对每一个要素所起的教育作用进行分析,既要为当前的音乐教育具体目标所用,也要为幼儿全面和谐发展的长远目标所用。因为幼儿是作为一个整体的人参与到幼儿园的各项活动过程中去的,不可能把他割裂成各自孤立的发展方面进行教育。

学前儿童音乐教育要避免仅仅重视表现技能或艺术活动的结果,而忽视幼儿在活动过程中的情感体验和态度倾向,相反,要充分重视幼儿的艺术创作过程,因为和作品一样,这也是幼儿表达自己的认识和情感的重要方式。因此,要关注幼儿的活动过程,并在艺术活动的过程中观察、支持、鼓励和宽容幼儿富有个性和创造性的表达。幼儿的艺术能力是在大胆表现的过程中逐渐发展起来的,教师的作用主要在于激发幼儿感受美、表现美的情趣,丰富幼儿的审美经验,使幼儿充分体验自由表达和创造的快乐,并在此基础上,根据

幼儿的发展状况和需要，对艺术表现的方式和技能技巧给以适时、适当的指导。一定要克服过分强调技能技巧和标准化要求的偏向。

在这样一个基本理解的基础之上，学前儿童音乐教育课程的实施在遵循学前教育课程一般组织原则的前提下，还必须充分考虑两个方面的因素，一方面必须适应幼儿在音乐能力与音乐学习方面所表现出来的年龄特点和个体差异。现代音乐教育认为，音乐能力是每个儿童与生俱来的一项基本能力，这种能力是潜在的、需要挖掘的能力，同时也具有丰富的多样性和十分明显的个体差异性。挖掘每个幼儿潜在的音乐能力，使每个幼儿在其原有水平上获得各自的发展是儿童发展的一项基本权利，也是学前儿童音乐教育的基本任务。另一方面，学前儿童音乐教育必须遵循音乐艺术美的规律，充分发挥音乐艺术美的感染力，以美的音乐形象来调动幼儿的学习积极性，使幼儿能够在音乐艺术美的气氛中，在轻松愉快的情绪中主动地学习。

学前儿童音乐教育活动的组织与实施过程是教师创造性地开展工作的过程。教师要从本地、本园、本人的条件出发，结合本班幼儿的实际情况，制订切实可行的工作计划并灵活地执行。活动安排应该有相对的稳定性和灵活性，既有利于形成秩序，又能满足幼儿的合理需要，照顾个别差异。教师直接指导的音乐活动和间接指导的音乐活动相结合，保证幼儿在音乐领域有适当的自主选择和自由活动的时间。教师直接指导的音乐集体活动要能保证幼儿的积极参与，避免时间的隐性浪费，尽量减少不必要的集体行动和过渡环节，减少和消除消极等待现象。建立良好的音乐活动常规，避免不必要的管理行为，逐步引导幼儿学习自我管理。

学前儿童音乐教育活动的组织形式应该根据需要做出合理安排，因时、因地、因内容、因材料灵活地运用。学前儿童音乐教育课程必须围绕一定的课程教育目标，遵循一定的课程教育原则，完成一定的教学任务，教给幼儿唱歌、舞蹈、奏乐、表演、音乐欣赏等方面的教育内容，并且在音乐活动的过程中，发展幼儿的智力与才能，培养幼儿从事音乐实践活动的各种能力，使幼儿的认知、情感和社会性都得到全面发展，并且使幼儿身心愉悦，情操得到陶冶。尤其需要强调的是：音乐是表演的艺术，学前儿童音乐教育活动必须培养幼儿通过表演来表达情感的能力，并为幼儿提供充分的表演的机会和条件，通过人人参与的表演活动，使幼儿的感知、注意、记忆、想象、理解、情感等心理活动全部都投射到演唱、演奏等外显行为中去，从而使幼儿的积极的心理过程得到强化和激发。

幼儿园课程是实现教育目的的手段，是帮助幼儿获得有益的学习经验，促进其身心全面和谐发展的各种教育活动的总和。幼儿园音乐教育课程是学前教育课程体系中不可或缺的一个重要组成部分，是实现审美教育目的、落实音乐教育目标的具体手段，是帮助幼儿获得有益的音乐学习经验并能够有效地迁移到其他领域与知识，通过情感的激发、陶冶和升华，培养幼儿健康乐观、积极向上的心理品质，促进其身心和谐发展的各种形式和内容的音乐教育活动的总和。

艺术是实施美育的主要途径。幼儿园音乐教育课程应该充分发挥音乐艺术的情感教育功能，促进幼儿健全人格的形成。

幼儿园音乐教育课程必须遵循学前教育课程的一般规律和要求，把过去那种单一的音乐课堂教学形式扩展到幼儿在园的一日生活之中，利用歌唱、舞蹈、听音乐、演奏乐器、表演、做节奏游戏等各种灵活的方式，尽可能地为幼儿提供多样化的接触音乐、学习音乐、参与音乐活动的机会和条件，重视音乐教育环境的创设，重视幼儿园与家庭、社会的联系，充分取得家长对幼儿园音乐教育意义、目标、内容、方法的认同，调动家长参与、支持和重视音乐教育的积极性，创设良好的音乐教育环境，充分发挥环境的整体教育功能。

学前儿童音乐教育课程要实现一定的教育目标、完成一定的教育任务，教给幼儿歌唱、韵律活动、音乐欣赏等方面的内容，并且在这种学歌学舞的过程中，发展幼儿的智力与才能，培养幼儿从事音乐实践活动的各种能力，使幼儿的认知、情感和社会性都得到全面发展，并且使幼儿身心愉悦，情操得到陶冶。

二、幼儿园常规性音乐活动

常规性音乐活动是学前儿童音乐教育活动中最传统、最为常见的一种组织形式，是充分体现音乐艺术特点，最有效地发挥音乐活动审美教育功能必不可少的一种组织形式。常规性音乐活动一般由三个环节组成。

（一）开始部分

音乐活动从一开始就要有音乐艺术美的气氛，充分体现出生动活泼、富有朝气的艺术科目的特点，因此，通常用音乐伴随幼儿进入活动室，并按照本次音乐活动内容情绪的需要，或用进行曲伴随幼儿精神抖擞地走步，或用律动曲和舞曲做律动和舞步愉快活泼地进入活动室，如交换步、手腕花及垫步、踵趾小跑步、进退步、小鸟飞、小鸭走、马跑等。

幼儿入座以后，可以做律动练习、发声练习或听音练习，既做了节奏、发声、听音方面的基本训练，又调动了幼儿学习的积极性，集中了注意力。

在开始部分经常做的节奏练习，可以采用前面介绍的"节奏模仿""节奏应答""人名节奏"等多种游戏形式和内容。此外，还有一种"人名接龙"游戏也很有趣，它的玩法是在熟练掌握人名节奏的基础上进行的：幼儿围坐成一圈或半圆形，第一个幼儿有节奏地说自己的名字，"我叫某某"，第二个幼儿紧跟着用不同的节奏说出自己的名字，这样依次进行，直到结束。它要求幼儿在说的过程中节奏紧凑，速度保持一致，更重要的是节奏不能重复，每个人必须说出与众不同的节奏。为此，幼儿可以根据需要给自己的名字添一个字或减一个字，例如："王小红"可以称为"小红"，"王红"也可以称为"小王红"等。注意全体幼儿的节拍应该一致，否则就很难接得上了。这个游戏还可以变换形式，让幼儿说别人的名字。比方第一个小朋友说最后一个小朋友的名字，第二个小朋友说倒数第二个小朋友的名字……依此类推。还可以增加游戏的难度，在男孩子和女孩子随机就座的情况下，请男孩子依次说出女孩子的名字，女孩子依次说出男孩子的名字。

发声练习是为了有计划、有目的地培养幼儿的歌唱能力，使幼儿能够更加准确、细腻、自如地控制自己的声音表情，通过有表情的声音来表现歌曲的情感内涵，能够声情并茂地演唱歌曲。发声练习的目的不是为了练技巧而练技巧，去追求高难度的、成人化的东西，而是要根据幼儿自身歌唱发声的特点，以及幼儿歌曲艺术表现力的需要，由浅入深、循序渐进地进行。发声练习要和本次音乐教育活动中歌唱部分的内容有机地结合起来进行，尽可能为歌曲的情感表现扫除技术障碍，从而使幼儿能够流畅、自如、准确、生动、力所能及地去表现歌曲的情绪情感。同时，在富有表现力的、充满感情的歌声中使幼儿自身的情绪情感得到陶冶和升华。

听音练习的目的是培养幼儿较为精细、准确的音乐听觉分辨能力。它的方法主要是老师在键盘上（钢琴、风琴、电子琴、手风琴）弹出单音、双音、和弦、旋律音程或乐句，请幼儿听辨并跟唱。如果幼儿园受条件的限制没有键盘乐器，也可以考虑用音叉或钟琴、钢片琴等有固定音高的节奏乐器来练习听辨单音，但是一定要注意保证乐器的音准质量。听音练习对于提高幼儿敏锐、精细、准确的音乐听觉和歌唱的音准、乐感的形成都有很大的帮助。

听音练习还可以和视谱活动结合起来进行，即幼儿不仅把听到的音唱出来，还可以在五线谱上指出来，或者自己在五线谱上写出来。"跳谱"游戏就是一种很好的形式：教师可以在活动室的地上画出较大比例的五线谱，或者做成五线谱的地毯，在听音练习中请幼儿唱出听到的音，并跳到五线谱的正确位置上去。类似的方法还可以想出很多，例如，做出五线谱音符的小卡片，在听音练习中让幼儿把听到的音找出来；或者做一些五线谱音符的头饰、围裙等。我们不赞成把五线谱当成机械、枯燥的知识内容来教，但是五线谱毕竟是记录音乐、反映音乐的一种规范、有效、形象化的手段，五线谱的掌握无疑可以在很大程度上提高人们音乐学习的效率和音乐表现的准确性。用游戏的方式，结合音高的听辨，将五线谱上一个个静止的音符和实际的声音效果联系起来，对幼儿来说，五线谱不仅是完全可以接受的，而且是十分形象、有趣的。

常规性音乐活动开始部分的形式和方法还应该考虑与本次音乐活动内容的呼应关系。如果音乐活动的内容是关于某种动物的，那么不妨做该动物的模仿动作进活动室；如果音乐活动要教一个三拍子的舞蹈，那么就可以做三拍子的舞步进活动室。还要注意开始部分的音乐及活动内容要经常加以改变，使幼儿能够始终保持一种新鲜感。否则，幼儿如果习以为常，不用心听音乐或做动作，形成了机械化的自动动作，这对于音乐活动来说就失去美的意义了。

（二）基本部分

这是音乐活动完成教育要求和任务的主要部分。这一部分通常可以安排2~3项音乐活动内容，如歌唱、欣赏、舞蹈，或欣赏、歌唱、节奏乐等。总之，内容安排应丰富多样，既要防止内容单一、一唱到底，令幼儿感到单调，又不要内容太多，把音乐活动搞成大杂烩、大拼盘，分量太重，超出了幼儿的接受能力。一次音乐活动还要考虑教材的新旧搭配，注意难易适当。教材的内容和情绪类型既有变化，又有统一，比方柔和抒情性的教材可以和活泼欢快的教材搭配。活动形式的安排要注意动静配合，从而使教学活动能够重点突出、生动活泼，保持幼儿学习的积极主动性。

（三）结束部分

应当尽可能使活动结束在兴致勃勃、井然有序的气氛之中，使幼儿欲罢不能，引起再次上音乐课的愿望。结束部分一般可以利用基本部分的最后一项内容，自然地过渡结束离开活动室，也可以专门选择律动或舞蹈动作来结束。

毫无疑问，教学工作是极富创造性和艺术性的一项工作，学前教育和音乐教育尤其如此，而学前儿童音乐教育就更是如此。学前儿童音乐教育课程的设计、组织和安排没有一成不变的模式，而随时随地处在发展、变化和创新之中。它的形式是灵活多变的，但它所依赖的基础却是简单的两条：一是本班幼儿在音乐能力及认知、情感和社会性方面的一般特点和个别差异；二是音乐艺术自身的创作、表演、欣赏的特点与规律。以此为出发点去选择教材、确定目标、设计方法才能做到有的放矢、卓有成效。

至于常规性音乐活动和综合性音乐活动，二者不应偏废，应当相互结合起来进行。因为不可否认，音乐是一门技术性很强的艺术，幼儿自身音乐能力的发展也遵循一定规律，因此学习音乐尤其需要循序渐进，不能不讲章法，常规性音乐活动就必不可少。但从另一个方面来看，学前儿童音乐教育是以促进幼儿对美的愉悦和身心的全面发展为目的的，而不是为了单纯掌握音乐的技能技巧，也不是为了单纯发展幼儿的音乐能力。因此，必须将学前儿童的音乐活动与幼儿园全面发展的教育目标和其他各项有益的教育活动结合起来进行，这就需要适当地组织综合性音乐教育活动，来实现幼儿园整体教育、全面发展教育的要求。

从课程整体上来说，各种音乐教育活动形式应当相互结合起来进行，综合各种形式的不同效用，而不应该厚此薄彼。从具体的教学活动上说，到底采用什么形式来组织内容，要根据教育内容的性质、范围和某个课题的容量灵活地选用。有的内容适合常规性的科目组织形式，有的内容可以用主题的形式，而有的内容则可以直接放入活动区，作为在某个时间内必须完成的任务，让幼儿自己主动地去做。

总之，在选择活动形式组织教学内容时，应该从幼儿的经验和能力，以及教学内容的实际出发，灵活地采用多种形式，为幼儿提供各种不同的学习经验，而不要为了追求形式上的统一，受某个流行的"概念"名称限制，只认定某一种单一的组织形式。事实上，形式本身并不能解决认识上的问题，选择适当的活动形式是受教育思想支配的，首先要弄清楚这种活动形式的教育作用是什么，是否适合所制定的教育教学目标和内容，是否适合幼儿活动的方式，不能单求形式，为形式而形式，不顾具体教育内容和效果。

三、学前儿童音乐教育课程的设计与实施

（一）加强教学准备工作

强调幼儿园音乐教育教学工作的生成性、灵活性和创造性不是不要计划性，相反，恰恰是对活动前的计划和准备提出了更高、更难的要求。只有当教师做到胸有成竹，有备而来，才有可能做到以不变应万变的灵活与创造。因此，要想很好地完成学前儿童音乐教育任务，就必须合理有效地设计和组织好每一次音乐教育活动，将音乐教育的目标具体落实到每一次音乐活动中去。这就要求教师必须认真细致地根据音乐艺术的学科特点切实做好教学准备工作。教师应该在平日的教育活动和专门的观察、测试中了解幼儿的实际发展水平、音乐能力、性格特点、兴趣爱好等，做到既熟悉本班幼儿的一般情况，又掌握个别幼儿的特点。教师必须根据音乐艺术实践的特点，通过反复的弹、唱、听、动等自身的音乐表演实践来熟悉教材，进而分析处理教材。教师必须将教材烂熟于心，能够准确、生动、富有表现力地背唱，并能用正确、富有表现力的伴奏熟练地自弹自唱。要求幼儿去唱、去做的动作和表演，教师自己一定要十分准确、熟练、生动地唱好、做好，并在此基础上进一步深入分析作品的艺术表现力，准确有效地处理作品，选择引导幼儿参与和表现得最适当的切入点。教师还应当明确教材的主题内容、教育意义，根据本班幼儿在音乐能力和认知、常识、社会性等方面的实际水平，确定教材的重点和难点，例如，是重点掌握切分音，还是重点让幼儿学习感受音乐的情绪风格，或重点让幼儿尝试自编动作？教材的难点在哪儿？是认知理解方面的，还是音乐的技能技巧方面的？……然后，选择恰当的教育教学方法。也就是说，教师必须在熟悉教材的基础上，悉心备课，根据自身对教材的真实感受、理解自己的特长，根据本园的场地、设备、资金等具体条件，根据本班幼儿的实际发展水平，实事求是地设定每一次音乐教育活动的具体目标和要求，针对目标和要求确定具体的教育教学内容和教材，选择与目标内容相适应的、灵活恰当的教育教学方法，设计详尽的教育环节、步骤与过程，确定教育活动的重点与难点，制订并写出周密、详尽的音乐教育活动计划，即教案。此外，在学前儿童音乐教育的教学准备工作中，教师还应当尽可能地根据幼儿思维发展的年龄特点，根据每一首音乐作品自身的表现特点去布置场景、设置情境、制作玩教具，以丰富、鲜明和加深幼儿对音乐作品的感性认识。只有这样，教师

自己既有音乐艺术的表演实践,又有对教材教法的深入分析,并了解教育对象的教育准备工作,才能组织好幼儿园的音乐教育活动,实施切实有效的音乐教育,做到因材施教、因人而异、有的放矢,切实完成音乐教育任务,实现音乐教育目标,使幼儿的音乐能力和身心在愉快的音乐活动中得到全面发展。

(二) 音乐教育活动的设计与实施

具体来说,怎样落实学前儿童音乐教育课程,设计和实施幼儿园音乐教育活动呢?

首先,教师要根据幼儿园的总体教育目标以及学前儿童的年龄特点和音乐能力发展水平,确定本学年、本学期、本班音乐教学的总体目标和具体任务。

同时,根据幼儿园近期的教育主题和教学安排,确定本月音乐教学的具体内容和要求,围绕主题,根据我们前面反复强调的关于教材的要求,选择与主题活动相关的、适宜的音乐活动教材。在满足主题活动要求的同时,充分尊重和考虑音乐艺术自身的客观规律和幼儿音乐能力发展的实际水平,循序渐进地选择游戏、歌唱、律动、舞蹈、欣赏、表演、创编等多种形式的音乐教育活动,深入挖掘音乐艺术在主题教育活动中所具备的不可替代的、独特的情感教育、审美教育的功能,而不仅仅是从属的、"配菜"式或"拼盘"式的肤浅的、表面的教育功能,全面培养和提高幼儿的音乐审美能力。

然后,周密设计和实施本周音乐教育活动的具体内容和方法。在这里,教学方法的选择可以有多种途径:既可以参考瑞吉欧的方案教学体系、多元智能理论等学前教育课程流派,又可以吸收奥尔夫教学法、科达伊教学法等现代音乐教学方法,融会贯通地加以综合运用。特别值得一提的是,在学前教育课程越来越走向综合化的趋势影响下,音乐教育活动的设计既要在可能的情况下,充分考虑音乐与美术、语言、科学、社会等幼儿园其他教育活动内容的有机结合,又要注意这种结合是以不牺牲音乐活动自身的规律性和艺术性为前提的。这种结合应当是扬长避短、能够最大限度地发挥音乐艺术教育功能的最有效的结合,而不是不伦不类的、"拼盘"式的、四不像的活动。

当然,每一个音乐教育活动的设计,在正式实施以前,都必须以文字的方式,落实到具体的教育计划上来。一般来说,一个音乐教育活动计划必须包括这样几个部分:

1. 设计本次活动的教育目标

通常既要有促进幼儿发展的整体教育目标,例如,培养幼儿的合作意识或增进小朋友之间的团结友爱等，又要有音乐方面的明确的目标，例如，能够大胆地、有表情地演唱歌曲，或教幼儿通过附点音符的演唱，表达欢快、喜悦的心情等。

2. 教材分析

一方面要分析教材在音乐表现方面的特点，同时，还要分析、确定在教学过程中的重点和难点。

3. 教学准备

包括物质上的准备和非物质上的准备。像头饰、玩教具等都属于物质上的准备。非物质上的准备，包括为培养幼儿音乐能力方面的准备；教师为幼儿的认知、理解在音乐和语言、社会等其他活动领域所做的准备等。

4. 教学方法和过程

应当尽可能详尽地写出教学环节、步骤与过程，做到心中有数。

5. 教学预期

教师应当在课前对活动有一个初步的预期，例如，关于幼儿的反应，尤其是个别孩子的表现，教师应当有一个大致的估计，对于自己在教学过程中可能会"出彩"的地方或可能会出现的问题最好也有一个清醒的认识。这样，到了具体实施的环节，教师就会做到胸有成竹，有备而来。这种教学预期和我们现在所强调的教学工作的生成性、灵活性是不相矛盾的，相反，在本质上是一致的。只有教师在课前把准备工作做深、做透，周密地考虑各种可能性，那么，在面对孩子的千变万化时，才有可能做到以不变应万变，游刃有余。

四、学前儿童音乐教育课程评价

音乐教育课程的评价是幼儿园音乐教育工作的重要组成部分，是了解音乐教育的适宜性、有效性，调整和改进工作，促进每一个幼儿发展，提高音乐教育质量的必要手段。管理人员、教师、幼儿及其家长都可以参与幼儿园音乐教育课程的评价。评价的过程，是教师运用音乐教育的专业知识审视音乐教育的实践，发现、分析、研究、解决问题的过程，也是教师自我成长的重要途径。幼儿园音乐教育工作评价应该以教师自评为主，园长及有关管理人员、其他教师和家长等共同参与评价的制度。评价应自然地伴随着整个音乐教育过程进行，综合地采用观察、谈话、作品分析等多种方法。幼儿在音乐方面的行为表现和发展变化具有重要的评价意义，教师应将其视为重要的评价信息和改进工作的依据。

《幼儿园教育指导纲要（试行）》对幼儿园教育教学的评价工作提出了以下方面的要求：

（1）音乐教育计划和教育活动的目标是否建立在了解本班幼儿现状的基础上。

（2）音乐教育的内容、方式、策略、环境条件是否能调动幼儿学习的积极性。

（3）音乐教育的过程是否能为幼儿提供有益的学习经验，并符合其发展需要。

（4）音乐教育的内容和要求是否能够兼顾群体需要和个体差异，使每个幼儿都能得到发展，获得成功感。

（5）教师的指导是否有利于幼儿主动、有效地学习。

对幼儿音乐能力发展状况的评估，要注意：

（1）明确评价的目的是了解幼儿音乐能力发展的需要，以便提供更加适宜的帮助和指导。

（2）全面了解幼儿的音乐能力发展状况，防止片面性，尤其是避免只重视音乐知识和技能，忽略情感、社会性和实际能力的倾向。

（3）在日常活动与教育教学过程中采用自然的方法进行。平时观察所获得的具有典型意义的幼儿行为表现和所积累的各种作品等，是评价的重要依据。

（4）承认和关注幼儿在音乐能力方面存在的个体差异，避免用统一的标准评价不同的幼儿，在幼儿面前慎用横向比较。

（5）以发展的眼光看待幼儿，既要了解幼儿音乐能力的现有水平，更要关注其发展的速度、特点和倾向等。

也就是说，幼儿园音乐教育课程的评价要做到以目标为圆心，围绕音乐教育教学目标，对目标本身，对实现目标的方法、手段和可能性，对目标的落实情况或实现程度，对目标的实施过程——教学过程中最具活力的人的因素，对教和学的双方，对教师与幼儿做出全面的评价。

在这里，尤其要强调重视对幼儿园音乐教育教学过程的评价。因为音乐教育对幼儿的影响作用是在音乐教育的活动过程中体现出来的，幼儿的发展源于他们主动积极地与周围环境相互作用的音乐活动之中,而音乐教育的过程正是为幼儿提供了这样的机会。重视对幼儿园音乐教育教学过程的评价是保证音乐教育目标的实现和计划的落实,提高学前儿童音乐教育质量的重要手段。

学前儿童音乐教育教学评价的重点可以放在以下几个方面:

(1) 是否为幼儿提供了与音乐教育目标相一致的音乐学习经验。

(2) 所提供的音乐学习经验是否能有效地促进幼儿在音乐和其他方面的和谐发展。

(3) 是否既符合大多数幼儿音乐发展水平的需要,又体现了对个体差异的尊重和照顾。

(4) 是否符合幼儿的兴趣和音乐学习特点,有助于他们形成积极的学习态度。

(5) 是否有利于幼儿的身心健康,使他们感到安全、自信和快乐。

(6) 是否为幼儿提供了人际交往的机会,特别是幼儿之间相互学习和自由交往的机会。

(7) 是否鼓励和引导幼儿积极参与音乐活动,并在活动中灵活、主动地学习音乐。

(8) 是否重视幼儿音乐学习方法和音乐思维方法的指导。

至于评价的方法,我们倾向于根据评价本身目的和内容的不同要求,将绝对评价法和相对评价法、分解评价法和综合评价法、自我评价法和他人评价法、定性评价法和定量评价法综合地加以运用,对幼儿园音乐教育课程的过程和结果进行全面有效的评价。

鉴于学前儿童音乐教育作为艺术教育重在情感陶冶的学科特点,鉴于音乐艺术自身在定量化方面的难度和是否必要的问题,鉴于音乐教育对幼儿身心发展所具有的潜移默化而不是立竿见影的教育效果,我们认为幼儿园音乐教育课程的评价尤其应该防止片面强调定量评价或绝对评价,而应重视对过程与结果、对课程中人的因素进行深入细致、实事求是的描述与评价。

第三节 学前儿童音乐教育的教学原则

学前儿童音乐教育活动的组织必须遵循一定的教育原则。首先,应该遵循教育的一般原则,即尊重儿童的人格尊严和合法权利的原则;促进儿童德、智、体、美、劳诸方面全面和谐发展的原则;面向全体重视个别差异的原则;充分利用儿童、家庭和社会的教育资源的原则；教育的活动性和活动的多样性原则，等等。

这些原则具体体现在学前儿童音乐教育活动的过程和教育行为中，就是要注意挖掘幼儿园生活中可以利用的音乐教育因素，将音乐教育与儿童的生活和经验有机地结合起来。因为音乐来自生活，是对生活中各种活生生的现象和事件进行艺术的提炼和反映。对音乐的热爱源于对生活的爱，对音乐敏锐的感受和丰富细腻的表达能力源于对五光十色的生活的感悟和创造。对生活的热爱又能够进一步激发人们去追求音乐、追求艺术、追求美。

还有最根本的一条就是，承认音乐能力是每个儿童所具有的一项基本能力，这种能力是潜在的、需要挖掘的，具有丰富的多样性和十分明显的个体差异性。挖掘每个儿童潜在的音乐能力，使每个儿童在其原有水平上获得各自的发展是儿童发展的一项基本权利，也是音乐教育的基本任务。这是现代音乐教育的一个基本主张。

当然，学前儿童音乐教育还必须遵循其自身独有的教育原则。

一、学前儿童音乐教育教学原则

（一）以"美"为核心的审美教育原则

学前儿童音乐教育应该是一种审美教育，它应该以美的形式、美的内容、美的方法、美的手段来加以组织，通过美的活动在潜移默化中赋予幼儿一种审美的态度、眼光与情怀。音乐是声音的艺术、听觉的艺术，学前儿童音乐教育活动必须充分发挥音乐作为声音艺术的基本特征，注意音乐的声音质量和音响效果，注意歌唱和乐器演奏的音色美，注意引导幼儿用耳朵、用心灵去倾听音乐、感受音乐、理解音乐，注意引导幼儿学习运用和创造美的声音手段去表情达意。

（二）音乐性、知识性和技术性相统一的原则

学前儿童音乐教育绝不仅仅是知识的教育或技能技巧的教育，而应该是音乐的教育、审美的教育、情感的教育。因此，在教育的目标、内容、方法、过程、手段等各个方面都必须以幼儿对音乐美的感受和表现为线索，突出音乐本身形式与内容的统一，将音乐的知识与技术服务于音乐感受和表现的需要。音乐是表演的艺术，学前儿童音乐教育更要注意培养幼儿通过自己真心实意的表演来表达情感、表现音乐的能力，注意为幼儿创造丰富的

表演情境，提供戏剧性的综合歌、舞、奏乐等各种形式表现音乐的各种条件、机会和可能，通过人人参与的表演活动，使幼儿的感知、注意、记忆、想象、理解、情感等心理活动全部投射到演唱、演奏等外显行为中去，从而使幼儿的积极的心理过程得到强化和激发。

因为人们对音乐的一切感受、情感体验、想象理解等各种有意义的心理要素都可以在他的真心实意的表演中得到最充分的锤炼。

（三）感性教育原则

音乐是情感的艺术，情感贵在真实、朴素、自然。学前儿童音乐教育应当追求返璞归真而不是哗众取宠的境界，应当紧紧抓住情感这一核心，用教师自己对作品、对音乐、对艺术、对孩子的真情实感去感染幼儿、影响幼儿，而不是仅仅追求表面的、外在的、肤浅的、没有持久生命力的东西。

因此，学前儿童音乐教育在活动的组织和方法的运用上，要充分运用感性的教育手段，教师应当切实从音乐这一核心出发，而不是从外在的、表面的形式出发，注意选择和运用感性生动的教学内容、方法和手段，最大限度地体现音乐作品本身所蕴涵的丰富的感性内容，而不是理性的知识与说教。

另外，音乐既是最形象化的艺术，同时也是最抽象的艺术形式。因此，学前儿童音乐教育的课程教学既要充分调动形象化的手段使孩子获得对音乐形象的生动的、感性的认识；同时也要注意引导幼儿对优秀音乐作品中所蕴涵的抽象的、理性因素的认识，从而使孩子能够在音乐作品中感受到理性与情感的高度和谐、自然的统一，并使自己的理性与情感得到平衡、健康的发展。一切概念性的、抽象的知识都必须建立在对活生生的音乐作品的感受、体验和理解的基础上去进行讲解，而不是去做枯燥乏味的、生硬的、逻辑的推理。

（四）面向全体与尊重个性相结合的开放式教育原则

学前儿童音乐教育要注意面向全体，面向每一个幼儿，为每一个发展潜质不同的幼儿提供形式和难度各异的表演和表现的机会。但同时，音乐又是最具个性化的艺术形式，毫无疑问，学前儿童音乐教育也应当成为富有教师鲜明个性的教学活动，应当充分尊重并爱护幼儿在艺术活动中表现出来的个别差异，并使之能够在音乐活动中得到很好的发展。

学前儿童音乐教育应当是开放式的、充满活力的而不是封闭的、死气沉沉的，应当引导幼儿关心和参与自己身边的、家庭的音乐生活，并给以积极的、正面的引导和教育。有条件的幼儿园还可以组织一些音乐兴趣小组，丰富孩子的音乐生活，使幼儿园音乐教育得到有效的延伸。

二、学前儿童音乐教育课程实施需要注意的问题

那么，到底应该怎样在学前儿童音乐教育课程实施过程中切实贯彻落实这些教学原则呢？

如果在学前儿童音乐教育中，我们想真正做到教音乐，并通过音乐来进行教育，就必须将教育观念和教材、教学内容扎扎实实地落实在每一个音乐活动之中。究竟怎样才能保证在每一次音乐活动中，在幼儿园音乐教育课程的实施过程中，确保幼儿既学到音乐，又受到教育呢？

学前儿童音乐教育课程的实施需要注意以下几个问题：

（一）改善教学条件

必须改善幼儿园的音乐教学设施，配置必要的电教设备以及钢琴、键盘乐器、节奏乐器、音响设备、幻灯机、教学挂图、谱表、头饰、卡片等。

幼儿园音乐教学的物质条件不仅要提高数量，同时还应当在质量上下工夫。因为音乐是声音的艺术，因此，音响器材尤其应该具有准确、良好的音质。

目前，很多幼儿园钢琴的音准和节奏乐器的音色都不能令人满意。这说明我们对音乐作为声音艺术的这一特殊性还缺乏足够的认识。使用音色难听、音准差的乐器如何能够培养幼儿形成敏锐、准确的音乐听觉呢？

（二）更新教育观念

学前儿童音乐教育课程不再是单纯的知识和技能的培养，要注意培养幼儿的内心体验和审美感受，用音乐本身去打动人、教育人，而不是仅仅依靠语言来解说音乐。要注意幼儿的主动参与，注意对幼儿的创造意识和创造能力的培养，重视幼儿的全面发展，努力实

施整体性教育目标，潜移默化地将音乐教育与幼儿的品德教育、情感教育和个性培养等方面的教育内容有机地结合起来。

值得注意的是，近年来在学前儿童音乐教育的理论观念上虽说有了较为明显的改进，但是在音乐教学实践中还是没有完全脱离"表演"的窠臼，在教学活动中对教学过程本身的展示，教师教的过程，或者说教师引导或指导的过程，幼儿学习和体验的过程，即如何解决问题的过程还是没有得到应有的重视和体现，学前儿童音乐教育课程仍然存在一定程度的表演的痕迹。

（三）丰富教学内容

学前儿童音乐教育活动除了歌唱活动以外，还可以创造生动有趣的唱游、律动、游戏、节奏乐器演奏、感受与欣赏、舞蹈、表演和音乐创编等。可以以有趣、有效的适当的形式将节奏训练、听觉训练和发声练习贯穿始终；以灵活多样的形式培养幼儿的多声部音乐听觉能力，进行多声部的声势练习：例如利用发声练习或师生问好来进行多声部练习，或组织多声部的节奏乐器演奏、合唱等。音乐创编活动也可以有多种形式，例如，自己为新歌命名，自己选择、发明不同的演唱形式，自己设计节奏型，用人体动作或节奏乐器为歌曲伴奏、自编舞蹈，等等。音乐欣赏活动也不应该是单一的、笼统的、被动的听，而要注意引导幼儿学会记忆音乐作品的主题旋律，感受音乐作品的情绪表现，并尝试用色彩、线条、动作和乐器演奏来表达自己对乐曲的感受和理解。

（四）改进教学方法

学前儿童音乐教育应当努力根据两大特点——教材特点和教学对象的年龄特点来选择适当的教学方法，改变过去老师唱一句、孩子跟一句的简单教法。音乐教学从不讲方法到注重方法无疑是一大进步，但问题在于方法只是一种手段，是为目的服务的，不能为了方法而方法。在方法和手段上，目前有的教师过多注重音乐以外的外在的形象性和生动性，而离开了音乐的本意。例如，音乐活动中绘画、幻灯等教学辅助手段运用过多、过滥，语言讲解也往往喧宾夺主，不够精练，甚至有单纯为了增加趣味性而比喻不当的现象。例如，将四分休止符称为"哑巴大虫"，用爷爷、爸爸、哥哥、弟弟等来命名不同时值的音符，这些都是欠妥当的。此外，教学内容过于艰深的现象还时有发生，有的幼儿园甚至在音乐活动中不恰当地教很多生硬的乐理知识。

从总体上看，目前学前儿童音乐教育存在的一个根本问题在于：在音乐教学中对音乐作为一门声音的艺术，其自身所蕴涵的独特的美和力量的挖掘还很不够，教学的改革过多地关注在表面的方法、形式和内容上，而缺少在深层次上、根本上对音乐美的分析，以及如何运用音乐自身的美来体现音乐教育的价值等这些基本问题的研究和探讨。因此，音乐教育以审美为核心就难免成为无源之水、无本之木。

要想彻底改变这一现状，就必须加强关于音乐内容与形式等一些基本的音乐美学问题的理论学习，加强对教师的音乐听觉能力、感受能力和音乐审美能力的培养，帮助教师切实提高音乐修养，从而在音乐教学实际工作中解决好"一碗水"和"一桶水"的关系问题。

第四节　学前儿童音乐教育课程与其他领域的整合

一、主题性音乐活动

所谓主题性音乐活动是根据某一阶段幼儿园全面教育内容的需要，确定一个教育主题，围绕这一主题去选择适合本班幼儿年龄特征，在音乐程度上循序渐进的，是幼儿的演唱演奏能力所及的，具备音乐艺术审美情趣的，与主题内容有关的音乐教材，组织音乐活动。

例如，关于"春天"的主题是幼儿园最为常见的，以春天为题材的音乐作品也可以说俯拾即是，但究竟选择哪些作品才最符合主题活动的要求，效果最好呢？我们认为，最重要的并不是挑选"春天"的字样，做表面文章，而是应该在考虑幼儿的实际能力和作品的艺术性的基础上，选择那些富有春天的气息、春天的情怀，但不一定有"春天"字样的、真正具有艺术生命力的作品。只有那些真正具有艺术生命力的作品才有可能在教学工作中同样具有生命力，去激发幼儿的想象、联想、思维等心理活动，从而在深层次上自然地、有机地、水到渠成地将色彩、语言、动作等因素结合起来，真正起到绘画、语言、表演等活动的综合。

还需要进一步强调的是：并不是在"春天"的主题活动中演唱一首有关"春天"的歌曲就可以称为综合活动了，也不是所有以春天为题材的音乐作品都适合于幼儿园的主题活动，要寻找音乐与绘画、语言、科学等幼儿园各项活动的自然而又恰切的结合点是一件颇费斟酌、需要相当精心的事情。在这里，我们认为教材的选择最为关键。一首好的歌曲本身往往就可以为教育教学活动提供巧妙的线索与灵感，为各项活动的综合提供丰富的可能性。

下面介绍几个范例：

春 天 到

1=C 2/4

佚 名 词曲

中速 活泼地

5 3 |5 6 5 3|2 - |1 2 |3 2 1 2|3 - |
小 鸟 声 声 叫， 它 说 春 天 到。

5 3 |5 6 5 3|2 - |3 5 |2 1 2 3|1 - ‖
满 地 小 青 草， 抬 头 微 微 笑。

这首歌曲，歌词朴素，色彩鲜明，动作感较强，节奏单纯，旋律简单，适合小班幼儿演唱。歌词提供的线索可以结合绘画、自然观察、游戏、舞蹈等各种活动形式来进行。

春 天 到 了

吴少山　作词

杜念杭/朱执绥　作曲

1=C 2/4

1 3 5 5|5 1̇ 5 |3 3 1 3|5 - |1 3 5 5|
青 蛙 妈 妈 睡 醒 了， 呱 呱 呱 呱 叫， 青 青 柳 树

1̇ 1̇ 5 |3 3 2 5|1 - |1̇ 0 5 0|6 6 5 |
随 风 飘， 地 上 长 青 草。 小 鸟 在 歌 唱

1 3 5 |5 |3 5 1̇ |1̇ - ‖
春 天 到 了！ 春 天 到 了！

这首歌曲，从歌词内容上看，同样具有歌词形象生动、动作感强、色彩明快的特点，但是音域稍宽，且旋律多为分解和弦式进行，音程跳跃较大，又有休止符出现，适合大班幼儿演唱。根据歌词内容，再加上幼儿的想象就可以完成一幅很美的绘画作品。

教师可以先带领幼儿在自然活动中观察春天，并有意识地引导幼儿用这首歌的歌词作为线索来简单归纳春天的特征。"青蛙""柳树""青草""小鸟"也都是很容易用动作来模仿或表现的。

春　天

英美儿歌

卢乐珍　汪爱丽　译配

1=C 4/4

| 5　5.6 5　3 | 5　5.6 5　3 | 5 6 5 i | 7 - 0 0 |
春　天　来　了，　春　天　来　了，　我 怎 么 知　　道。

| 4　4.5 4　2 | 4　4.5 4　2 | 7 6 5 7 | 1 - - - ‖
乌　鸦　在　叫，　乌　鸦　在　叫，　乌 鸦 告 诉 了　我。

这首歌曲最大的特点是重复。它的歌词简单，全曲只有一个关于春天的特征，因此很适合引导幼儿在自然活动中通过自己的眼睛和耳朵，去观察、去发现春天的特征，并在语言活动中学习用自己的语言去描述自己看到的春天，进而在音乐活动中为这首歌曲编出新的歌词来演唱。乌鸦，在一般中国人的心目中是很不吉利的一种动物，然而并不是世界上所有文化、所有民族都认同这一点，这首歌曲证明了它在西方是一种被认为报春的吉祥鸟。将这种不同文化背景观念下的歌曲教给幼儿，其意义是意味深长的，或者说它正体现了我们包容多元文化的一种开放心态。

我的小花园

印尼儿歌

1=C 2/4

| 0 5 | 5 5　3 5 | i　0 5 | 3 5　4 3 | 2 0 4 |
　　看　我 的　小 花　园，　　种 满 了 鲜　花，　这

| 4 2 4 | 7　0 6 | 5 6　5 4 | 3　0 5 |
里 有 白　花，　　那 里 有 红　花，　　每

| 5　3 5 | i　0 5 | 3 5　4 3 | 2 0 4 |
天　早　　上　　我 给 它 浇　水，　茉

| 4 2 4 | 7　0 6 | 5.5 6 7 | i ‖
莉 和 玫 瑰，　　开 放 得 多 美　丽。

这是一首情趣盎然的印尼儿歌，适合大班幼儿演唱。可以结合幼儿的自然活动或自然界中种花、浇水、生长、开花的常识活动来愉快地歌唱，并和品德活动结合起来，培养幼

儿对花草树木喜爱、珍惜的感情和对美的欣赏，养成热爱劳动的好习惯。根据歌词内容，还可以启发幼儿画出一幅色彩鲜艳、内容丰富的儿童画。

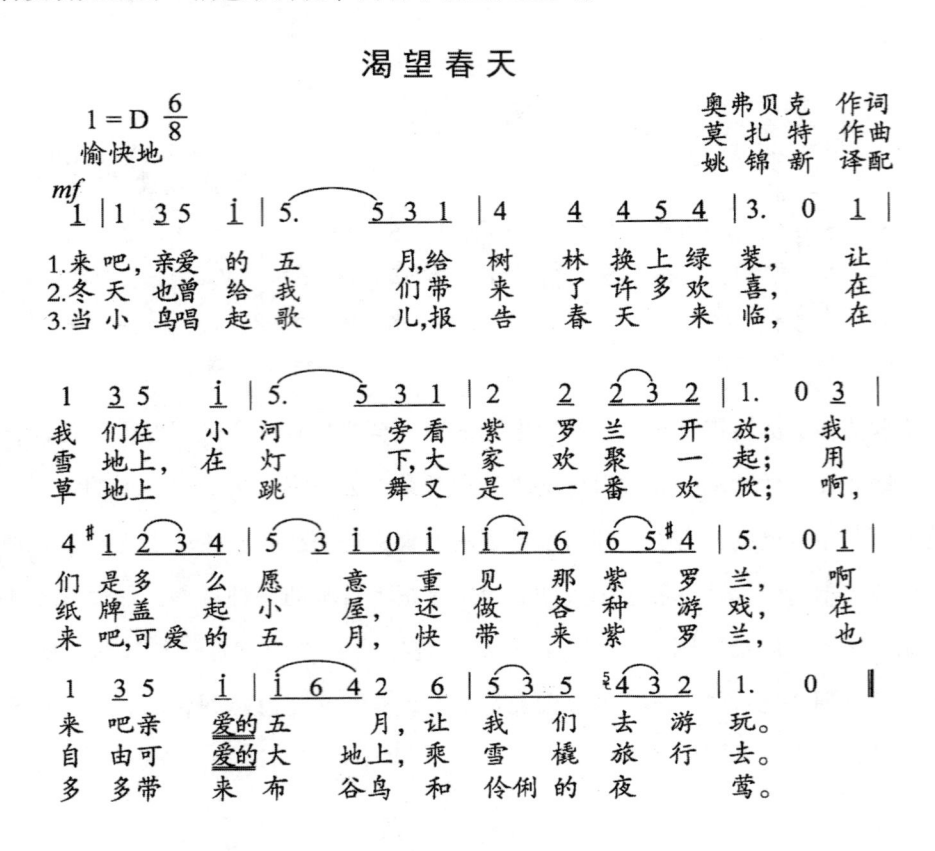

渴望春天

1=D 6/8
愉快地

奥弗贝克 作词
莫扎特 作曲
姚锦新 译配

mf
| 1 | 1 3 5 1 | 5. 5 3 1 | 4 4 4 5 4 | 3. 0 1 |
1. 来吧，亲爱的　五　月，给　树　林　换上绿　装，　让　在
2. 冬天也曾给我　们带　来　了　许　多欢　喜，　让　在
3. 当小鸟唱起歌　儿，报　告　春　天　来　临，　在

| 1 3 5 1 | 5. 5 3 1 | 2 2 2 3 2 | 1. 0 3 |
我　们在　小　河　旁看紫　罗　兰　开　放；我
雪　地上，在　灯　下大　家　欢　聚一　起；我用
草　地上　跳　舞又　是一　番　欢　欣；啊，

| 4 #1 2 3 4 | 5 3 1 0 1 | 1 7 6 6 5 #4 | 5. 0 1 |
们是多　么愿　意重　见那　紫　罗　兰，　啊在
纸　牌盖　起小　屋，还　做各　种　游　戏，　也
来吧，可　爱的　五　月，快　带来紫　罗　兰，　也

| 1 3 5 1 | 1 6 4 2 6 | 5 3 5 4 3 2 | 1. 0 |
来　吧亲　爱的五　月，让我　们　去游　玩。
自由可　爱的大　地上，乘雪橇　旅　行去。
多多带　来布谷鸟　和伶俐的　夜　莺。

这是一首很著名的歌颂春天的儿童歌曲，是世界许多童声合唱团的首选保留曲目，适合作为幼儿园欣赏教材。可以结合语言活动，让幼儿尝试复述歌词内容；可以结合自然活动，教幼儿认识"紫罗兰""雪橇""布谷""夜莺"等；可以结合美术活动，根据歌词内容画出春天的图画；还可以根据三段歌词，让幼儿分角色扮演小树、小河、紫罗兰、布谷、夜莺等形象，戏剧性地表演和再现歌词的内容以及歌曲的意境。

二、单元性音乐活动

单元性音乐活动也是一种综合形式的音乐活动，但它指的不是内容的综合，而是音乐本身的综合，即在某一单元时间内（比如2～3周或更长），有计划、有目的、有针对性地围绕某一音乐要素，综合听、唱、说、动、奏等音乐实践，组织丰富多样的音乐教育活动。

例如，为了让幼儿了解和熟悉三拍子音乐的特点，可以利用单元活动集中选择三拍子的歌曲和乐曲让幼儿反复地去唱、去听、去跳,在节奏活动中也重点练习三拍子的内容,从而使幼儿能够通过自身听、唱、说、动、奏等全面的音乐实践活动,从感性上获得强烈、清晰、丰富的体验,并通过教师有意识地讲解,在对比和归纳中进一步认识三拍子在音乐表现上的特点。

可供选择的三拍子的歌乐曲有很多。例如:

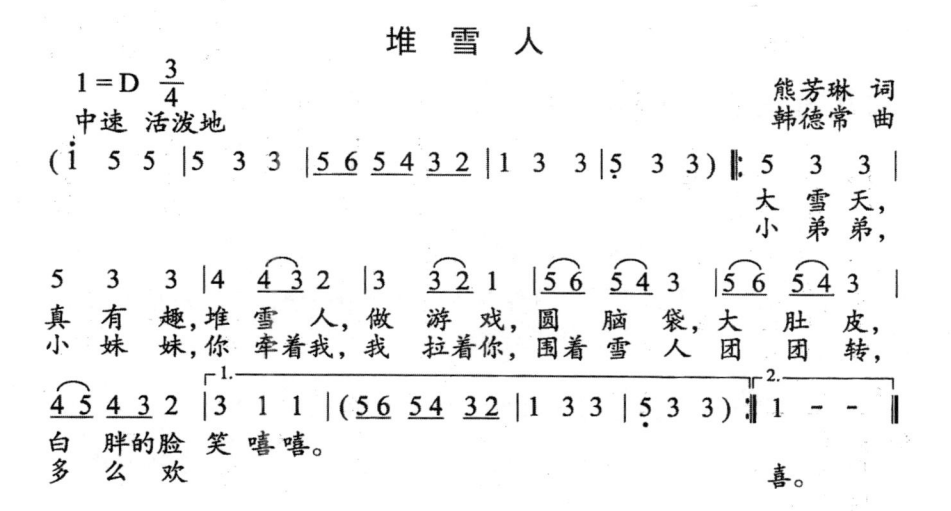

堆雪人

1=D 3/4
中速 活泼地
熊芳琳 词
韩德常 曲

(1 5 5 |5 3 3 |5 6 5 4 3 2 |1 3 3 |5 3 3) ‖: 5 3 3 |
　　　　　　　　　　　　　　　　　　　　　　　大 雪 天,
　　　　　　　　　　　　　　　　　　　　　　　小 弟 弟,

5 3 3 |4 4 3 2 |3 |3 2 1 |5 6 5 4 3 |5 6 5 4 3 |
真 有 趣, 堆 雪 人, 做 游 戏, 圆 脑 袋, 大 肚 皮,
小 妹 妹, 你 牵 着 我, 我 拉 着 你, 围 着 雪 人 团 团 转,

4 5 4 3 2 |3 1 1 |(5 6 5 4 3 2 |1 3 3 |5 3 3) ‖ 1 - - ‖
白 胖 的 脸 笑 嘻 嘻。
多 么 欢　　　　　　　　　　　　　　　　　　　　　　　喜。

妈妈的眼睛

1=C 3/4
佚 名 词曲
常永年 编舞

① ③ ⑤
3 2 1 3 |5 6 5 3 |6 3. 6 |5 - |6 1 6 |5 6 5 3 |
1.美丽的 美丽的 天　空　里, 出来了 光　亮的
2.妈妈的 眼　睛 我 最 喜爱, 常　常 希　望我

⑦ ⑨ ⑪
2 3 2 1 |2 - - |5 5 3 |1 1 6 |5 6 3 |2 |1 - - ‖
小 星　星, 好 像 是 我 妈妈 慈爱的 眼 睛。
做个好 小 孩, 妈妈的 眼 睛 我最 喜 爱。

动作说明:

全体幼儿两人一对,小八字步位,双手叉腰,面对面站成双圆圈队形。

①~②小节:双手胸前交叉,慢慢向上分开于斜上方,手心向上,眼看天空。

③~④小节:保持造型,先左后右摆动,三拍一次。

⑤~⑥小节:小碎步由左至右转一圈,保持上身姿势。

⑦小节:双腿屈膝,左臂下落侧平举,右手食指指向前上方,点一下(点的同时,上

体与食指微微左摆），眼睛看右手方向。

⑧小节：上身随食指微微右摆。

⑨小节：双臂屈肘，小臂交叉，手搭臂。里圈的幼儿下蹲，外圈的幼儿直立，两人互看。

⑩小节：上身的姿势不变，外圈的幼儿下蹲，里圈的幼儿直立。

⑪~⑫小节：动作同⑨~⑩小节。

三、幼儿童话讲述活动的艺术心理学分析

我们先来看一个例子：

"田野里有一座小房子，红的墙，绿的窗，金色的屋顶亮堂堂。太阳出来了照得一闪一闪的，漂亮极了。有一个小姑娘，她就住在这金色的房子里。"这是童话故事《金色的房子》的开场白。

当我们在北京的一所幼儿园里，就幼儿的童话讲述与动画欣赏活动进行观察和研究时，幼儿园的小朋友以令我们难以想象的热情，在语言课上，在表演游戏中，在故事会上，在晚间就寝前的讲述活动中，不厌其烦地，一遍又一遍地重复着这一个简单美丽的故事。在我们的观察记录中有这样一段描述：

冉冉是一个可爱的小女孩，黑黑的头发，梳着乖巧的童花头，有一双明亮的大眼睛，她讲述的《金色的房子》最受小朋友的欢迎。

她用拉长的元音读出"田野"的"野"字，似乎有一片广阔的田野随着她的语音在我们面前铺展开来；她用重音来处理"红"的墙，"绿"的窗和"金色"的屋顶中的形容词，使这缤纷的色彩似乎立即闪耀在我们的面前；她用夸张的语调来读"亮堂堂"，就好像真的把我们带到了一个令人豁然开朗的、亮堂堂的房子里；她用同样夸张的语调来读"太阳"，造成一种温暖而灿烂的活力；"一闪一闪的"则被她用一种灵动的声音念出来，生动地表现了语词的重复在这里所营造的节奏与动感；她又用了一种十分骄傲的语气来读"有一个小姑娘"，从而使这个故事的主人公——骄傲的小姑娘的形象显得活灵活现；最后，她用了一种自然的、收束的语气来结束这一段开场白。

这个例子传达了这样三层意思：

第一，冉冉的讲述显示出幼儿或许是与生俱来的一种敏感，一种对文字所内含的符号

特征及其形式美的意味所具有的敏锐而又深刻的感受、理解和洞察，它是多么自然而充满了表现力。它不需要也完全不可能是由老师或导演"教"出来的，完全是发自幼儿内心深处的一种体验到并理解了的情感的自发流露。无疑，幼儿对他们所喜爱的童话故事具有无比的热情、准确的理解和生动的表演能力。

当然，这种体验是一个逐渐积累的过程，而不完全是盲目自发的。这种积累的过程就是在幼儿一遍又一遍地重复倾听和讲述的过程中逐渐完善，渐趋完美的。这一过程的实现需要两个条件：首先，作品本身的内容与形式必须符合审美标准，只有真正具有形式与内容和谐美感的作品才有可能具备足够的吸引力，使孩子们有兴趣不厌其烦地、一遍又一遍地去倾听、复述和表演；其次，在倾听、复述和表演的过程中，幼儿自己感同身受的体验、想象、理解的主动学习和内化过程是不可替代和至关重要的。如果省略了幼儿自己的主动学习和内化过程，变成对老师或导演的模仿，其结果必将是徒有其表，生硬而肤浅、牵强，远没有幼儿的自发表演来得自然、逼真、深刻。

第二，幼儿的创造能力是与他的情感体验和审美能力直接相连的。幼儿首先必须有能力感受到童话故事借助文字媒体所传达的内容（主题）和审美意境，然后才有可能在自己的讲述和表演活动中，借助自己的声音表情、面部表情和肢体语言把自己对童话故事内容与意境的完整理解以极其个人化的方式，富有创造力地充分表现出来。在这个例子中，冉冉之所以能够那么准确而富有韵味地解读、还原、升华童话故事的每一处遣词造句，甚至篇章布局，是因为她极其敏感、细腻、准确地感受、把握并捕捉到了创作者的创作意图和文学作品所特有的言有尽而意无穷的独特魅力。

的确，在这个朴素、简约的开场白中，寥寥数语但意境深远，内涵丰富。"田野里有一座小房子"，开门见山的语言展现了故事发生的特定场景，这里有鲜明的视觉提示：开阔的田野和一座可以由想象去装饰的小房子；同时，开阔的田野中一座孤零零的小房子，这一视觉象征为后面情节的发展做了不经意的铺垫和暗示（骄傲的小姑娘最终将无法抵御孤单和寂寞，而十分渴望友情）。"红的墙，绿的窗，金色的屋顶亮堂堂"，这对比强烈、鲜艳的色彩营造了一种亮丽、热闹的气氛，填充着开阔的田野和寂寥的小房子，也迎合着幼儿视觉感官对色彩的要求和满足；同时，这种亮丽、热闹的气氛又反衬出后面情节的发展，骄傲的小姑娘因为拒绝朋友，虽然拥有华丽的房子，但是仍然十分孤单的心情。"亮堂堂"三个字用得尤其好！它把汉字声、形、义之间的微妙联系展现得淋漓尽致，读起来朗朗上口，听起来很有气势，呈现的视觉形象明亮、堂皇。"有一个小姑娘，她就住在这金色的房子里"，这种不加任何修饰的平铺直叙把读者的注意力牢牢地吸引到故事的主人公身上和故事发生的主要场景——金色的房子上，而且这种单刀直入的方式因为省略了所有的细枝末节，不仅使故事的主角更加突出，也给幼儿的想象留下了足够的空间：这到底是一个什么样的小姑娘呢？这座金色的房子到底又是什么样的呢？

按照艺术心理学的解释，所谓艺术品就是一种有意味的形式。事实上，面对一个意味无穷的艺术精品，文字的分析永远是拙劣而徒劳的，因为有限的文字永远不可能穿透文学本身的无穷意味。正是文学本身永远无法穿透的无穷意味，引导着人们（包括幼儿）不厌其烦地、一遍又一遍地去解读、去体会、去理解、去接近文学的真谛。小说、散文、诗歌等文学作品对成人读者是这样，童话故事、民间传说、儿童文学对小读者来说又何尝不是这样呢？《金色的房子》正是以其难以穷尽的文学意味引导着幼儿心甘情愿、不由自主、一遍又一遍地去重复。在这每一次的重复之中，幼儿对故事的感受、体验和理解在逐步加深，并且越来越细腻，越来越丰富；在这每一次的感受、体验和理解的过程中，幼儿必须全身心地参与其中，调动他所有的感知、注意、情感和想象能力，以一种主动、积极的状态，通过自己的想象和创造去生成视觉图像和声音表情并使这种生成活动逐渐完善，最后以一种难以抑制的激情和渴望，主动地想把自己感受、体验和理解到的意味通过自己的表演充分地表现出来。这个过程就是幼儿的艺术表演和创造的过程。

第三，幼儿的审美直觉和鉴赏能力可以说是非常惊人的！成人没有任何理由低估、忽视甚至无视或歪曲孩子们的审美直觉和鉴赏能力。虽然幼儿没有能力用清晰、准确的语言来表达他们对童话故事选择与取舍的理由，但是这种选择与取舍是显而易见的。显然，不是每一个童话故事都能得到幼儿同样的青睐，不是每一个幼儿的表演都能得到幼儿的垂青。那么，幼儿选择的标准到底是什么呢？很简单，那就是艺术品的美学标准。幼儿之所以对《金色的房子》情有独钟，原因就在于我们前面对其开场白所做的粗略分析之后已经显示出来的丰富的美学价值。而在全班众多孩子讲述的《金色的房子》故事中，为什么冉冉的讲述最受欢迎呢？因为冉冉的讲述最接近文学本身的完整意味，因为冉冉的讲述传达的美学意味最丰富、最准确。

面对幼儿如此独到而又挑剔的眼光，我们不得不反躬自问，我们呈现给幼儿的所有艺术品真的都是美的、有价值的，是能够满足他们的审美需求的吗？显然，幼儿对童话故事的选择，对表演的好恶完全取决于审美的因素，那些具有形式与内容和谐美感的、与人类的创造精神紧密相连的东西总是能够直接、深刻、长久地唤起孩子们强烈的内心反应和情感共鸣。幼儿喜欢或不喜欢一个作品，欣赏或不欣赏某种表演，是不可能被强加的，更是不可能伪装或欺骗的，即使是所谓"教导"的作用，如果与艺术品本身的价值相去甚远的时候，也会显得十分勉强与无力。

在电视诞生以前的漫长岁月里，正是儿童文学、民间传说和童话故事滋养了一代又一代儿童的精神世界，丰富着他们的童年生活。无论是中国还是外国的儿童，在他们的童年记忆里，都曾经在童话故事里寻求心灵的快慰和心智的满足。他们不厌其烦，一遍又一遍地倾听爷爷奶奶、爸爸妈妈、哥哥姐姐，还有老师和小伙伴为他们讲述那些朴素而又充满了永恒智慧的古老童话、故事和传说。在这用文字铺就的，可以通过想象无限伸展的平台上，他们感同身受地去学习和体验人类共同相通的爱与憎的情感；他们以充满了发现之快乐的心情去学习并获得人类和平生活的智慧与准则；他们更以无尽的想象去接近和理解文学中的人、物、事，去扩展自己的生活经验和精神世界，从而使个人狭小、有限的生活空间变得无限广阔。毫无疑问，童话故事在漫长的岁月里一直是儿童成长过程中不可替代的娱乐、学习、表演和创造的精神生活的重要方式。

四、音乐与绘画的结合

在学前儿童音乐教育活动中，到底应该怎样将音乐和绘画有机地结合起来进行呢？应该从哪些方面入手呢？下面，我们为大家提供一些设计思路。

例1 我们周围的美妙声音

活动目的：

（1）倾听周围环境中的各种声音，培养幼儿对声音的敏感和注意倾听的习惯。

（2）根据声音想象它活动的样子，进而用美术的方式表现出来，培养幼儿的听觉、动觉、视觉通感和想象力、表现力。

（3）学习使用简单的美术工具和材料，掌握画线、涂色、滴色和滚印的技能，培养幼儿的动手操作能力。

活动内容：

1. 美术·画线

小朋友，你还记得风的声音吗？风是怎样刮来刮去的？请你用动作来模仿它？再用嘴模仿风的声音，想象着风的样子，用画笔在画纸上画出像风一样长长的或旋转的线条。

2. 美术·画线

小朋友，你还记得小河流水的声音吗？小河里的水是怎样流啊流的？请你用动作来模仿它？再用嘴模仿小河流水的声音，想象着小河流水的样子，用画笔在画纸上画出像小河流水一样长长的波状线。

3. 美术·滴色

小朋友，你还记得下雨的声音吗？雨滴是怎样从天上落下来的呢？请你用小手模仿雨滴从天上落下的样子。再将小塑料瓶吸入颜料汁，用嘴模仿下雨的声音，想象着雨滴落下的样子，像下小雨那样把颜料汁滴在画纸上。

4. 美术·涂色

小朋友，你还记得大人们扫地时发出的声音吗？大人们是怎样扫地的呢？请你也试一试。再用嘴模仿扫地的声音，把笔刷蘸上颜料，像扫地那样把画纸涂满颜料，美丽的地板就会显现出来。

5. 美术·手印

小朋友，你还记得人在走路时发出的声音吗？用你的小脚走一走，听一听有没有声音。然后把小手蘸上颜料，用嘴模仿走路的声音，想象着走路的样子，在画纸上像走路那样印出一个个小脚印。

6. 美术·吹画

小朋友，请你把颜料汁滴在画纸上，用吸管对着颜料汁吹气，慢慢用力吹出长长的线条，再猛地用力气吹出短短的线条，你也可以随教师敲击和弹奏乐器发出的长短音响吹画。

例2 美妙的音乐和美妙的图画

1. 音乐：《跳圆舞曲的猫》（安德森曲）

美术：滚印与粘贴

将画纸铺在盘中，再将蘸有颜料的珠子放入盘中摇滚，于是，画纸上出现珠子旋转滚动留下的痕迹，再将猫和小狗的图形粘贴在画纸上，就像小狗在跳舞。

2. 音乐：《蝴蝶》（格里格曲）

美术：滚印与粘贴

将印滚缠绕上线绳，蘸色；或把玩具小汽车的车轮蘸上颜料，在画纸上像蝴蝶飞舞一样来滚印。滚印出痕迹就留在画纸上，就像蝴蝶飞舞的弧线。然后，将上面的蝴蝶取下，对折一下，在折线处涂上糨糊，贴在画纸上。小蝴蝶在飞舞呢。

3. 音乐：《水族馆》（圣·桑曲）

美术：用彩色黏泥塑造各种海洋生物，把它们黏合在透明的塑料瓶的瓶壁上，往塑料瓶中注入淡蓝色的清水。伴随着乐曲，欣赏泥塑作品。

4.《看样学样》

看样学样

1=C 2/4
中速

百子 词
汪玲 曲

3 5 6 6 | 5 — | 3 5 5 1 | 2 — | 3 5 6 6 | 5 — | 3 5 5 1 | 2 — |

看我点点头，大家点点头。看我拍拍手，大家拍拍手。

5 3 | 6 6 5 | 3 6 6 | 5 — | 5 3 | 1 2 3 | 2 2 3 5 | 1 — ‖

看 我 踏踏脚，大家踏踏 脚。 看 我 转个身，大家跟我 走。

小朋友两两相对站立，观察对方的身体部位，用手指着对方说"这是你的头，这是你身体的躯干，这是你的胳膊……"

歌唱《看样学样》。相对站立的两个小朋友，一个做领唱，另一个跟唱。大家一起唱，每一组小朋友可以做不同的动作。

教师喊"定格"，小朋友保持刚才的动作不动，互相观看各自的样子，然后，讨论所看到的小朋友的样子。

用纸撕出人体的各个部分并摆出自己看到的小朋友的样子，粘贴在画纸上，再画出来。

5. 音乐：《雪花》（德彪西曲）

美术：将白纸或浅色纸裁成方形，对边折后三等分折叠，再对折，将角剪齐，然后，剪出六角形雪花。把剪好的雪花贴在深黑色背景上，欣赏音乐和自己的作品。

6. 音乐：《生病的洋娃娃》《洋娃娃的葬礼》《新的洋娃娃》（柴可夫斯基曲）

美术：小朋友，你有没有遇到过这样的事情，起初，有些事情让你很难过，可是，后来又发生了一些事情，你又高兴了起来。用黑色的画笔在灰色的纸上画出让你难过的事情，在白色的纸上用几种彩色的画笔画出让你高兴的事情。

五、学前儿童音乐教育活动的多种途径

现代音乐的概念在音乐材料的使用上已经大大超出了乐音的范畴，自然界和现实生活中各种有表现力的声音都可以运用于音乐的创作，用来表现某种特定的故事、场景，甚至人物及其性格和情感。这就为音乐的创作和表现开辟了更加广阔的道路，也为幼儿学习运用声音和音乐的手段来表现自己的想象和情感，奠定了合理的基础。

下面我们就为大家提供一些这样的例子。

（一）声音的探索活动

为幼儿提供各种能发声的声音材料，鼓励幼儿自己去探索和感知声音的高低、强弱、长短、音色等特性。并为幼儿提供语言节奏活动的材料和图谱。

（二）运用人体乐器进行节奏练习和声音的表现

在活动室里张贴拍手活动的节奏图谱（图3-3），启发幼儿在自主游戏活动时间自由选择游戏。并启发幼儿进一步想象，自己的小手还可以发出什么样的声音？如拍腿、拍肩、拍地等。再想想看，除了我们的手，我们的脚和腿，还可以发出什么样的声音？我们的身体的其他部位还可以发出什么样的声音？

（三）创编声音故事

选择一种乐器，问孩子们能够发出多少种不同的声音？让幼儿把自己的想法画出来，组成一个有趣的声音故事，然后请其他小朋友来演奏。

（四）即兴创作

当幼儿参加戏剧表演活动时，他们会自动地使用声音效果，以丰富戏剧表现。在大多数情况下，他们将会发现音乐的即兴创作并不难，而且非常有趣。刚开始的尝试，使用的材料可能会非常有限，表现的内容也可能是凌乱且缺少组织的。但是，如果给他们充足的

机会去听、去体验、去讨论音乐和声音的各种表现，幼儿的创造能力将会有惊人的进步和提高。

在组织即兴创作的活动时，老师一定要注意，开始时所使用的材料一定要非常简单，活动的时间不宜太长，要鼓励幼儿在有准备的环境中去进行创作，并且要有明确的指导，活动的目的也要使幼儿能够充分地理解。因为如果一开始就让幼儿在模糊的、完全自由的环境中创作，他们会感到困惑，也许会不知所措，因此，教师的指导在这里就显得尤其重要。教师需要选择一些适宜用声音加以表现的主题。

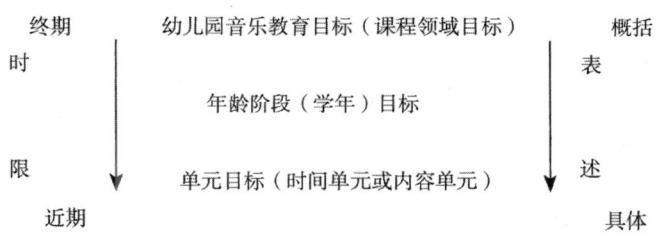

图 3-3　拍手活动节奏图谱

第四章 学前儿童音乐舞蹈韵律活动与游戏

学前音乐律动与舞蹈游戏、韵律活动对学前儿童的音乐舞蹈教育教学有着重要的作用，本章重点分析学前儿童节奏活动、学前儿童律动和舞蹈、学前儿童节奏乐演奏、以游戏为基本活动的学前儿童音乐教育。

第一节 学前儿童节奏活动

韵律活动在学前儿童音乐舞蹈教育工作中占有极其重要的地位，它主要是通过语言或动作来发展幼儿的节奏感，帮助幼儿更好地感受音乐作品的节奏美，学习通过自己有节奏的活动来表现音乐的节奏美。节奏是音乐的骨骼和灵魂，尤其在现代音乐中节奏的表情和意义更加鲜明、更加突出。因此，对节奏的感受和表现是现代学前儿童音乐教育的重要内容。

以德国儿童音乐教育家奥尔夫为代表的当代儿童音乐教育理论家大都主张从语言和人体动作入手组织幼儿的节奏活动，培养节奏感。因为音乐的节奏和语言的节奏有着密不可分的联系，而人体动作，走、跑等基本活动更是感受音乐节拍、节奏的基础。

一、语言节奏

最简单、最富于节奏性、最易于为幼儿所喜爱和掌握的语言节奏莫过于人名的节奏。无论是两个字的单名，还是三个字的双名，都可以表现生动、丰富的节奏。例如：

$$
\begin{array}{l}
\text{王 红} \quad \dfrac{2}{4} \quad × \quad × \quad | \\
\qquad\qquad\quad ×× \ 0 \quad | \\
\qquad\qquad\quad × \ 0 \ × \ 0 \ | \\
\qquad\qquad\quad 0 \ × \ × \quad | \\
\end{array}
\qquad
\begin{array}{l}
\dfrac{3}{4} \quad × \ — \ × \quad | \\
\qquad × \ 0 \ × \quad | \\
\qquad × \ × \ — \quad | \\
\qquad × \ — \ 0\underline{×} \quad | \\
\end{array}
$$

$$
\begin{array}{l}
\text{王 小 红} \quad \dfrac{2}{4} \quad ×\underline{×} \ × \quad | \\
\qquad\qquad\qquad\quad ×. \ \underline{×} \quad | \\
\qquad\qquad\qquad\quad \underline{××} \quad × \quad | \\
\qquad\qquad\qquad\quad 0 \ × \ \underline{××} \quad | \\
\qquad\qquad\qquad\quad × \ 0 \ \underline{××} \quad | \\
\qquad\qquad\qquad\quad \overset{\frown}{\underline{×××}} \ 0 \quad | \\
\end{array}
\qquad
\begin{array}{l}
\dfrac{3}{4} \quad ×. \ \underline{×} \ × \quad | \\
\qquad \underline{×} \ ×. \quad | \\
\qquad × \ 0 \ × \ 0 \ × \ 0 \ | \\
\qquad 0 \ × \ 0 \ × \ 0 \ × \ | \\
\qquad ×× \ 0 \ × \quad | \\
\qquad × \quad × \quad × \quad | \\
\end{array}
$$

在上面所列举的单名和双名的节奏中，包含了诸多的节奏训练内容。从节拍上看有四二拍、四三拍、四四拍，从节奏上看涉及了四分音符、八分音符、二分音符、附点四分音符、附点八分音符、切分音、三连音、十六分音符等。其中有些节奏对幼儿来说是有一定难度的，但是借助于小朋友相互间都非常熟悉的"人名"这一特殊的方式来学习，像附点音符、切分音、三连音等节奏都是幼儿能够学会和掌握的。

用幼儿的人名来做语言朗诵节奏练习除了可以培养幼儿的节奏感外，还有助于幼儿自主意识、成就感和自信心的提高。因为幼儿通常都喜欢被教师或其他小朋友称呼自己的名字，因此用人名进行节奏活动可以充分满足幼儿的这一愿望，也可以用作一种奖励手段来表扬那些表现较为突出的孩子。

在以多声音乐为主的音乐世界里，从小培养幼儿的多声音乐听觉能力和表现能力是十分必要的，也是奥尔夫、科达伊等当代音乐教育理论家十分重视的内容。人名节奏就可以被用来进行多声部的节奏练习活动，以培养幼儿的节奏感、协调能力以及对多声部音乐的听觉能力、感受能力和表现能力。例如：

$$
\begin{array}{llll}
\text{王 红} & \frac{2}{4} \times & \times & | \\
& \frac{2}{4} \underline{\times \times} & 0 & |
\end{array}
\qquad
\begin{array}{llll}
\text{王 红} & \frac{2}{4} \times. & \times & | \\
& \frac{2}{4} \times & \times. & |
\end{array}
$$

$$
\begin{array}{llll}
\text{王 红} & \frac{3}{4} \times & \times & 0 & | \\
& \frac{3}{4} \times & 0 & \times & |
\end{array}
\qquad
\begin{array}{llll}
\text{王 红} & \frac{3}{4} \times & - & & | \\
& \frac{3}{4} \underline{0 \times} & \underline{0} & \underline{0 \times} & |
\end{array}
$$

$$
\begin{array}{llll}
\text{王 红} & \frac{2}{4} \times & \times & | \\
& \frac{2}{4} \underline{\times \times} & 0 & | \\
& \frac{2}{4} 0 & \underline{\times \times} & |
\end{array}
\qquad
\begin{array}{llll}
\text{王 红} & \frac{2}{4} \times & \times & | \\
& \frac{2}{4} \underline{\times \times} & 0 & | \\
& \frac{2}{4} 0 & \underline{\times \times} & | \\
& \frac{2}{4} \underline{0 \times} & \underline{0 \times} & | \\
& \cdots\cdots
\end{array}
$$

$$
\begin{array}{lll}
\text{王 红} & \frac{2}{4} \times & \times & | \\
\text{王小红} & \frac{2}{4} \underline{\times \times} & \times & |
\end{array}
\qquad
\begin{array}{lll}
\text{王 红} & \frac{2}{4} \underline{0 \times} & \underline{0 \times} & | \\
\text{王小红} & \frac{2}{4} \underline{\times \times} & \times & |
\end{array}
$$

人名节奏可以成为幼儿语言节奏活动的起点。同时，将字、词、短语、简单的句子配上节奏进行朗诵，再配以拍手、拍腿、踏脚、蹦跳等简单有趣的身体动作，也都是培养节奏感的好方法。例如：

$$
\frac{2}{4} \quad \times \quad \times \quad | \quad \underline{\times \times} \quad \times \quad |
$$

朗诵：大　　象　　小　白　兔
动作：学大象走两步，学小白兔跳三下

$$
\frac{2}{4} \quad \times \quad \times \quad | \quad \underline{\times} \quad \times. \quad |
$$

朗诵：老　　虎　　啊　呜
动作：按节奏踏脚

一些节奏鲜明、朗朗上口的儿歌更是语言节奏活动的上好材料。例如：

喊哩出噜是个啥

(选自奥尔夫学校音乐教材，廖乃雄译配)

喊哩出噜是个啥？

它在炉子后面爬，

不是蟹、不是虾，

喊哩出噜是个啥？

这首儿歌可以让幼儿进行以下的节奏活动：

1. 手拍固定拍，口诵儿歌；

2. 手拍节奏，口诵儿歌；

3. 将上述1和2结合，变成两个声部的节奏活动；

4. 卡农的形式。

儿　　歌

李晋瑗编游戏

一二三四五六七，

七六五四三二一，

七个阿姨来摘果，

七个篮子手中提，

七个果子摆七样：

苹果、桃子、石榴、柿子、李子、栗子、梨。

这首儿歌可以用来组织多种形式的节奏活动：

1. 手拍固定拍，口诵儿歌；

2. 手拍节奏，口诵儿歌；

3. 将上述1和2结合，变成两个声部的节奏活动；

4. 以"轮唱"的形式分组朗诵儿歌，可以同时结束，也可以不同时结束；

5. 手拍固定拍或节奏，口诵儿歌，最后一句分成两组，轮流说出果子的名称，最后的"梨"两组同时说，要求协调、整齐；

6. 口诵儿歌，幼儿手执不同的节奏乐器，分别按节拍、节奏或新设计的节奏型敲击伴奏。

牵　牛　花

杨立梅　编

长长竹篱下，

长着牵牛花。

牵牛花，真笑话，

它不牵牛牵喇叭。

这首儿歌也可以产生多种语言节奏活动形式：

1. 手拍固定拍，口诵儿歌；
2. 手拍节奏，口诵儿歌；
3. 将上述 1 和 2 结合，变成两个声部的节奏活动；
4. 教师和孩子有节奏地交替朗诵儿歌，感受句子的结构。

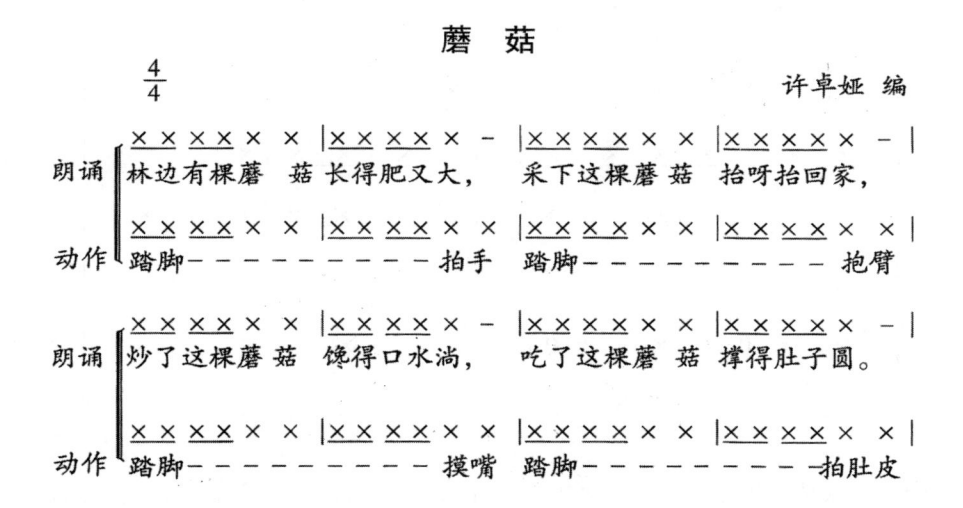

蘑 菇

$\frac{4}{4}$

许卓娅 编

朗诵｜×× ×× × ｜×× ×× × - ｜×× ×× × × ｜×× ×× × - ｜
　　　林边有棵蘑 菇 长得肥又大，　采下这棵蘑菇 抬呀抬回家，

动作｜×× ×× × × ｜×× ×× × × ｜×× ×× × × ｜×× ×× × × ｜
　　　踏脚— — — — — — — —拍手　踏脚— — — — — — — —抱臂

朗诵｜×× ×× × × ｜×× ×× × × ｜×× ×× × ｜×× ×× × - ｜
　　　炒了这棵蘑菇 馋得口水淌，　吃了这棵蘑 菇 撑得肚子圆。

动作｜×× ×× × × ｜×× ×× × × ｜×× ×× × × ｜×× ×× × × ｜
　　　踏脚— — — — — — — —摸嘴　踏脚— — — — — — — —拍肚皮

二、人体动作节奏

体态律动学的创立者，瑞士音乐教育家达尔克罗兹认为，人们对音乐的感受不仅反映在心理上，同时也反映在身体上。因此，应当学会从生理上通过整个肌体去感受音乐的节奏，理解音乐的精髓和神态。

奥尔夫也非常强调音乐与身体动作的结合。他认为，音乐是感人至深的一种艺术，单凭理性的认识是远远不够的，只有通过自己切身的感受，音乐才有可能最终被化为己有。这就是说，单凭自己口唱、手弹、耳听去感受音乐还远远不够，还需要通过自己整个身体的动作去进一步感受音乐，自然地、由衷地"闻乐起舞"，让音乐通过动作融化在自己的体内，这样的感受才会生动、持久、深刻，并最终形成真正的乐感。所谓"乐感"在奥尔夫看来就是对音乐能有高度的敏感、强烈的感受以及敏捷的反应能力，能够通过自己的整个身体动作去感受音乐，并对音乐做出自然的、原始的、准确的反应。

可见，把音乐和人体动作结合起来，用自然的人体动作来对音乐做出准确、敏捷的反应，体现了当代音乐教育理论家的基本观点与方法。目前幼儿园最常用的人体节奏活动就是节奏模仿。即幼儿模仿教师的人体节奏动作，或幼儿之间的相互模仿。它的形式一般是教师有节奏地说："请你跟我这样做。"幼儿有节奏地回答："我就跟你这样做。"随后，教师做一个动作幼儿模仿。这些模仿动作可以从拍手开始，逐渐加进拍腿、踏脚、拍肩、抱胸、叉腰、点头、响指、弹舌、摇摆、脚跟、脚尖、拍手心或手背，变换方向或姿势拍手等。以下节奏型可供参考、选用：

$$\frac{2}{4}\ \times\ \ \times\ |\ \times\ \ \times\ |\ \underline{\times\times}\ \ \underline{\times\times}\ |\ \times\ \ \ |$$

$$\frac{2}{4}\ \underline{\times\times}\ \ \underline{\times\times}\ |\ \underline{\times\times}\ \ \times\ |\ \underline{\times\times}\ \ \underline{\times\times}\ |\ \times\ \ -\ |$$

$$\frac{2}{4}\ \underline{\times\cdot\ \times}\ \ \times\ |\ \underline{\times\cdot\ \times}\ \ \times\ |\ \underline{\times\times}\ \ \underline{\times\times}\ |\ \times\ \ \ |$$

$$\frac{2}{4}\ \times\ \ \times\ |\ \times\ \ -\ |\ \underline{\times\times}\ \ \underline{\times\times}\ |\ \times\ \ -\ |$$

$$\frac{2}{4}\ \times\ \ 0\ |\ \times\ \ 0\ |\ \times\ \ \ |\ \times\ \ -\ |$$

$$\frac{2}{4}\ \times\cdot\ \ \underline{\times}\ |\ \underline{\times\times}\ \ \times\ |\ \underline{\times\times\times\times}\ \ \underline{\times\times}\ |\ \times\ \ \times\ |$$

节奏应答是人体节奏活动的另一种形式。它是指教师拍出一个节奏，幼儿以拍数相同的另一种节奏来"回答"。例如，教师拍出：××××，这一节奏共有四拍，那么幼儿也必须拍出四拍，但节奏必须与此不同。这就可以产生许多种不同的拍法。例如：

$$\frac{2}{4}\ \underline{\times\times}\ \ \underline{\times\times}\ |\ \times\ \ \ |$$

$$\frac{2}{4}\ \times\ \ -\ |\ \times\ \ -\ |$$

$$\frac{2}{4}\ \underline{\times\times}\ \ \underline{\times}\ |\ \times\ \ \ |$$

$$\frac{2}{4}\ \times\ \ 0\ |\ 0\ \ \times\ |$$

$$\frac{2}{4}\ \underline{\times\cdot\ \times}\ \ \times\ |\ \underline{\times\cdot\ \times}\ \ \times\ |$$

$$\frac{2}{4}\ \underline{\times\times\times\times}\ \ \underline{\times\times}\ |\ \underline{\times\times}\ \ \times\ |$$

此外还可以用不同的动作来回答。比方教师拍手，幼儿就可以拍腿、踏脚或拍肩等。

当然，这种节奏应答游戏也同样可以在幼儿之间相互一问一答地进行。

这些人体节奏动作同样可以结合起来进行多声部的节奏训练，将拍手、拍腿、踏脚等各种不同的动作按声部配合，也是很有效果的。例如：

拍手	$\frac{2}{4}$	×× ×	×× ×	×× ×	×× × :‖
拍腿	$\frac{2}{4}$	×× ××	×× ××	×× ××	×× ×× :‖
踏脚	$\frac{2}{4}$	× 0	× 0	× 0	× 0 :‖

拍手	$\frac{2}{4}$	× 0	× 0	× 0	× 0 :‖
拍肩	$\frac{2}{4}$	0 ××	0 ××	0 ××	0 ×× :‖
拍腿	$\frac{2}{4}$	×× ×	×× ×	×× ×	×× × :‖
踏脚	$\frac{2}{4}$	× —	× —	× —	× — :‖
弹舌	$\frac{2}{4}$	× ×	× ×	× ×	× × :‖

需要说明的是，人体节奏动作本身并不是目的，它只是一种有效的音乐教育手段，用来发展幼儿的节奏感，挖掘人们与生俱来的内在节奏本能，发展人体动作的协调性，帮助幼儿从身体上获得对音乐的敏锐感受能力和反应能力。因此，动作本身的优美、灵活与协调，动作所发出的声音质量与音色，动作内含的音乐性都是十分重要的。如奥尔夫教学法就对拍手、拍腿、踏脚等人体节奏动作有一定的具体要求：

良好的拍手要求幼儿彼此间有足够的距离，身体姿势正直而又松弛，手臂可做自由挥动。一只手的手指稍具张力，富有弹性地拍击另一只手的掌心。动作幅度取决于它的速度：速度缓慢时动作幅度较大；速度较快时动作就小。多数动作从手腕出发。音响上可以采取响和轻的拍掌，音响低沉可用空的掌心拍，音响明亮可用少数手指击手根发出鞭打般的声响。

拍腿需要用平的手掌富有弹性地拍击大腿（靠近膝头）。拍腿时身体姿势应当松弛，站立时双腿稍稍分开。

踏脚是一只脚用平的脚底带有重音地踩地。踏脚时必须避免僵硬、强烈的动作，以保证所发出的声音响亮而不僵硬。

这就是说，在人体节奏动作中，我们仍然应当把音乐的表现放在重要的位置上，而不能仅仅满足于表面的动作，应当重视动作所表现出来的质量。

还有许多有趣的歌曲可以帮助我们进行人体节奏活动。例如：

头发、肩膀、膝盖、脚

1=C 4/4

5. 6 5 4 | 3 4 5 - | 2 3 4 - | 3 4 5 - |
头　发、肩 膀、膝 盖、脚，　　膝　盖、脚，　　膝　盖、脚，

5. 6 5 4 | 3 4 5 - | 2 2 5 5 | 3 3 1 0 ‖
头　发、肩 膀、膝 盖、脚，　　眼　睛、耳 朵、鼻 子、嘴。

这首歌曲可以在唱的时候，两手有节奏地拍相应的身体部位。熟练以后还可以增加速度，越唱越快；还可以编一些新的歌词；或者在"脚"字上用内心歌唱代替出声歌唱，并伴随拍腿或踏脚的动作，以训练幼儿的音准能力和节奏感，提高内心的音乐感觉，增加幼儿唱歌的兴趣。

拍 拍 拍

1=C 4/4　　　　　　　　　　　　　　　　　　　佚名 词曲

1 | 3 3 3 5　5 5 | 1 7 6 5　5 3 | 4 4 4 3 2　2 3 | 4 4 3 2 1 0 :‖
快 来, 拍拍头, 拍拍 肩, 拍拍腰, 拍拍 膝盖, 拍拍脚, 拍拍 膝盖拍拍脚。（快）

这首歌曲也可以边唱边有节奏地拍身体的相应部位；还可以不唱"拍拍"而用拍手代替，并接着唱"头""肩"等，同时用手指出相应的部位；或者不唱"头""肩"等，只用手指出这些部位；演唱的速度也可以有所变化，可以渐快或渐慢来演唱。

三、节奏读谱

这是匈牙利音乐教育家科达伊在进行节奏训练时发明和使用的一种工具。在学前儿童音乐教育活动中可以借鉴使用的有以下一些代表节奏时值的音节：

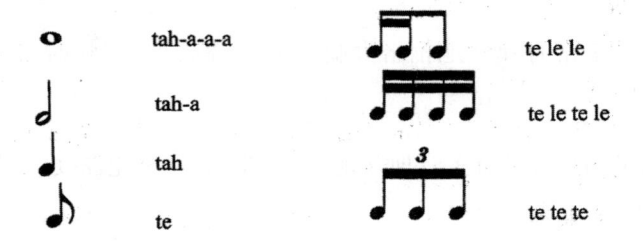

𝅝	tah-a-a-a	♫♫	te le le
♩	tah-a	♬♬	te le te le
♩	tah	♪♪♪(3)	te te te
♪	te		

第四章 学前儿童音乐舞蹈韵律活动与游戏

♩♩ te te	♩.♪ tah-eete
♪ le	♪♩. te Tah-ee
♪♪♪ te le le	♪♪♪ syn-Co-pè

这些音节不是音名，而只代表时值。这样，幼儿就很容易去按照正确的节奏来读唱音型。这种节奏谱也可以简化为只保留符杆。

四分音符记谱用 | |

八分音符记谱用 ⊓ ⊓

除了二分音符和全音符以外，都不需要符头，而只由符杆来确定。

休止符作为无声的拍子来数，用"Z"表示。

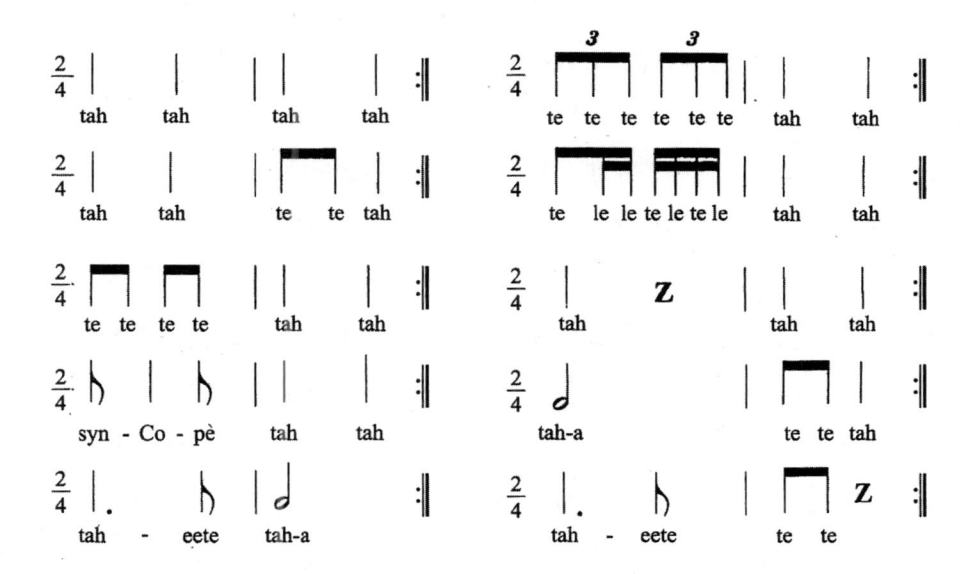

$\frac{2}{4}$ | | | | :‖ $\frac{2}{4}$ ⊓³ ⊓³ | | :‖
    tah tah tah tah   te te te te te te tah tah

$\frac{2}{4}$ | | ⊓ | :‖ $\frac{2}{4}$ ⊓ ⊓ | | :‖
    tah tah te te tah   te le le te le te le tah tah

$\frac{2}{4}$ ⊓ ⊓ | | :‖ $\frac{2}{4}$ | Z | | :‖
    te te te te tah tah   tah tah tah

$\frac{2}{4}$ ♪ | ♪ | | :‖ $\frac{2}{4}$ ♩ | ⊓ | :‖
    syn - Co - pè tah tah   tah-a te te tah

$\frac{2}{4}$ ♩. ♪ ♩ :‖ $\frac{2}{4}$ ♩. ♪ ⊓ Z :‖
    tah - eete tah-a   tah - eete te te

第二节　学前儿童律动和舞蹈

一、律动

律动是在音乐伴随下的韵律活动，常常是没有情节内容的舞蹈动作练习和模仿动作等。律动动作要求合乎音乐的节拍、节奏和艺术的美感，并能够表现出音乐的情绪特点。律动在幼儿园中经常作为一种基本训练，为舞蹈或音乐游戏中的某些新动作做准备，也经常作为一种组织教学活动的手段，在进出活动室的时候用进行曲走步或作某种舞步；在课间安排律动活动可以调剂神经系统的抑制和兴奋，活跃气氛，达到动静配合的目的。

幼儿律动常用的模仿动作内容，大致有以下几个方面：

动物的动作：鸟飞、兔跳、大象走路等；

人的劳动和其他动作：走路、跑步、划船、摘果子、开汽车、洗脸、刷牙等；

自然界的现象：风吹、柳树摇摆、植物生长、下雨、水波等；

游戏中的动作：拍球、跷跷板等。

幼儿的动作发展趋势一般是从大的整体动作到小的精细动作，即从躯干的、上下肢的大动作逐步发展到手腕的、手指的小动作；从不移动的到移动的，再到移动与不移动二者联合的动作。小班幼儿的小肌肉动作、联合性动作发展得还不太好，因此，律动活动应该先从一些坐着不移动的上肢的大动作开始。如打鼓、吹喇叭、打气、洗脸、梳头、拍球等；或者做一些单纯的移动动作，如走步、小碎步、小跑步等。在上述动作熟练的基础上再将移动的和不移动的动作配合起来一起做，例如，边走边拍手、边走边打鼓、边走边吹喇叭，以及需要四肢协调活动的猫走路、大象走路等。除了走着做动作以外，还可以小碎步做鸟飞的动作、小跑步做开飞机的动作等。一些跳跃动作对三岁幼儿来说较难掌握，应该稍迟一些再教。中大班幼儿控制动作的能力和节奏感都有所发展，可以做一些小肌肉的、精细的动作，如需要手腕转动的手腕花、摘果子等。在做这类动作时，还可以有速度、力度的变化，如快慢、强弱的对比或渐快渐慢、渐强渐弱等，以便进一步培养幼儿对音乐的感受能力及动作的协调性。

律动动作和律动音乐有着密不可分的联系。一般来说，律动音乐应该节奏鲜明、形象性强，能引起幼儿活动的愿望和兴趣。幼儿通常喜欢边唱边做动作，因此，一些简单的律动曲最好是便于幼儿演唱的。例如：

鞋 匠 舞

丹麦儿童舞

1=F 2/4

绕绕绕　绕绕绕，拉拉拉拉　钉钉钉，
绕绕绕　绕绕绕，拉拉拉拉　钉钉钉，

拿一根针儿 缝一缝，拿一根钉子 钉钉钉。
鞋子做得 牢又牢，鞋子做得 多又好。

动作说明：

第①～②小节双手放胸前按节奏做绕线动作。

第③小节双手自胸前向左右拉开做拉线动作两次。

第④小节双手握拳于胸前，右拳在左拳上敲打三下。

第⑤～⑧小节同第①～④小节。

第⑨～⑩小节第一拍双手在胸前伸出食指指尖向上，第二拍指尖转向下。

第⑪小节第一拍右手做拿鞋钉的动作,第三拍做钉鞋钉的动作(左手握拳,"鞋钉"放入拳眼)。

第⑫小节同第④小节。

第⑬~⑭小节同第⑨~⑩小节。

第⑮~⑯小节拍手三下,最后一拍竖拇指。

律动音乐的速度不宜太快,因为幼儿缺乏快速动作的能力,特别是对于幼小的孩子,开始时应当尽量让音乐去适合他们自身的节奏特点,逐步使他们有所感受、有所理解,慢慢地转变为主动地使自己的动作合上音乐的节奏、节拍和速度。

二、舞蹈

舞蹈是用人体动作塑造艺术形象、反映社会生活、抒发感情的一种视觉表演艺术。音乐是舞蹈的灵魂,舞蹈是看得见的音乐。舞蹈动作大部分来源于人的自然动作和对鸟兽等动态或自然景物的模拟,是从生活动作中提炼出来,符合一定运动规律、节奏化的,给人以美感的动作。节奏、表情、构图、造型是舞蹈的基本表情手段。舞蹈的表情与节奏关系密切,它通过节奏的强弱、快慢、动作的轻重、大小等的对比来表达感情,没有节奏就没有生动的舞蹈。舞蹈造型不仅是人物形象的静态造型,更重要的是动态造型,是静态和动态相结合的形体美。在舞蹈动作中表情动作和模拟动作都是创造舞蹈形象的手段。舞蹈动作富有节奏性、造型性、准确性和连贯性,动作的过渡要连贯、流畅、自然,使人感觉合情合理、协调优美。不同类型的舞蹈表现出不同的风格特点。

舞蹈是动作的艺术,幼儿活泼好动、好模仿,所以舞蹈是幼儿喜闻乐见的一种艺术形式。幼儿舞蹈从总的方面要合乎舞蹈的基本规律和特点,同时更要符合幼儿的生理、心理发展特点,反映幼儿的生活情趣,适合幼儿的活动能力。幼儿的舞蹈训练有一个循序渐进的过程,高难度的舞蹈动作幼儿难以学会,难以表达其内涵的动作美,甚至会影响幼儿的健康成长。幼儿舞蹈一般以模拟动作为主,模拟动作和基本舞蹈动作的结合,构成生动活泼的舞姿,并通过变换的舞姿创造鲜明的艺术形象,表达思想感情。在幼儿舞蹈中,既要培养幼儿动作的基本技能技巧,又要培养幼儿记忆音乐、感受音乐情绪的能力,使幼儿能够合着音乐的节拍、节奏跳舞,并使动作适应音乐的情绪,用动作表达感情。同时,还要注意培养幼儿鲜明、生动、灵活的节奏感,学习运用动作造型及运用动作的速度、力度变化去传情达意，用协调优美的人体动作去表达丰富的情绪情感，使幼儿在流露自己真情实感的、生动的、富有表情的舞蹈中，切身感受舞蹈的美，领悟舞蹈的内涵，达到舞蹈教育的目的要求。

幼儿舞蹈主要有一些基本舞步，如踏步、小跑步、踢点步、踢跳步、后退步、跑跳步、跑马步、华尔兹步、秧歌步、滑步等。这些基本舞步加上简单的上肢动作，如两臂的摆动、手腕的转动等以及很简单的队形变化就构成了幼儿舞蹈的主要内容。

幼儿园常用的舞蹈形式有以下几种。

（一）集体舞

大家一起跳舞，基本上做同样的动作，跳完一遍以后可以更换舞伴。这是人人都可以参与的一种舞蹈形式。例如：

大家一起跳起来

德国民间舞曲
江　阳　填词
刘智铭　编舞

1=F 3/4
热烈地

5. 6̲5̲4̲ |3 1 1 |2 5̲ 5̲ |3 1 1 |5. 6̲5̲4̲ |3 1 1 |2 5̲ 5̲ |1 - -:‖
大家一起 跳起来，跳起来 跳起来，大 家一起 跳起来 跳起舞 来。

2 5̲ 5̲ |3 1 1 |2 5̲ 5̲ |3 1 1 |5. 6̲5̲4̲ |3 1 1 |2 5̲ 5̲ |1 - 0:‖
你朝　前　我向后，你向后 我朝前，大 家一起 跳起来 跳起舞 来。

动作说明：

幼儿面对面站成双圈，每个幼儿右手持一块小手帕。

第①~④小节：全体幼儿左脚起步向右转身做华尔兹舞步（第一拍左脚向右前方迈一步，全脚掌着地，接着屈膝，然后伸直，提手叉腰，右手由体侧举至右上方，同时抬头，挺胸，挥动小手帕。

第⑤~⑧小节：动作同第①~④小节，方向相反。

第⑨~⑩小节：第⑨小节两人相对，脚做华尔兹舞步，双手由体侧上举至斜上方，两人错左肩交换位置。

第⑪~⑫小节：华尔兹舞步，两人错左肩回原位置，双手由斜上方滑回至体侧。

第⑬~⑭小节：脚向前向后做两次华尔兹舞步，左手叉腰，右手上下挥动小手帕。

第⑮~⑯小节：华尔兹舞步向左自转一周。反复第⑨~⑫小节动作。

第⑬~⑯小节：华尔兹舞步，两人左手扶腰，右手按节拍上举挥动小手帕，转一圈回到原来位置，舞蹈重新开始。

（二）邀请舞

这是集体舞的一种变形，通常先有一部分人为邀请者，与被邀请者跳完一遍，然后双方互换角色继续跳舞。这是幼儿最喜爱的一种舞蹈形式。例如：

你是我的好朋友

1=C 2/4

儿歌

```
5 6 5 6 | 5 6  5 | 5 1 7 6 | 5 6  5 |
找呀 找呀  找朋   友， 我要 找个   好朋   友，
5 5 3 | 5 5  3 | 2 4 3 2 | 1 2 1 | × × ‖
敬个 礼   握握  手， 你是 我的   好朋 友。 再 见！
```

动作说明：

幼儿拉成圆圈，面向圆心拍手唱歌。请几位幼儿站在圈内做邀请者。

第①~④小节：全体幼儿拍手，每拍拍一下。邀请者边拍手边顺圈逆时针方向走，到第④小节时站在一位幼儿面前。

第⑤~⑥小节：两人相对，用右手敬礼后握手。

第⑦~⑨小节：两人手拉手转半圈交换位置，各举右手说："再见！"音乐重新开始，原来的邀请者站在圈上，被邀请者出去邀请其他幼儿。

我们拉个圆圈

1=D 2/4

王懿颖 译配

```
3 5 5.5 6 5 0 | 1 5 5 5 6 5 0 | 3  3  2 1 0 |
我们 拉个 圆圈， 欢迎 你来 加入， 背  靠  背呀，
3  3  2 1 0 | 3  3  2 1 0 | 3 1 1 6 1 1 1 ‖
肩  并  肩呀， 面  对  面呀， 欢迎 你来 加入。
```

（三）幼儿自己创编的舞蹈

幼儿在已经掌握基本舞步、舞蹈动作的前提下，根据对音乐情绪、性质的感受而创造

性地自己编出舞蹈动作。这就要求音乐必须节奏鲜明、结构脉络清晰、情绪风格特点突出。例如：

圆 圈 舞

德国民间舞曲
吴　静　译词
欧阳斌　配歌

1=F 3/4

5 3 3 | 5 3 3 | 3 2 3 | 4 — — | 5 2 2 | 5 2 2 | 2 1 2 | 3 — — |
让我们围成圈 向右旋 转，　让我们唱着歌 向左旋 转，

5 3 3 | 5 3 3 | 3 2 3 | 4 — — | 4 6 2 | 3 5 1 | 2 4 7 | 1 — — ‖
让我们拉起手向中聚 拢，　然后再回原地重新开 始。

这首歌曲就可以让幼儿有了集体舞的经验以后自编自跳。

小 金 鱼

放　平　词
瞿希贤　曲

1=C 2/4

3 2 3 | 1 — | 5 5 6 | 5 — | 6 6 5 3 | 2 2 3 | 1 — ‖
一 条 鱼，　水 里 游，　孤孤单单在 发 愁。
两 条 鱼，　水 里 游，　摇摇尾巴点 点 头。
三 条 鱼，　水 里 游，　快快活活做 朋 友。

这首歌曲也可以让幼儿有了鱼游的动作经验以后自编自跳。

（四）小歌舞或童话歌舞

这是一种综合性较强的舞蹈形式，有一定情节，分几个角色，可以将说、唱、跳等几种音乐活动形式综合在一起。这也是一种古老而极具生命力的幼儿音乐活动形式，《狼和小兔》就是其中最有代表性的例子。

狼 和 小 兔

民间儿歌
韩德常　改编

1=C 4/4 2/4
中速

3 5 1 6 5 | 5 3 5 6 1 5 5 | 6 5 3 2 2 | 3 5 3 2 3 1 |
(狼)小 兔子乖 乖,把 门 开开,快点 开开, 我要 进 来。
(妈)小 兔子乖 乖,把 门 开开,快点 开开, 我要 进 来。

```
  6 5 6 5 3 6 5 | 5 5 3 2 1  - | 2 1 2 3 1 - ‖ 1̇ 1̇ 2 3 1̇ - |
```
(孩子)不开不开我不开,妈妈不回来,　谁来也不开。
(孩子)就开就开这就开,妈妈回来了,　这就把门开。

活泼舞蹈
```
  6 6 | 1̇ 6 5 | 6 6 | 1̇ 6 5 | 5 3 2 3 2 | 3 2 1̇ | 5 6 5 3 2 | 3 2 3 1̇ |
  6 6 | 1̇ 6 5 | 6 6 | 1̇ 6 5 | 5 6 5 3 2 | 1 2 3 6 5 | 3 5 6 3 2 | 1̇  1̇ ‖
```

动作说明:

全体幼儿当小兔子,请一个小朋友当兔妈妈,一个小朋友当老狼,两个小朋友当狗。开始时,兔妈妈说:"孩子们,你们在家好好地玩,妈妈出去拔萝卜,一会就回来。妈妈回来时这样唱……(唱歌曲的第1~4小节),你们就开门,没有妈妈的歌声,可别开门,别让大灰狼进来。"于是妈妈与小兔们告别。

"狼"由小朋友扮演,也可请老师扮演,走到门边用低粗不好听的声音唱第1~4小节,小兔子们听出不是妈妈的声音,愤怒地不肯开门,坚决有力地唱第一段歌词的第5~8小节。刚唱完,两只"狗"跑过来对狼大声地叫,于是狼被狗吓跑了。

妈妈回来了,唱歌曲的第1~4小节,小兔子欢喜地唱歌曲的第5~8小节的第二段词,并开门迎接妈妈。

音乐放第二部分舞曲时,第1小节,幼儿双手叉腰,并用双脚脚尖着地轻轻地跳两下;第2小节,幼儿拍手;第3~4小节重复第1~2小节的动作;第5~8小节,每个幼儿在自己位置上旋转一周;第9~12小节重复第1~4小节的动作;第13~16小节,每个幼儿拉起手来,全体顺着圆圈小跑步。

(五) 表演舞

这是一种专供表演的舞蹈,可以在平时所学的歌表演或简单舞蹈的基础上加工而成,在六一、新年等节日或家长会等活动中表演。这类舞蹈参加的人数有限,一般为6~10人,不可能吸收全体幼儿参加,因此老师在选择幼儿参加表演舞时应该非常慎重,不要只顾挑选舞蹈能力强的幼儿而挫伤了多数幼儿舞蹈的积极性。在教幼儿跳表演舞时也应该力求简单、生动,而不要把成人的舞蹈动作照搬给孩子,千万不要追求技巧、追求高难度的动作,这样就会背离了幼儿舞蹈带给幼儿身心愉悦的教育初衷。幼儿歌舞经常作为表演节目在节日演出，但最好不要突击排练，为赶任务使幼儿过度疲劳对幼儿的健康发展是不利的。

三、律动和舞蹈的教育活动过程

1. 熟悉音乐。引导幼儿倾听音乐，感受音乐的节奏、节拍、结构、情绪和风格特点。

2. 直接示范。教师用合拍、准确、优美的舞姿，站在能使幼儿都看得见的位置上，面向幼儿或背向幼儿进行动作示范。

3. 语言指导。在动作示范的基础上教师适当地运用语言提示幼儿做动作，如教踵趾小跑步时讲"脚跟脚尖跑跑跑"等。这种语言的提示有助于幼儿较快地掌握动作，但是不要过分地依赖语言的作用。因为音乐是舞蹈的灵魂，要培养幼儿尽快习惯于倾听音乐、感受音乐，随着音乐脉搏的强弱、快慢，按音乐的情绪来跳舞，语言只是一种辅助手段，不能靠口令或数拍子来跳舞。

4. 具体帮助。在幼儿进行舞蹈练习的过程中，有时候需要教师给予手把手的具体帮助，使幼儿在"被动"的感受中获得体会，从而能够主动地做出正确的动作。

5. 分句练习或分解动作。有些舞蹈需要教师一句一句地教，一个动作一个动作地教；而有些舞蹈动作配合着手和脚的活动，需要分解开来，分别练习，最后再进行动作合成。但并不是所有的舞蹈都必须分解开来教，有些比较简单、短小的舞蹈就可以一气呵成地来教和练习。

第三节 学前儿童节奏乐演奏

幼儿节奏乐就是用特有的节奏乐器，按照音乐的节拍、节奏敲打演奏，教幼儿在数拍子的帮助下在运动神经上去感觉节奏，逐步形成较为稳定的节奏感。

事实上，最易于引起幼儿兴趣的节奏活动莫过于在节奏乐器上敲敲打打了，举个最简单的例子，全世界的孩子在他们的小手刚刚能够抓握东西的时候，无一例外地喜欢拿起"拨浪鼓"，使它发出好听的声音，并且常常会张着一双惊喜的眼睛盯着它，好像是在探究它为什么能发出这么清脆的声音。也许我们有理由把这一行为看成是人类最初的节奏乐器实践。对于幼儿来说，匙、碗、筷子、铅笔、钥匙串等都是现成的节奏乐器，他们经常会自发地用这些东西发出各种各样的声音。所以，节奏乐器是幼儿非常喜爱的一种音乐活动形式。

幼儿在演奏节奏乐器的活动中，必须按照音乐的节拍、节奏、旋律、速度的要求，打出不同的强弱和节奏型，在各种乐器轮流打击时还必须做到衔接自然，这就使幼儿对音乐的节拍、节奏及整个音乐的起伏流动有更加直观、深刻、切身的感受。同时，幼儿在打击各种不同乐器的过程中，提高了对各种乐器不同音色的辨别能力以及对声音的高低、强弱、长短及音色的敏感性。教会幼儿选用不同的乐器为不同的动物、人物、情绪、自然现象等作伴奏，比方用不同的乐器、不同的速度、不同的力度打击熊走、鸟飞、马跑等律动，雷声、雨声、行进等各种动作和现象，这无疑是幼儿获得了通过声音表现事物、表达情感的一种方式。

一、幼儿园常用节奏乐器

幼儿园常用的节奏乐器主要有以下几种。

大鼓：音色低沉，音量较大，一般用在强拍，起到渲染气氛、增强节奏感的作用。它的动作要领是：击鼓时手腕灵活有力、富有弹性，手臂放松、不僵硬。

铃鼓：兼有鼓和铃两种乐器的特点和作用，可以在强拍时击鼓突出重音，也可以在弱拍时轻轻抖动发出铃声。铃鼓可以有多种奏法，例如，右手持鼓用鼓面与左手手掌或手指相击；用鼓面击肩、肘、膝等部位；一下一下地摇动；连续抖动发出延续的颤音等。

小铃（又称碰铃、撞钟）：音色清脆、柔和，声音高而轻。既可以用在音乐的强拍，也可以用在弱拍，以陪衬或突出强弱的对比，使节奏更加鲜明。为了便于幼儿使用，可在铃的下面装一个小木棒，幼儿双手握棒轻轻碰击，这会比仅仅握绳相碰更容易些。

串铃：用马蹄形串成的几个小铃，在音乐的强拍或弱拍上都可以使用。动作要领是随音乐一上一下地抖动或连续抖动。

三角铁：音色接近小铃，在音乐的强弱拍上都可以使用。其动作要领是：左手提着悬挂三角铁的把子（或绳子），右手持敲击棒击打三角铁的底边；也可以在三角铁内，左右两边敲打或转着圈敲打，以取得特殊的音响效果。

双响梆子：音色清脆，不容易有连续性，通常用来模仿马蹄声，为马跑的动作及富有草原气息的音乐伴奏。演奏方法是：左手持双响梆子，右手拿敲打的小棒，可以在同一边一下一下地敲打，也可以在两边一边一下地敲打。

响板：声音较脆，没有什么延续性。它是由两片贝壳状的木块制成，再用松紧带连在一起。使用时一般套在一只手的手指上相击发声，也可以放在左手心中，右手用整个手掌相击发声。

蛙鸣筒：用小竹棍或木棍刮奏发声，声音类似青蛙呱呱的叫声。一般由一节毛竹或木头制成，乐器上还刻有一道一道的棱子。

沙锤：声音清脆、干脆，在音乐中起突出节奏的作用。它形似椰子，装有把子，演奏时双手握把平端，带有抖动性地垂直上下动作，双手可根据需要轮流，如左右手各一下，或左手一下，右手两下等。

小镲：声音响亮有力，能渲染气氛，将情绪推向高潮，因此在配器中不可多用。演奏时左右手各拿一片，可以互相碰击或上下相互摩擦发声，有时也可以单片悬挂用木槌敲打其边，以取得另一种音响效果。止音时可采用接触身体或用手捂住的方法。

锣：声音低沉，共鸣强，有延续性，多用在强拍上以渲染气氛，增强节奏感。它的奏法一般是左手提锣，右手用软槌敲击，止音时需用手按住。

以上是没有固定音高的节奏乐器。另外，幼儿园的节奏乐器配置中还经常用到一些有固定音高的节奏乐器，用来演奏旋律或作固定低音伴奏。主要有木琴、铝板琴、钢片琴等。它们的共同特点是奏法简单，以敲击或刮奏出声，音域在一个八度以上，可以演奏简单的旋律。

演奏上述所有各种节奏乐器都要求幼儿手腕轻松、灵活、不僵硬、有弹性，能控制手的动作，这样，无论是敲击、摇动、振动或抖动演奏，都能取得较好的音响效果。

二、幼儿节奏乐的配器

节奏乐的演奏效果是否理想，是否能够准确地表达歌曲或乐曲的情感，关键在于配器。教师必须根据音乐的性质、情绪和风格，选配音响特点与之相适应的节奏乐器，追求音响协调、悦耳。同时还必须进一步分析音乐的曲式、节拍、节奏及旋律特点，找出有呼应、对比、变化的地方，选用适当的乐器，并且通过乐器的变换使用和同种乐器在节奏型、速度、力度上的变化来表现音乐的呼应、对比及变化。

具体说来，配器时在对比变化上应注意以下几个方面：

1. 强弱拍的对比：将声音低、音量大的乐器用于强拍；声音高、音量小的乐器用于弱拍，从而突出音乐的强弱对比，使音乐的脉搏更加清晰。

2. 音色的对比：在呼应性或重复性的乐句及不同的乐段中，更换不同的乐器，使音乐富有变化和新鲜感。

3. 力度的对比：可以通过齐奏与独奏，或音量不同的乐器的个别演奏来表现音乐中音量的大小对比。

4. 节奏的对比：除了某种乐器采用某种固定的节奏型以外，也可以根据乐曲中的节奏变化来打击乐器。一般情况下有连续的短时值音符出现时，可以按节奏敲打；而有长时值的音符时，铃鼓、三角铁等乐器可以根据情况选用连续的颤声奏法来与之相协调，以加强音乐气氛的效果。一些三段体的乐曲，段落之间的节奏型也可以有所不同。

幼儿节奏乐中常见的节奏型可以有以下几种：

1. 打节拍的强拍。
2. 打节拍。
3. 打节奏短句。
4. 打击和休止用动作打空拍，帮助掌握休止符和延长拍的节奏。

总之，节奏乐器的选配、演奏方法的运用、节奏型的设计都应该与音乐相适应，从而能够更好地表达音乐的情绪、风格和性质。

三、学前儿童节奏乐的教育活动过程

节奏乐器的教育活动应该循序渐进。起初，对于小班的孩子，首先要保证为他们提供足够数量的乐器，让幼儿来自由选择。这种自由选择的过程非常必要。孩子们主动地选择一个他们感兴趣的乐器，敲击或者摇动，使各种乐器发出声音。对我们成人来说，这一环节微不足道，但是对孩子来说却不是这样。当你把三角铁交给他，他并不懂得怎样使三角铁发声。怎么办呢？这时候他就要自己动脑筋了。或许在一次偶然的碰击中三角铁发出了清脆好听的声音，于是孩子们也终于找到了发声的方法。这个自己探索发现的过程要比你直接教给他方法能给孩子带来更大的快乐。因此，教师应该鼓励孩子的主动探索，同时也要注意及时纠正幼儿在姿势和方法上的问题。

在幼儿学会敲打乐器以后，他们一般是不会满足于单调不变地发出一种声音的。为了使声音富于变化，有的会越敲越快，有的则越敲越慢，还有的越敲越带劲，或越敲越轻。就在这种无意识的探索中，声音的各种表情：强、弱、快、慢、渐强、渐弱、渐快、渐慢都体现出来了。教师同样应当充分鼓励幼儿这种富有探索意义的敲敲打打。

学前儿童节奏乐的教育活动过程通常是：

1. 认识乐器：教幼儿观察辨认乐器的外形特征，听和辨认乐器的声音特点，并学会描述，记住乐器的名称。

2. 熟悉和欣赏音乐：帮助幼儿熟悉、感受、理解音乐的内容、情绪性质、风格、曲式结构及节奏、节拍、旋律等基本要素。

3. 了解音乐的配器：引导幼儿全面了解节奏乐的配器情况，比如共用了几种乐器，哪些乐器在乐曲中起骨干作用，主要的节奏型是什么，在乐曲中的表情作用等。

4. 空手练习：先让幼儿不拿乐器，用拍手的方法练习各自乐器声部的节奏型，待整齐熟练之后再拿乐器练习，以避免声音嘈杂损害幼儿的听觉。当然，中大班的幼儿如果有了足够的节奏乐演奏经验，也可以省略这一过程。

5. 分部练习：按各自不同的演奏谱各声部分组练习，初步掌握以后再两组或更多组结合起来练习。

6. 分段练习：有的打击乐曲具有不同的对比乐段，可以让幼儿分段掌握，一段一段练习。

7. 整体练习：在分段、分组练习的基础上进行合奏，使幼儿学会用心聆听演奏的整体音响效果，并努力使自己演奏正确，与整体协调、配合好。在合奏中，教师应当起重要的指挥作用，要及时提醒该演奏和该休止的乐器，以及演奏中节奏型的改变等。老师的指挥可以用轻声的口头指示，或眼神和面部表情，也要注意培养幼儿学会看老师的指挥手势。

在学前儿童节奏乐的教育活动中，也可以适当尝试带领幼儿自编自演节奏乐曲。教师首先可以为幼儿选择他们十分熟悉和喜爱，又有明显特点，易于用节奏乐表现的音乐作品交给幼儿编演，包括幼儿平时唱的歌曲、欣赏的歌曲或乐曲、舞曲和游戏曲等。作品选定之后，教师要带领幼儿分析音乐的情绪和内容，在教师的有意识引导下师生进行充分的讨论，最后，由教师把幼儿讨论研究的决定加以总结整理，并组织幼儿演奏。这就充分发挥了幼儿的主动性和创造性，幼儿在和教师一起讨论、研究及决定的过程中提高了音乐能力，并使他们逐渐习惯于创造性地对待演奏活动，主动利用节奏乐器去表达他自己想要表达的某种情绪。引导幼儿自编节奏乐曲，要求教师事先做好充分的准备工作，自己先要对乐曲进行分析、研究，编制好可能演奏的节奏谱，在组织幼儿进行编制的过程中又不能把自己的设计强加给孩子，而要充分发挥幼儿的主动性和创造性，同时又要给以必要的帮助。因此，这是一项较为复杂的工作，需要教师付出更多的劳动。

节奏乐队的排列，一般前面是指挥，指挥左边是钢琴或风琴；第一排为高音乐器（如三角铁、碰铃等）；第二排为中音乐器（如双响筒、木鱼等）；第三排是低音乐器（如鼓等），相同的乐器排在一起。如果有歌队，则站在乐队后面。

此外，购置节奏乐器还要重视质量，要选择音准精确、音色优美、制作工艺精细、尺寸大小适当的乐器。同时，在使用中还要注意保证安全。

第四节　以游戏为基本活动的学前儿童音乐教育

德国诗人歌德曾经说过："生活的秩序要在儿童的游戏中建立。"可见游戏对于儿童和儿童成年以后的生活有着多么重要的意义！

《幼儿园工作规程》明确规定了幼儿园教育工作必须"以游戏为基本活动，寓教育于各项活动之中"。这就是说，幼儿园教育工作以游戏为基本活动已经纳入了有关幼儿教育的政策法规之中。毫无疑问，幼儿园的音乐教育工作同样必须做到以游戏为基本活动。

我们知道，音乐是声音的艺术，是根据声音的高低、长短、强弱、音色等特征，构成节奏、节拍、速度、力度、旋律、音区、音色、调式、和声、织体、曲式等音乐的基本表情手段和组织形式来表达人的内心情感、反映社会生活的。幼儿接触音乐作品、参加音乐活动无疑有三个最直接的目的：其一，学会感受和欣赏音乐作品中借助声音所传达的情感和内容；其二，学会用自己的表演来表达作品的情感和内容；其三，学会自己用声音或表演来表达自己的情感。这就是幼儿音乐教育中的欣赏、表演和创作这三个方面的实践内容。

然而，音乐又是一门很特殊的艺术。首先，就音乐的表现内容而言，它和其他艺术形式一样，具有形象性的特点，往往是通过声音所塑造的艺术形象来直接、生动、形象地表现某种事物、情感和思想。其次，在音乐的表现形式和表现内容之间，又存在着与数学、象棋等极其相似的高度的抽象性。例如，上行的旋律，伴随着力度的增强，通常是用来表现欢腾、激越、高涨的情绪。但这是为什么呢？事实上，这里面就凝聚着深刻的、微妙的、难以道破的概括与抽象。再次，音乐又是一门知识性、技术性很强的艺术。音乐创作需要遵循一定的技法，音乐表演必须掌握必要的知识与技巧，音乐欣赏同样必须具备有关作家、作品的常识，有关作品体裁、题材、形式、内容、演唱、演奏等方面的基本知识及"音乐的耳朵"，包括听觉的感受、辨别能力等。

可以这样说，音乐是一门很"难"的艺术。无论是音乐的欣赏、表演或者创作都需要遵循一定之规，都不可能是胡思乱想、胡编乱造的结果。那么，怎样在"难"的音乐和幼稚的孩子之间架设一座桥梁呢？怎样将音乐和孩子沟通起来呢？音乐游戏恰恰能够做到这一点。好的音乐游戏集中体现了音乐的艺术性、技术性、抽象性与幼儿的年龄特征和发展水平之间的对立统一的关系。因为游戏可以将丰富的教育要求以有趣的形式表现出来，使孩子们在乐此不疲的、喜闻乐见的玩耍中不知不觉地获得对音乐的感受与表现的能力，完成一定的教育任务。

例如，我们可以利用一首儿歌《袋鼠》来做这样一个游戏：

袋　鼠

（儿歌）

袋鼠妈妈有个袋袋，

袋袋里面有个乖乖，

妈妈乖乖相亲相爱。

游戏玩法：

（1）请孩子边说儿歌边拍手，每字一拍。这样做能使孩子在说儿歌的同时感受和体会稳定的固定拍。

（2）请孩子在说儿歌的同时，交替拍手和拍腿，每字一拍，从拍手开始。这样不仅练习了固定拍，还可以进一步感受和体会到节拍的强弱循环规律。

（3）将孩子分成两个一组，拍手，每字一拍，交替拍自己的手和对方的手，从拍自己的手开始。这样做同样可以体会和练习节拍的强弱感觉，而且可以增进幼儿的交往和相互间团结友爱的品质。在说完儿歌以后，两个小朋友可以互相拥抱一下，以表示"相亲相爱"。

我们还可以通过一首简单的儿歌，以游戏的形式来巩固和练习节拍中强拍的概念：这个游戏可以一个人边唱边玩。它的玩法是：一只手竖起大拇指，并用它来握住另一只手的大拇指，两只手一上一下成一条竖线。在强拍的时候，下面的手抽出大拇指翻上去，握住上面的手的大拇指，这样不断重复，直到歌曲结束。

这个游戏也可以两个人、三个人、四个人一起来玩。玩法基本相同，即每个人都竖起大拇指，手手相握。在强拍的时候，最下面的手抽出大拇指翻上去，握住最上面的大拇指，这样不断重复，直到歌曲结束。

这样，在愉快的游戏中，孩子们至少可以有四个方面的收获：

（1）练习了节奏感。

（2）训练了动作的协调性和灵活性。

（3）加深了关于上和下的方位知觉。

（4）体验了愉快的情绪。

还有一个很巧妙的游戏，可以用来发展孩子们多方面的音乐技能：

传 土 豆

1=F 4/4

王懿颖 译配

5 | 5 3 3.2 1 6 | 5 6 5 | 4. 3 2. 1 | 7. 5 6 7 1 :||
我 给 你 一 个 土 豆，我 给 你 一 个 土 豆。

这个游戏很好玩。孩子们围成一个圆圈席地而坐，每人都有一个土豆或其他代用品，放在自己面前。大家一起唱歌，在强拍时用右手拿起自己面前的土豆，在次强拍时把土豆传给右边的小朋友，即放在右边的小朋友面前。这样不断重复，直到歌曲结束。这种玩法无疑可以训练孩子的节奏感。

这个游戏在玩的过程中还可以不断地有所变化。例如：

（1）轻轻唱、轻轻传；或大声唱、大声传。

（2）快快唱、快快传；或慢慢唱、慢慢传。

（3）变右手向右传为左手向左传。

（4）变传"土豆"为传"苹果"或其他物品，即可以任意替换歌词。

这每一种变化于幼儿都非常有益：

（1）练习了歌唱的强弱、快慢等不同的声音表情，以及相应的动作协调能力和表现能力。

（2）练习左右手的灵活性和分辨左右的方向感。

（3）练习歌词的替换及由此引发的联想、想象能力。

（4）在歌词的替换中体会歌词与旋律的关系（尤其是当小朋友把两个字的"土豆"替换成三个字的"马铃薯"等的时候）。

这三个例子说明：朴素的儿歌、简单的游戏蕴涵着意味深长的教育内涵。好的音乐游戏不仅可以发展孩子音乐方面的能力，而且对于孩子的认知、情感及社会性的全面发展都是非常有益的。所以说，幼儿园音乐教育应该而且完全可以做到以音乐游戏为基本活动。但是，具体落实到幼儿园的音乐教育实践中，我们又该从何做起呢？

首先，应该花大工夫、下大力气挖掘、整理和创编有新意、有价值的好游戏。什么样的游戏是好游戏呢？

第一，必须好玩，能真正唤起孩子的游戏兴趣，真正充满童趣。

第二，必须好听，即游戏所用的歌曲或乐曲应该符合音乐作品的一般美学标准，结构精巧完整，形象准确生动，旋律流畅上口，风格特征鲜明。

第三，必须易学，即游戏的形式、规则和要求简单明了，幼儿一学就会，基本没有障碍。

第四，必须在音乐方面或孩子的认知、情感、社会性等方面具有明确的教育价值和教育目标。

其次，教师应该树立游戏的观念，用游戏来统率和贯穿全部音乐教育工作，并更多地以一个游戏者的身份，真心实意地参与到幼儿的音乐游戏中去，而不仅仅是一个游戏的旁观者和指导者。

有了好的游戏，有了正确的游戏观，有了教师参与游戏的积极态度，学前儿童音乐教育以游戏为基本活动就不会再成为一句空话了。我们可以努力做到以音乐游戏来组织学前儿童音乐教育活动，在丰富、生动、有趣、好玩的游戏活动中，培养和提高幼儿的听觉能力、歌唱能力、节奏感、音乐感受能力和表达能力，全面提高幼儿的音乐能力，使幼儿得到健康、和谐、全面的发展。

下面，我们就为大家介绍几个有教育价值的好游戏。正是在这些生动、有趣、好玩的游戏活动中，幼儿的听觉能力、歌唱能力、节奏感、音乐感受能力和表达能力都得到了培养和提高，这样的收获是那些枯燥的、背离儿童情趣的单纯技能技巧训练所根本无法比拟的。

圣诞真快乐

1=F 2/4　　　　　　　　　　　　　　　　　　　英美儿歌
　　　　　　　　　　　　　　　　　　　　　　王懿颖 译配

5 1　1. 1 | 7 2　2 | 5 2　2. 2 | 1 3　3 |
摇起　我的　小铃铛，摇起　我的　小铃铛，

1 3　3. 3 | 4 6 6 6 | 5 5 4 2 | 1 0 ‖
我的　铃铛　会说话，它说　圣诞真快　乐。

玩法：孩子们围成一圈站着或坐着，边唱边用双手做摇铃的动作，鼓励尝试不同的方式，可以在身体的前方，上方，后方等不同的部位做动作；然后，每人一个铃铛，边唱边摇。哪个小朋友的铃铛举得最高，就请他到前面来，带领大家一起做。

变化：

（1）鼓励孩子用其他不同的方式，或者在不同的部位做动作，并到前面来带领大家。

（2）启发幼儿想出新的动作，并相应的改编歌词。例如："拍拍我的小肩膀"等。

要点：注意引导孩子感受旋律的递进关系，把音唱准，并能够通过自己动作高度地变化，来表现音乐的旋律。

跟着玛丽一起拍

1=F 2/4　　　　　　　　　　　　　　　　　　　英　美　儿歌
　　　　　　　　　　　　　　　　　　　　　　王懿颖 译配

3. 2　1 2 | 3 3　3 | 2 2 2 | 3 5　5 |
跟　着　玛丽　一起　拍，　一起　拍，　一起　拍，

3. 2　1 2 | 3 3　3 | 2 2 3 2 | 1　1 ‖
跟　着　玛丽　一起　拍，　谁要来当　玛丽。

玩法：孩子们围成一圈坐着，启发幼儿观察自己的身体，看看自己身体的哪些部位可以用来拍节奏。请一位自愿的孩子到前面来当"玛丽"，边唱边拍，其他孩子模仿她的动作，边唱边拍（可以用自愿的这个孩子的名字代替歌中的"玛丽"）。

变化：除了拍自己的身体，还可以鼓励孩子尝试去发明一些大家可以一起做的动作，例如，转动身体、走、跑、跳等。

玛丽拍拍小膝盖

英美儿歌
王懿颖 译配

1=F 2/4

| $\underline{5·1}$ $1·1$ | $\underline{7\,2}$ 2 | $\underline{5\,2}$ $2·2$ | $\underline{1\,3}$ 3 |
| 玛丽 拍拍 | 小膝 盖， | 我也 拍拍 | 小膝 盖， |

| $\underline{1\,3}$ $3·3$ | $\underline{4\,6\,6\,6}$ | $\underline{5\,5\,4\,2}$ | 1 0 ‖ |
| 我们 一起 | 拍膝盖，现在 | 大家一起 | 停。 |

玩法：类似"跟着玛丽一起拍"。注意在唱到"停"字的时候，大家必须在歌唱的同时停止动作，以练习快速反应和动作的协调能力。

变化：除了拍膝盖，还可以和幼儿一起想出其他动作来边唱边做。

小 马 车

英美儿歌
王懿颖 译配

1=F 4/4

| 1 1 1 $\underline{1\,1}$ | $\underline{3\,3}$ 5 $\underline{3\,1}$ | 2 2 2 $\underline{2\,2}$ | $\underline{7\,7}$ 2 $\underline{7\,5}$ |
| 我们 大 家 都 坐上 小 马 车，我们 大 家 都 坐上 小 马 车， |

| 1 1 1 $\underline{1\,1}$ | $\underline{3\,3}$ 5 $\underline{3\,1}$ | $5·\underline{4}$ 3 2 | 1 1 1 $-$ ‖ |
| 我们 大家都 坐上 小 马 车， 欢迎 你呀 好朋 友。 |

玩法：幼儿自由站或坐在地上，做骑马动作，边唱边做。

变化：可以启发幼儿改编游戏：部分幼儿当马车，两人一组；另一部分幼儿当朋友，来坐马车。然后再互换角色。

谁是我的朋友

英美儿歌
王懿颖 译配

1=C 4/4

| $\underline{5\,5}$ $\underline{5\,6}$ $\underline{5\,3}$ | $\underline{5\,5}$ $\underline{5\,6}$ 5 $-$ |
| 谁是 我的 朋友， 玛丽 就是 你， |

| $\underline{5\,5}$ $\underline{5\,6}$ $\underline{5\,4}$ | $\underline{3\,3}$ $\underline{2\,2}$ 1 $-$ ‖ |
| 不管 你做 什么， 大家 都学 你。 |

玩法：幼儿站成一个圆圈，请一个孩子站在圆圈的中心，带领大家边唱边做动作（可以用这个示范的孩子的名字来代替歌中的"玛丽"）。

我的小玩具你在哪里

英美儿歌
王懿颖 译配

1=F 3/4

3 | 5 - 3 | 1 7 1 | 2 2 7 | 5 - 5 | 6 - 5 | 4 3 2 |
哦，我 的 小玩具 你在哪里？哦，你 在 哪 里

5 - - | 5 - 3 | 5 - 3 | 1 7 1 | 2 2 7 | 5 - 5 | 6 - 5 |
呀？　　　哦，我 的 小玩具 你在哪里？哦，请你

4 3 2 | 1 - - | 1 - ‖
告诉我 吧。

玩法：每个幼儿手拿一个玩具，分散坐在地上。其中一个幼儿的玩具被藏起来了。大家一起唱歌。唱完以后，请这个小朋友来找。

变化：可以用语言提供寻找玩具的线索，提高幼儿的语言理解能力和观察力。

传 沙 包

英美儿歌
王懿颖 译配

1=C 2/4

3 5　5 5 | 3 5　5 | 3 5　5 5 | 3 1　1 |
传呀 传呀 快快 传，我把 沙包 传给 你，

3 5 5 5 | 3 5 1 | 5 5 5 5　5 3 | 2 1 1 |
传呀传呀 快快传，大家一起 都来 传沙包，

3 5 1 | 3 5 1 | 5 5 5 5　5 5 | 3 1 1 ‖
传呀传 传呀传，大家一起 都来 传沙包。

玩法：每个幼儿一个沙包或其他玩具，大家围成一圈，坐在地上。边唱歌边有节奏地传沙包，每人把自己面前的沙包传给旁边的小朋友。可以先练习向右传，再向左传；或者轻轻地传，重重地传；快快地传，慢慢地传等。可以改变不同的传递方式。

变化：试试看，把沙包抛向空中，用手接住，再往下传。

第五章　学前舞蹈音乐教学与传统民族体育文化教育研究

第一节　学前音乐舞蹈教育教学研究

一、学前音乐教育教学

学前音乐教育是音乐审美教育，它最根本的目的和任务是培养幼儿的音乐审美能力，充分发挥音乐教育的审美功能。音乐审美能力包括幼儿对音乐美的感受、表达和创造这三个方面的内容。

首先，幼儿必须对构成音乐美的诸多要素有充分的感受能力，能感受到音乐中的旋律、节奏、力度、速度、音色、和声、曲式、情绪、风格等的表现力，这种能力的获得需要经过一定的听觉训练并掌握一定的音乐知识。

其次，在音乐听觉感受能力的基础上，幼儿借助一定的声音和动作表达他对音乐美的感受，这便是音乐的表达能力，这种能力的获得需要经过一定的技能培养，包括歌唱技巧、舞蹈动作及节奏乐演奏等。

最后，幼儿对音乐美有了充分的内心体验，并掌握了表现音乐美的初步技巧，他必然渴望用他自己特有的方式来表达他对音乐美的感受和理解，音乐创造能力便由此萌生。幼儿的音乐创造能力不一定是指完整地创作音乐作品的能力（除了莫扎特一类的音乐神童，一般幼儿是难以达到这样的水平的），如果幼儿能够为一首学过的歌曲编出新的歌词，想出新的表演动作，用打击乐器伴奏时能选用新的乐器音色或节奏型，或者能自己哼唱一两小节的新旋律，我们都有理由把它看成是音乐创造能力的萌芽。这三个方面构成了幼儿音乐审美能力的全部内容。

音乐是培养美感的艺术手段之一，音乐审美教育是审美教育体系中最重要的组成部分之一。音乐中旋律的高低起伏，节奏的错落有致，和声的进行布局，曲式的逻辑安排，音色的丰富多样，调式调性的色彩等基本表现手法无不呈现出美的规律与特征，都可以激起人们的美感体验。正如柏拉图所说："节奏与和声有一种渗入人的灵魂深处的特殊方法……受过真正音乐教育的人，可以很敏捷地看出一切艺术作品和自然界事物的丑陋，很正确地加以厌恶；但是一看到美的东西，他就会赞赏它们，很快地把它吸收到心灵里作为滋养，因此，自己的性格也变得高尚优美。他在理智还没有发达的幼年时期，对于美丑就有这样正确的好恶，到了理智发达之后，他就亲密地接近理智，把她当成一个老朋友看待，因为他过去所受的音乐教育已经让他和她很熟悉了。"

然而，多年来的音乐教育传统过分强调了音乐教育的意义和作用，却相对忽视了意义得以实现的重要环节——音乐教育的审美功能。因而在音乐教育的实践中不能充分挖掘音乐中美的因素和美的力量，没有把音乐审美能力的培养作为音乐教育的核心内容。人们企图通过音乐技能技巧与知识规则的传授，使幼儿获得一种社会的行为规范与道德标准来约束自己的行为。音乐教育对幼儿进行大量的知识传授与技能技巧的培养，从积极的意义上来说，我们可以把它看成是中国学前音乐教育的传统与特色。著名发展心理学家、哈佛大学教授加德纳博士在考察了中美两国的艺术教育状况后指出：与美国重视儿童本能反应的早期艺术教育相比，中国艺术教育的重点偏重技巧训练，模仿在早期艺术教育中起着重要的作用，独创的概念只在培养了技巧之后才出现。幼儿正是通过模仿掌握了许多关于歌唱、演奏和舞蹈的技巧，并努力追求和教师唱得一样，跳得一样，表现出较高的水平。同时，通过专门的教学，幼儿学会了许多关于节奏和音符的知识，有的甚至还能很好地识谱。这种做法好不好呢？从道理上说，音乐是一门技术性很强的艺术，技能的训练势必在音乐教育中占据一定的地位，而技能的训练又必须以一定的知识为前提。幼儿只有掌握了基本的音乐知识，具备了一定的演唱、演奏技能，才能通过自己的音乐实践活动来深刻地感受和表达音乐艺术的美。因此，在音乐教育中重视知识的传授和技能的培养是有一定道理的。但问题在于知识和技能的获得并不是音乐教育的目的，我们的任务是要培养幼儿的音乐审美能力，发挥音乐审美教育的功能。知识和技能是幼儿审美能力结构中的两个方面，但不是全部内容。如果我们以知识和技能为中心，就必然忽略了音乐审美能力及其他方面的培养。多年来，幼儿园音乐课往往被等同于唱歌跳舞课，音乐欣赏长期得不到重视，原因就在于人们忽略了幼儿音乐感受能力的培养，错误地把技能当成了音乐教育的全部内容。再者，技能技巧和音乐表达能力是两个不同的概念，对音乐的正确表达是在对音乐的独特感受的基础上，借助于一定的技能技巧表现出来的，在这里，感受和技巧同样重要，有时甚至更重要。严格的技能训练要求严格的模仿，幼儿音乐技能的获得是通过对老师的严格模仿得来的，这样，幼儿对音乐的表达就变成了技巧的模仿。当音乐不能以感受为基础，只剩下技巧的时候，音乐那扣人心弦的动人魅力也就不复存在了，更何谈审美与创造？久而久之，在枯燥的技能训练中，幼儿最终将丧失对音乐的兴趣与热情。这样的技能训练又有何益处呢？

但是从另一个方面来看，不教技能与知识，纯粹以兴趣为中心对不对呢？学前音乐教育从以技能为中心，到能够尊重幼儿的心理特点，重视兴趣的培养，这从某种程度上来看，应当说是一个进步。兴趣是学习的动力。人们必须对音乐产生兴趣，才会产生学习音乐的愿望和热情。对幼儿来说，兴趣就更为重要。但是兴趣不会凭空产生，幼儿对音乐的兴趣只能从音乐中获得，只有当音乐教育活动真正以音乐的美来感染幼儿，并教给幼儿感受和表达音乐美的能力，使幼儿有能力在自己的音乐实践中真正体会到音乐之美的时候，他才能真正产生对音乐的浓厚兴趣，并继续保持下去。正是在这一点上，目前我国做得还不够，音乐教育活动中对音乐美的挖掘还非常不够。例如，有的教材从内容上考虑得比较多，从音乐性上考虑得比较少；有的教师不能正确地演唱、演奏音乐作品，在示范和教学中不能充分展示作品的音乐美，缺少美的表现和激发。音乐教育活动如果不是以音乐美的力量来吸引幼儿，打动幼儿，单纯靠活动形式、内容的儿童情趣来取胜，那么幼儿对活动的兴趣就只能停留在活动本身，并不能真正形成对音乐的持久兴趣。兴趣的培养如果不以审美为目的，不以感受、技能和知识为基础，不是让幼儿在对音乐美的感受、表达和创造的过程中逐渐发展音乐审美能力，日益积累美感的体验，那么，幼儿音乐兴趣的培养最终只能成为一句空话。

总之，我们应该充分认识到学前音乐教育是美育的重要组成部分，它作为一种审美教育，对于启迪智慧、陶冶情操、促进幼儿身心的全面发展有着重要的作用。这种作用是通过音乐教育的审美功能来实现的，所以，学前音乐教育必须以音乐审美能力的培养为目的，在教育实践工作中必须紧紧围绕音乐审美能力这一核心来确定具体的教育目标、任务和内容，选择教材教法、设计教育活动。

（一）学前音乐教育的基本观念

1. 学前音乐教育的功能

两千多年的音乐教育传统及先贤圣哲的理论告诉我们：音乐教育有助于形成高尚优美的道德情操。无论是古希腊的柏拉图，还是中国的孔子，许多思想家、教育家都以各自的语言表达了这样一个共同的观点。到了近现代，人们又发现音乐教育不仅有着强大而有力的教化作用，而且能够启迪智慧、开发智力、增进健康、培养良好的个性。可见音乐教育的作用和意义已经十分明确了。

但是，如果我们再做一些深思：为什么把音乐教给幼儿就能够在他的心灵里产生这样美好的变化呢？这种变化是通过什么途径或方式实现的呢？事实上，这正是音乐教育作为一种审美教育的功能所在，也是多年来为我们所忽视的重要环节。

正是人类对美的向往与追求，推动着人类不断地完善自我，改造世界，这种力量是无可估量的。真、善、美本是三位一体不可分割的，其中美是真和善的极致。正像美学家朱光潜先生所说的："就广义说，善就是一种美，恶就是一种丑。""哲学和科学是真的范畴，真与美也并没有隔阂。"审美教育之所以能使人形成高尚的道德情操，是因为善恶是一种客观的是非标准，是一种外在的东西，而审美的眼光与能力却是内在的，当人的内心有了一种美丑尺度以后，他就会主动地拿这个尺度去衡量他周围的一切人与事，就能自觉地分辨出文野高下，并努力使自己的行为合乎美的标准，弃恶从善，渐渐地养成高尚优美的人格。审美教育能启迪智慧、开发智力，很多人以为应归功于右脑的开发、肢体的灵活等，但这只是问题的一个方面，而且不是主要的方面。大智慧依靠的不仅仅是生理功能的健全，更主要的是靠一种悟性，一种领悟宇宙人生的能力。美育把审美的眼光和能力教给孩子，恰恰是把悟性教给孩子。世界是按照美的规律被创造的，探求世界的奥秘必然要以一种审美的眼光,一个人具备了这样的眼光,他就有了更多的机会来领悟世界的奇巧和美妙,也就有了更多的可能来感受世界的奇妙。对于这样的人,无论是解数学方程式,还是做物理实验,甚至漫长而复杂的科学研究,他都不会感到枯燥与厌倦,相反,他时时会感受到宇宙的和谐与惊心动魄的美,他从不感到吃力,而是觉得其乐无穷。这才叫智慧!

2. 学前音乐教育的审美特质

事实上,幼儿音乐教育应该具有两个方面的含义:一是指教幼儿音乐;二是用音乐来进行教育。当然,这两个方面是有机结合在一起的,我们既不能把音乐看成纯知识性与纯艺术性的东西来追求,也不能追求脱离了音乐特质以外的所谓创造性,而是要遵循音乐艺术的特殊规律,真正做到教音乐,并通过音乐来进行教育。

所谓"教幼儿音乐",需要教孩子认识表现音乐的各种符号手段、掌握必要的演唱演奏技巧,并同时学会感受音乐、理解音乐和表现音乐。"用音乐来进行教育"则是指除了教授音乐知识、技能技巧、感受理解等音乐本身的东西以外,还必须使幼儿在精神与心灵方面获得更多有益的东西。要真正做到这一点是很不容易的,它需要我们从教育的角度来挖掘什么是音乐,什么是音乐的美,音乐的美具有什么样的教育价值。

到底什么是音乐?这似乎是一个不成问题的问题,然而在幼儿音乐教育的理论与实践中又实在是一个急需正本清源的问题。伴随着多年来的教育改革,在幼儿音乐教育的改革实践中,从反思甚至否定我们自己多年来重视音乐技能技巧教育的传统,到学习奥尔夫等国外音乐教育方法,提倡在音乐课中培养幼儿的创造力等音乐范畴以外的能力,再到近些年幼儿园音乐教育活动向综合化的形式靠拢,以及雨后春笋般的各类培养技能技巧的兴趣班、启蒙班的出现,造成幼儿音乐教育改革实践不断反复和摇摆,其根源正在于我们对什么是音乐、音乐所独有的教育价值是什么缺乏清晰的理论分析。在音乐教育中,仅仅用音乐的技术理论来解释"音乐是声音的艺术……"这是远远不够的,我们必须认识到:音乐美所体现的内容与形式的统一,它在内容上所凝聚的时代精神、民族特性以及高度的理性与丰富的情感,它在形式上所呈现的逻辑特征、美学特征都有着极其丰富而又深刻的精神内涵。同时,音乐又是极为个性化的艺术。每一个作曲家对内容的表述,每一个演唱演奏者对内容的诠释,每一个聆听者对内容的感受和理解都是非常独特的,因此,学习音乐对于唤醒个人的主体意识是一个很重要的动因。再者,幼儿在音乐学习中,通过掌握演唱演奏技巧,学会控制声音的强弱、快慢、音色处理等表现手段,不仅可以大大提高音乐的表现力,同时,还有助于他逐渐体会"适度"的含义、分寸感的把握等许多于人生有用的精髓。这便是用音乐来进行教育的真正意义的体现。

也就是说,要真正做到让幼儿在音乐活动中学习音乐,在音乐实践中发展音乐能力,在审美活动中培养审美能力,音乐教育必须突出音乐性,必须通过音乐来进行教育,所有的教育目标与任务必须通过音乐的手段来实现。因此,一方面,必须重视教材的选择,必须通过能够真正体现音乐美的优秀教材来充分发挥音乐艺术的情感魅力与审美特征。另一方面,要按照音乐艺术的内在规律而不是表面的教育要求来组织幼儿园的音乐活动,这就不能不承认音乐技能技巧在幼儿音乐教育中的重要性,当然,音乐的技能技巧可以通过艺术的、游戏的方式为幼儿所掌握,并成为一种手段用来丰富幼儿的情感表现,更好地表现音乐的灵魂。

音乐教育是音乐艺术与教育艺术的有机结合,音乐艺术是音乐教育的基础。音乐教育不能不讲方法,必须遵循幼儿的身心发展规律,学习并运用教育的一般理论和方法,但方法是为音乐服务的,音乐教育更不能离开音乐空谈方法,正确有效的音乐教育理论与方法只能建立在充分遵循和发挥音乐艺术规律与特殊性的基础之上。离开了音乐艺术自身的规律与特殊性,也就没有音乐教育理论所赖以存在的必然性,这样的理论即使不是空谈,也很难用来指导音乐教育的实践,并解决实践中需要面对的具体问题。因此,必须将音乐、幼儿、教育这三个方面有机地、自然地、深入地、符合规律地结合在一起。

3. 奥尔夫音乐教育思想

20世纪80年代中期,联邦德国奥尔夫教学法被介绍到我国以后,在音乐教育界引起了普遍的关注,奥尔夫教学法的主要思想和具体方法被广泛地运用在中小学和幼儿园的音乐教育改革实践中。

那么,究竟什么是奥尔夫教学法?奥尔夫教学法的灵魂是什么?作为一个杰出的作曲家和音乐家,奥尔夫创建他的教学法的灵感来自何方?换句话说,是一种什么样的思路引导奥尔夫走进了音乐教育的洞天福地?

奥尔夫一生"怀抱着一个崇高的愿望:要把人类与音乐之间永存着的内在联系介绍给许许多多的人"。

音乐家之所以成为音乐家,不外乎具备两个条件:一是对自然和人生有着敏锐、细腻、准确、独特的感受能力;二是对于他内心汹涌澎湃或是风平浪静的感受,能够有足够

第五章　学前舞蹈音乐教学与传统民族体育文化教育研究

丰富多样的音乐表现手段来加以表达。有了这两个条件，也就有了富于表现力的音乐作品，音乐家的地位也由此而确立。身为杰出的音乐家，奥尔夫有着非凡的感受和表达的能力，然而意义还远不止于此，奥尔夫不仅经历了一个音乐家的必由之路，更重要的，他超越了一个音乐家的贡献，他想方设法把音乐还给大众，并以儿童为首选对象。他机智而又耐心地引导儿童一点一滴地感受自然的奇妙，并帮助他们寻找力所能及的表达种种感受音乐的手段。简单地说，他找到了一种方法，可以使儿童在愉快的集体活动中，轻松地、不知不觉地、游戏般地经历一个音乐家成长的道路，这便是奥尔夫教学法。虽然它的目的并不是培养音乐家，但是它能使儿童获得对自然和音乐的感受能力、表达能力，无疑是使儿童接近音乐作品的最快捷、最有效的方法。

从对自然界各种音响、事物的感知和对自身情绪的体验出发，用最简单的声音、节奏、动作、乐器来加以准确、细致、生动地表达，这便是奥尔夫教学法，它的灵魂就在于感受和表达。

在奥尔夫教学法的教学过程中，知识和技能处在微乎其微的地位，对于儿童来说，没有懂与不懂、会与不会的区别，只有各自感受的深度、角度的不同和表达方式的不同。相同的一个节奏型或一段旋律，根据个人的不同感受可以演化成各种不同的动作表现，强调并鼓励哪怕是细微的与众不同之处。所以，奥尔夫教学法是一种充满活力的、培养人的创造性的教学法。

如果我们再做进一步的探究：为什么在奥尔夫教学法的课堂上人们都会变得如此聪明、富于想象力和创造力呢？这种创造力的源泉又来自何方呢？答案是来自音乐，来自富于表现力的音乐。这样的音乐是射线的一个"端点"，通过这个"点"，可以引发出无数条"射线"，这便要由每个人各自的感受、经验和技巧来牵引。然而正像初学握笔的孩子难以画好从一点引发的无数射线一样，初学音乐的人也未必能将自己的感受和表达的"射线"从音乐的"端点"引出，于是便有了奥尔夫编写的五卷本《学校音乐教材》，这位伟大的作曲家亲自动笔为孩子们写作，使这音乐的"端点"极富色彩。这样，孩子们便能自如地从这醒目的"端点"去描画他们心中的"射线"。这样，便有了无穷无尽的创造的活力。

奥尔夫曾经用"元素性"的概念来解释他的音乐教育思想。我们知道，"元素"本是一个化学名词，它指的是构成物质世界最基本的结构形态，"元素"到目前为止只发现了

108 种，这是非常有限的，然而它不同的排列组合却构成了我们这样一个奥秘无穷的世界。那么，就奥尔夫教学法来说，《学校音乐教材》便体现了"元素性"的意义，这里的音乐是充满个性的、富于暗示的，是人们感受和表达的基础，是创造力的源泉。奥尔夫教学法各种层出不穷、令人目不暇接的具体教学形式无不来自各位老师对教材、对音乐的创造性领会和把握。正是由于世界各地奥尔夫教学法的推广者们在自己文化背景的基础上接受了奥尔夫的"元素"，才有可能"合成"各具特色的教学形式。我们只有深入剖析它的各种基本"元素"，才能更清醒、更有效地把握住它的本质。相反，如果我们过分专注于它的教学形式而忽略了它的真正内涵，也许会使我们损失很多宝贵的东西。

奥尔夫教学法带给我们的不仅仅是一种音乐教学的方法，从更深刻的意义上说，它渗透的是一种新鲜的、富有生命力的教育思想，它可以激发孩子的想象力和创造力，丰富儿童对于音乐的体验和感受，帮助他们找到一种最直接、最简单、最准确、最生动的感受音乐、表达音乐的方法。

（二）学前音乐教育必须面向每一个幼儿

教育必须面向每一个儿童，促进每一个儿童在原有水平上的发展。这是现代教育的基本主张，反映了人们在教育领域内要求实现教育民主、教育平等的共同愿望和发展趋势。毫无疑问，无论是科学教育、语言教育、艺术教育、健康教育、社会教育等学前阶段的每一个教育领域都应该以此为目标，担负起促进每一个幼儿全面、和谐、健康发展的崇高使命。那么，就学前音乐教育而言，怎样做到面向每一个幼儿，促进每一个幼儿在其原有水平上的发展呢？

1. 音乐属于每一个人

音乐属于每一个人，每一个儿童和个人都享有学习音乐、接受音乐文化的能力和权利，这是现代音乐教育最基本的主张。多元智能理论的创始人、哈佛大学教授加德纳在他的早期著作《智能的结构》一书中曾经说过："在个体可能具有的所有天赋当中，音乐天赋是最早出现的。"著名音乐教育家、体态律动学的创始人达尔克罗斯更是坚信："所有的人在音乐上都是有天赋的。"当代著名作曲家、音乐教育家奥尔夫同样认为，音乐性在每个孩子的自然本性中都存在着，人的音乐才能高低，只和内在的音乐性有没有被充分地发掘出来相关。

第五章　学前舞蹈音乐教学与传统民族体育文化教育研究

我们身边的无数事实也充分证明了人的音乐能力，尤其是早期儿童音乐能力的普遍存在。比如，任何一个"琴童"的母亲，在陪伴孩子学习音乐的过程中，都会有这样的体会：当成人和孩子一起接受音乐启蒙的时候，孩子对音乐的领悟能力、接受能力、表现能力明显会超过成人。再如，著名的智障儿童舟舟在音乐指挥方面所表现出来的惊人的天赋，这种天赋虽然不能完全被认为是一种真正意义上的音乐指挥才能，但至少表明，即使是一个智力障碍者，他也完全有可能在音乐的识别、记忆、再现等方面有着极其准确的、不可思议的能力。

音乐属于每一个人，每一个人都具有学习音乐的天赋和能力，但是每一个体潜在的这种音乐能力是有显著差异的。音乐史上最著名的神童莫扎特3岁就开始显露音乐才能，4岁学习钢琴，5岁作曲，6岁学习小提琴，并在父亲的带领下到慕尼黑、维也纳等地巡回演出，8岁创作了一批奏鸣曲和交响曲，11岁写下了第一部歌剧。莫扎特的天才表现表明儿童在音乐能力方面潜藏着无限的可能性，但是，如果我们就此以为每一个孩子都具有像莫扎特那样的音乐天赋则显然是不现实的。通过莫扎特极具天赋的音乐表现，我们也看到了儿童音乐能力的巨大个体差异。

儿童的音乐潜能有着不同形式的表现。因为音乐能力本身的含义是十分丰富的。从一般的意义上说，音乐能力包括音乐欣赏能力、表演技能、创作技能这三个方面。音乐欣赏能力又可以分解为对音乐音响的整体感知能力、音乐欣赏过程中的专注力、记忆力、想象和联想的能力，以及在音乐欣赏的过程中所产生的情绪反应和情感体验能力。音乐的表演技能则包括音准能力、视唱视奏能力、节拍感、音乐的语句感，以及在音乐的表演过程中所表现出来的流畅性、完整性和放松的能力。音乐的创作技能又包括对音乐技术理论的掌握能力和相应的音响感知能力、音响意象的建构能力以及从音响意象到符号固化的能力。音乐能力的丰富多样性意味着人的音乐能力的发展也必将呈现出无限多样的可能性。也许有的人有着敏锐的音乐的耳朵，对音准、音色有着极其敏锐、细致的分辨能力；有的人有着过人的音乐记忆能力，过耳不忘，能够准确地识记并再现他所听到过的音乐的节奏和旋律；有的人具有超强的音乐的视谱能力，无论多么复杂的乐谱他都能一目十行，很轻松地识别与再现；也许有的人具有漂亮的音色；有的人具有迷人的节奏感；有的人具有良好的音准——音乐能力的表现不一而足，各不相同，即使是在同一个人的身上，上述音乐能力不同方面的发展也可能是不平衡的。大家知道，帕瓦罗蒂是当今世界上最伟大的男高音歌

·119·

唱家之一，被誉为"歌王"。他在接受中央电视台记者水均益主持的《高端访问》栏目采访时承认，他至今不会看乐队演出的总谱。或许我们可以这样来理解，即使是一个伟大的歌唱家也不可能是音乐的全才，在音乐能力的某一方面也有可能存在一定程度的欠缺。

这就提醒我们在面对幼儿的音乐表现的时候，必须进行细致的观察和了解，充分尊重幼儿在音乐能力方面所表现出来的个体差异。一个孩子在歌唱时音准把握不好，并不意味着他就一定没有音乐才能，也许他有着出色的节奏感；一个孩子在学习舞蹈时动作做得不够优美，也不意味着他一定就缺少音乐天赋，也许仅仅是他的动作协调能力不够好，但这并不妨碍他对音乐有着不同寻常的感受能力；一个孩子在学习节奏乐的时候慢一些，也不要紧，我们可以用心去观察和发现他在音乐能力方面的其他优势。

2. 了解每一个幼儿的特点，制定切实可行的教育目标，促进其在原有水平上的发展

音乐属于每一个人，每一个人的音乐能力是有差异的。那么，怎样才能满足幼儿在音乐能力方面的不同发展需求，切实促进每一个幼儿在其原有水平上的发展呢？

教师首先必须了解幼儿，必须对幼儿音乐能力的发展特点进行十分细致、深入的观察、记录和分类，熟悉每一个幼儿在音准、节奏、音乐的感受和记忆、表现等方面的特性，从而有的放矢地制定教学目标。例如，有的幼儿歌唱的音准可能不是太好，但是节奏感不错，那么教师就应当有意识地通过舞蹈、律动等节奏活动来鼓励幼儿大胆地表现自己的音乐节奏能力，使幼儿能够有机会在节奏活动中充分展示自己的音乐才能。积累成功的经验，体验音乐活动的快乐，通过节奏活动激发幼儿对歌唱、欣赏等音乐活动的全面的兴趣，培养幼儿在音乐活动中主动学习、克服困难的勇气和信心，在这个基础上进一步提高幼儿的歌唱音准能力。教师一定要学会用眼睛和耳朵去发现幼儿在音乐能力方面的优势，扬长避短，促进幼儿的全面发展。相反，教师如果只看到幼儿音准不好这一弱点，并在这一点上纠缠不放，而不是充分利用幼儿节奏感强这一优势去调动和激发幼儿的自信心，培养幼儿对音乐的兴趣，再慢慢提高幼儿的音准能力，那么，就很有可能使幼儿因为自己歌唱的音准总是不能达到教师的要求而对自己感到沮丧和失望，甚至丧失对音乐的信心和兴趣。

只有在了解幼儿的基础上，才能为每一个幼儿制定切实可行的教育目标。以歌唱活动为例，针对不同发展特点的幼儿就应当有不同的教育目标。对于音准能力强的幼儿，教育

目标可以放在如何提高他的歌唱表现力上，想办法教幼儿学会如何通过声音的强弱、快慢、轻重、缓急、乐句处理的不同变化去表现自己所体验到的歌曲美好的情绪情感；对于音准能力差一些的幼儿，可以在学习歌唱表现的过程中逐步提高其音准能力；对于害羞、内向的幼儿，可以重点鼓励其勇敢、大胆、快乐、自信地歌唱；对于外向的、非常喜欢表演的幼儿，则可以有意识地培养其适度的控制能力，教幼儿学会如何控制自己的声音和情绪，有分寸、适度地，而不是任意地用歌声表达自己的情绪情感。

了解每一个幼儿，针对每一个幼儿在音乐方面的不同发展特点，为每一个幼儿制定切实可行的音乐教育目标是促进幼儿在原有水平上发展的首要环节。它要求教师必须做到心中有孩子，要对每一个孩子在音乐方面各不相同的发展情况了如指掌、心中有数。教师如果不了解孩子，不了解孩子在音乐方面所表现出来的个体差异，那么他在制订教学计划、安排教学内容、设计教学活动的时候，就不可能做到从幼儿的实际水平出发，去满足幼儿各不相同的发展需求。相反，只从教材出发，单纯考虑怎样以教材为中心来完成教学任务，而不考虑怎样促进幼儿个体在原有水平上的发展，也很难做到有的放矢、因材施教。

3. 了解音乐艺术的表现规律，以多样化的音乐教育内容、方法和手段促进幼儿发展

在对每一个幼儿有了充分了解的基础上，怎样才能通过一定的音乐教学手段来保障和实现教育目标呢？教师在音乐教育过程中，必须具备足够丰富多样的、可供选择的材料、方法和手段，这样才能真正做到面向每一个不同发展水平的幼儿，促进其在原有水平上的发展。

其中，关键是要选择有弹性的教材，以满足不同幼儿的不同发展需求。所谓弹性是指幼儿音乐教材必须具有一定的伸缩性和灵活性，具有难度适中、形式简约、意义含蓄等特点。这样的作品不是一个僵死的、固定不变的东西，而是可以从多方面、多角度去理解和发展，可以不断地重复使用，以增加难度、变换形式，从而满足不同程度幼儿的不同需要。

灵活多样的教育内容和方法也是至关重要的。如果教师的教学手段很单一，音乐活动常常只有歌唱这一个内容，而在组织歌唱的教学活动中又只会一唱到底地简单重复，那么，歌唱能力强的幼儿可能得到了锻炼，但是那些歌唱能力稍微差一些，而动作能力强的幼儿则不能得到很好的发展，幼儿除了歌唱外的其他音乐能力就得不到全面的培养和提

高。学前音乐教育的内容从大体上看，不外乎歌唱、欣赏和韵律活动这三类，但是每一类的活动又可以演变出十分丰富的教学形式。例如，歌唱活动可以和语言节奏、律动和舞蹈、节奏乐相结合；音乐欣赏可以和情境创设与戏剧表演、情感体验、想象与绘画、主题旋律的演唱和节奏乐演奏，以及自由的舞蹈动作创编等相结合；同时，可以将音乐游戏贯穿在所有的教学活动内容之中。这样，不仅丰富了音乐教育的内容和手段，而且可以使幼儿的音乐能力得到全面的展现、培养、锻炼和提高。

在幼儿音乐教育的内容、方法、手段方面，奥尔夫教学法、科达伊教学法、达尔克罗斯体态律动学等现代音乐教育体系可以带给我们许多有益的借鉴。奥尔夫说："我想到的不是有特殊才能的儿童教学，而是最广泛基础的教学，哪怕是中等的和才能较差的儿童也能参加。"正是出于这样的教育理念，奥尔夫教学法没有一成不变的模式，而是运用音乐中最简单的声音和节奏元素，针对教学对象的不同特点和发展需求，根据音乐艺术的表现规律，教师可以即兴组合成各种由简单到复杂的、灵活多变的教学内容和方法。这种生动多样的灵活性正是源于对音乐活动中幼儿各种生动、自由的即时表现的细致观察和积极反馈，并能够随时给予幼儿即时、有效的指导。

音乐是表演的艺术，表演被称为"二度创作"，音乐的演唱、演奏是极富个性魅力的。教师必须对音乐的美有充分的感受、认识和欣赏能力，了解音乐艺术的表现手段和特点，把握音乐艺术的表现规律，允许幼儿在音乐活动中以他自己个人化的方式来表达他对音乐的独特感受和体验。只有教师充分认识到这一点，他才会充分尊重幼儿各自独特的艺术表现方式，才不会以自己主观的、唯一的、以成人为中心的"好"和"不好"的固定的、简单的、模式化的标准去评价和衡量幼儿的艺术表现，更不会以此为唯一的准绳去要求，甚至苛求幼儿。相反，如果我们无视幼儿音乐能力表现丰富的多样性和个体差异，无视音乐表现的个性差异，一味要求孩子在学习音乐的过程中都必须达到整齐划一的效果和水平，不仅违反了音乐艺术的表现规律，更有可能扼杀幼儿与生俱来的音乐天赋和对音乐的热爱。

总之，幼儿音乐能力的丰富性和差异性，以及由此带来的多样化的发展需求，要求我们必须了解幼儿在音乐能力发展方面所表现出来的不同特点和需求，制定切实可行的教育目标，并为幼儿提供丰富多样的可供选择的内容、方法和手段，来满足不同幼儿的不同发展需求，促进每一个幼儿在其原有水平上的发展。

（三）学前音乐教育的教师角色

现代幼儿教育对教师角色的定位是幼儿学习活动的支持者、合作者和引导者。教师应以关怀、接纳和尊重的态度与幼儿交往，在交往中耐心倾听，努力理解幼儿的想法和感受，支持、鼓励他们大胆探索和表达。教师要善于在艺术、科学、社会等不同领域中发现幼儿感兴趣的事物，在幼儿的游戏和偶发事件中挖掘隐含的教育价值，并能够运用教育智慧及时把握时机，积极引导。

也就是说，教师要关注幼儿在各领域活动中的表现和反应，敏锐地察觉他们的需要，及时以适当的方式做出应答，形成有效的、合作探究式的师幼互动，尊重幼儿在音乐发展水平、音乐能力、音乐经验和音乐学习方式等方面的个体差异，真正实现因人施教，努力使每一个幼儿都能在音乐领域中体验满足和成功的快乐。这就要求教师必须充分关注幼儿的特殊需要，了解幼儿的各种发展潜能，甚至不同的发展障碍，同时与家庭密切配合，共同促进幼儿健康成长。

当然，更重要的是，要想完成学前音乐教育任务，实现音乐教育目标，就必须合理有效地设计和组织好每一次音乐教育活动，将学前音乐教育的目标具体落实到每一次音乐活动中。这就要求教师自身必须具有较高、较强的音乐水平和能力，吹拉弹唱跳各种表演都能擅长，最好具有一定的特长，尤其是钢琴演奏和自弹自唱要达到熟练、自如的水平；在音乐知识和对音乐的感受、理解能力方面也必须具有一定的基础。此外，在组织活动、设计教法、制作教具等方面要求教师注意积累教学经验，并且能够具有美术、文学等多方面的才能。

试想一下，一个音乐教师如果自己在音乐方面概念不清，缺乏基本的音乐听觉能力，不会弹伴奏，甚至音准有问题，那么，他拿什么来教育孩子呢？

1. 幼儿园音乐教师的专业化问题

戴跃的研究（1998年）提出了幼儿园音乐教师的素质和专业化问题。从总体上看，我国幼儿园音乐教师的整体素质有了很大的提高，教师队伍日益年轻，专业素质日渐提高，教育观念也在不断更新。但是在幼儿园音乐教育教学中所反映出来的有关教师音乐素质存在的问题也应引起我们的重视。

有相当一部分幼师、中师，甚至高师毕业的音乐教师，在音准、节奏等基本音乐素质方面都存在不同程度的问题。比如，有的教师在为幼儿范唱时一错再错，缺乏基本的音高感觉；有的教师不能正确地为歌曲定调，有时候孩子唱的是一个调，教师的伴奏竟是另外一个调；有的教师节奏感比较差，在为歌曲弹伴奏时节奏掌握不好，忽快忽慢，令孩子们无所适从；有的教师在节奏练习中不注意节拍重音，拍手示范四平八稳，没有强弱感觉；还有的教师缺乏应有的内心节奏感觉，不能用正确的、与幼儿的演唱相一致的速度为歌曲伴奏，往往是前奏速度过快，前后速度不一致。即兴伴奏的问题最为突出，绝大部分教师在即兴伴奏中没有正确的和声布局，主和弦一贯到底，有的甚至在为小调歌曲伴奏时，从头至尾用的都是大调的主和弦，民族调式的和声色彩表现更是无从谈起。此外，教师的演唱演奏在情绪表现、艺术处理等方面也缺乏应有的艺术感染力。教师们对于音乐作为一门声音的艺术显然认识不够，对音响的质量过于马虎，更为普遍的是在听音乐的过程中随意关停，不考虑音乐的结构和段落的完整性。例如，有一次在欣赏法国作曲家圣·桑的《天鹅》时，有位教师竟然使音乐在"si"音上戛然而止，让人听了很不满足，很不舒服。

教师自身在音乐素质方面的这些不足和局限又带来了他们在音乐审美能力、审美趣味、审美境界等方面的欠缺。这首先反映在教材的选择上，音乐性往往考虑得不够，相当多的音乐教材在艺术上粗糙简陋，内容过于直白，缺少新意，经不起推敲和玩味，更谈不上风格的多样化，没有多大的审美价值，难以激发幼儿对音乐美的体验和感受。其次在教学要求上，教师把注意力放到了兴趣的培养上，克服了过去那种刻板的技能训练倾向，这在一定程度上说是一个进步，但是分寸如果掌握不好就难免会失之偏颇。从现有的情况来看，幼儿的演唱在音准、节奏、速度、音色等方面都缺少应有的训练，幼儿的歌声没有表现力，幼儿没有能力通过自己有表情的歌声来表达自己内心的情绪情感，这样的歌唱活动又有什么情感教育意义呢？幼儿音乐素质能力的培养之所以长期得不到应有的重视，在很大程度上是因为教师自身的音乐素质有限。试想一下，如果一个教师自己对音准、节奏、速度、音色等音乐的基本表现手段缺乏一定的敏感，不能听辨出正误、优劣，那他又如何去要求孩子并纠正错误呢？

当然，这里面还反映了音乐教育观念上的问题。人们还不能正确、全面、辩证地来看待幼儿音乐兴趣的培养和音乐能力发展之间的关系问题，尤其是对于当代先进的音乐教育思想、方法的吸收和学习还很不够，目前还仅仅停留在形式上的简单照搬阶段，对于其本质和精髓还缺乏深刻的理解和领会。

例如，奥尔夫教学法是以节奏训练为核心，他设计了很多质朴生动的节奏型来唤起孩子们内心的节奏感应，在这种近乎原始的、朴素的节奏练习中，仍然包含着一种跃动的生命力和音乐的灵感，在强弱分明的节奏中能让人感受到生命的脉搏。就拿最简单的拍手节奏来说吧，如果拍得疲疲沓沓而不是富有弹性，平平淡淡而不是强弱分明，越拍越快而不是速度均匀，声音干涩缺乏色彩，那么，这样的节奏练习不仅不能体现奥尔夫教学法的精神，而且对于幼儿真正的节奏感的培养也是弊多利少的，因为这里缺少美感的激发。然而正是在这一点上，我们的教师做得还很不够。简单来说，他们引进了拍手的形式，但是忽略了拍手的质量。

与此相连的另一个问题是：由于在学前音乐教育活动中较多地运用了这些形式，占用了比较多的课时，而又不能保证其质量，唱歌、律动、舞蹈、欣赏等能力的培养不仅在课时上被缩减了，而且得不到应有的重视，优美的歌声和优美的舞姿被乱七八糟的拍手跺脚声取而代之了。这样的音乐教育活动根本无法体现音乐美的魅力，音乐审美能力的启迪和陶冶更是无从谈起。

一个好的幼儿音乐教师，其自身必须具备三个方面的音乐素质：第一，必须掌握足够的音乐知识和准确的音乐概念，包括基本乐理、和声、曲式、歌曲作法、配器等有关知识和概念，并能融会贯通地理解和运用这些知识来分析、处理、表现甚至创作音乐作品，能够深入浅出地将概念转化为幼儿能够理解和接受的生动有趣又形象化的东西。第二，必须具备演唱、演奏、舞蹈、指挥、配器等音乐实践活动的能力，能够准确、生动、富有艺术感染力地再现和创造音乐作品的艺术魅力。第三，必须具备良好的音乐感觉。究竟什么是良好的音乐感觉？虽然对于这一问题至今还没有统一的答案，但是人们丝毫不怀疑它的存在和它那独特的魅力。从最一般的意义上说，良好的音乐感觉首先依赖于细腻、敏锐、深刻的音乐听觉，以及在此基础上形成的内心独特的对音乐的感受和把握能力，这一独特性体现在他的音乐表达上便会形成恰到好处、恰如其分的演唱演奏处理，所谓"增之一分则长，减之一分则短"，就是这个意思。作为一个音乐教师，只有真正具备了这三个方面的素质，才能真正享有音乐，才有可能把美好的音乐传达给众多的孩子。

就现有的情况来看，目前大部分幼儿教师所具有的音乐知识和演唱、演奏技巧，从程度上说，应该是能够胜任现有学前音乐教育课程对教师的音乐知识和技巧要求的，然而在对音乐理解的深度、音乐表现的艺术性，尤其在音乐感觉、音乐听觉能力方面还存在着明显的不足。例如，在教孩子做节奏练习时，教师的拍手示范没有丝毫的强弱变化；在范唱中也缺少应有的音乐表情处理，显得比较平淡，这些都是属于表现上的问题。还有一个很常见的错误：在解释"音符"的概念时，为了增加形象性，教师往往把四分音符比喻为成人，把八分音符比喻为儿童，这不能不说是对四分音符和八分音符之间的倍数关系的一种误解，反映了其音乐知识掌握得不够牢固。这种现象或许可以这样来理解：中师或高师培养了幼儿教师一定的音乐技能和知识，但是在传授知识与技能的同时，怎样贯穿音乐感的培养和提高，怎样使知识和技能变成生动的音乐，这一问题没有得到相应的重视和很好的解决。

事实上，只有具备了纯正的音乐趣味、敏锐的音乐感觉、良好的音乐技巧和准确的音乐知识，才能够真正挖掘和表现音乐艺术的美，才能真正激发幼儿对于音乐美的热情，才能真正胜任一个幼儿园音乐教师的工作。

2. 学前音乐教育课程实施中的教师反思

音乐是充满感情的艺术，音乐教育是沟通师生情感的最有效的方式，是心与心的交流。只有源于心灵，才能进入心灵。因此，我们十分强调教师在音乐教育和艺术教育工作中发自内心情感深处的、真实的、诚恳的、深入的、有效的反思。

例如，关于"爱"的主题是幼儿园常见的、十分有意义的人文教育主题。那么，在设计这一主题的音乐教育活动过程中，教师该怎样进行有意义的反思呢？

当我们决定和孩子们一起在艺术中、在音乐中分享"爱"这一至高无上的情感时，我们需要先问问自己：

什么是爱？

我是否懂得爱？

我是否正经历着爱与被爱？

这种爱与被爱的情感是否使我们与表达人类深刻情感的永恒的艺术品之间产生一种更加直接、更加亲密、更加难以割舍的不解关系？优秀的艺术作品宣泄、释放，更升华了我们个人在日常生活中所体验到的真实、平凡而又高贵的情感，同时，优秀的艺术作品也教会了我们怎样更优雅、更细腻、更准确、更深刻、更富于诗意和激情地去品味、去感受、去表达我们个人在每一个琐碎而又平常、普通的日子里所遇到的爱与被爱的情感。

只有当我们空旷的心灵被爱充满的时候，艺术才会成为我们人类高贵的精神世界中不可或缺的真正需求。当然，从另一个方面来看，也只有当高贵空灵的艺术作品在我们的心灵世界中占据着和生存、温饱与发展同样重要甚至更加重要的一席之地的时候，我们才有可能更真切、更敏锐、更用心地享受到爱与被爱带给我们的快乐和力量！

是啊！我们从小让孩子学会在艺术中、在音乐中感受爱、体验爱、表达爱，不正是为了让这爱所带来的快乐与力量支撑他们的整个人生吗？

这种扪心自问的内省过程无论是对提高幼儿教育的质量与效果，还是对教师自身情感生活与精神品质的提升都是十分重要和宝贵的，对于以情感陶冶和审美体验为宗旨的艺术教育来说，这一过程尤其必不可少。

在某种意义上甚至可以这样说，这是从教育观念的转变落实到教师教育行为的第一步，也是最本质、最内在的一步。

先让我们一起回顾一下在过去的传统教育观念里，教师是怎么做的。

过去，当我们教师确定了一个教育主题之后，很少或几乎从不做这种自我的内省或反思，总是一上来就沿着"怎样教"这一思路去备课、去思考。对诸如"爱"或别的什么人文主题，教师往往自以为是地把它们当成很浅显的东西，以想当然的态度去对待，以为自己没有什么不懂的，问题只是如何去教而已（不像数理化等其他学科或许还会有教师自己一时难以解开的难题，需要教师去做深入的思考）。这种教法的前提是"关于这个主题，我当然知道是怎么回事儿了！孩子不懂，当然得由我来教了！"或是"我当然做得比孩子好啦！"这种居高临下的态度又怎么能摆脱"我教你，你得听我的"，即"教师教育学生"的困境呢？又何谈尊重孩子？如何做到平等交流与对话呢？过去对"教育"意义的追求还表现在教师通常都喜欢拔高主题意义，努力想着怎样让孩子通过自己这一次或两次的主题活动教育立竿见影地表现出外显的"爱"。这种教育对"爱"的外在行为结果的追求更甚于引导孩子们去感受、去体验"爱"这一人类至高无上的情感带给他们自身的那种来自内心深处的、自然的、无拘无束的快乐与力量。换句话说，这样的教育总是徒有其表、舍本逐末，而不能深入人心的。因为它不是发自教师个人内心的灵魂深处，那又怎么能达到孩子的内心深处，真正内化为他刻骨铭心、永世不忘的精神财富，再进而外化为他由衷的、慎独的、表里如一的"爱"的好行为呢？

当然，过去这种教法也不能说一无是处，但至少是远远不够的！因为在这样的教学思想指导下，在这样的实际教学实施过程中，由于完全省略了教师自身的情感体验与情感投人，完全忽略了教师个体对自己所教领域或主题的独特的感悟、理解与思考，教师所能做的最擅长的工作就是将主题分解成知识和技能的方方面面。

近年来的教育改革在教师备课的这一环节中又增加了对儿童学习能力与特点的关注，教师努力根据幼儿的已有经验和学习的年龄特点去设计教育方法，考虑教育手段，实施教育过程，这无疑比过去又前进了一大步，但还是远远不够的，因为它仍然忽视了教育过程中最不应该忽视的、能对幼儿产生面对面的最直接、最深刻影响的一个最重要的方面——教师！

苏霍姆林斯基曾经说过"只有个性才能影响个性"。在媒介日益丰富和发达，人们获取知识的途径日益方便与快捷的网络时代，集体教育存在的一个最重要与必要的前提，就是网络与数字化永远代替不了的人的影响与作用。在学校和幼儿园里，这个最重要的人是谁呢？无疑是教师！教师以独一无二的、不可替代的精神、人格与个性感染着、影响着学生，而不仅仅是教育着学生，教师身上这种独一无二的品质造就了一个个活生生的、独一无二的、健康快乐的学生。教师的这样一种作用是多么美妙！

事实上，忽视教师自身主体意识的发挥，忽视教师这一个体的个性、独特性和某些个人化的方式，从根本上说就是教师中心主义、教师权威化、教育灌输式的潜在表现。一个真正热爱艺术、尊重孩子，能与孩子平等交流、对话的教师在面对一个艺术教育主题的时候，应该像面对一个魅力无穷、迷人而又新奇的宝藏一样，充满了发现的快乐，重新发现自己，发现自己的情感世界和精神领域，发现自己与孩子、发现人与人在艺术品面前共同相通的那样一种交融与和谐。这正是我们所追求的理想的艺术教育！

那么，"我"心中的爱到底该怎样去描绘呢？

作为一个教师，"我"又该如何向幼儿园的孩子们传达"我"所感受和体验到的爱呢？最能将"我"和孩子们在爱的情感中彼此沟通、彼此交融、彼此分享的艺术品又是哪些呢？在我们的艺术教育中，最能够将艺术与爱的主题、人（教师与幼儿）的情感自然而又深刻地融为一体的最恰当的途径与方法、手段又是什么呢？

对上述这些问题的反思与回答，应该作为教学准备工作的核心环节。

"我"心中所理解的爱是温柔的，是温馨的粉红色调的，是不急不躁的，是能给人以足够的沉稳、自信和力量的。这种对爱的理解未必全面，也不一定深刻，更不可能是唯一正确的，但它是真实的，是源自教师的内心深处的，是一个诚实无伪的教育工作者真真切切感受得到的。把一份真实的情感传达给孩子，这样的教育功效是那种假、大、空的说教永远都无法比拟的!

让我们和孩子们一起在爱的体验中,共同完成对音乐、对艺术的玩味、品评和理解,并从中体验艺术和爱带给我们的快乐与力量吧!

(四) 学前音乐教育的环境创设

1. 为学前儿童提供丰富的音乐环境

和所有能力的发生、发展一样,学前儿童音乐能力的发展依赖于遗传、环境和教育三个方面的因素。遗传为音乐能力的发展提供必要的前提,环境为音乐能力的发展提供一定的可能性,有目的、有计划的音乐教育则使幼儿潜在的遗传素质得到最充分的挖掘和激发,从而使其获得真正意义上的音乐能力。

我们坚信,音乐能力是普遍的、人人皆有的一种能力,音乐才能的个体差异更主要地显示了环境与教育的力量,遗传在这里所起的作用是非常有限的。一个肢体健全、智力正常、听觉没有障碍的儿童必然具备学习音乐所必需的生理基础和遗传素质。当然,如果我们要选拔钢琴家或者歌唱家等专业音乐人才,那么我们还需要考虑一些特殊的因素,例如手的大小、手指的长度,或者声音的音质、音色等。然而从一般的意义上说,享受人类的共同财富——音乐文化是人们的一个基本权利,一个身心健全的儿童应该享有这样的权利,我们应该想方设法为幼儿创设丰富的音乐气氛和音乐环境,尽可能为幼儿潜藏的音乐能力提供充分发展的可能与条件。

我们知道,音乐是声音的艺术,那么听就应该是音乐活动中一项最重要的实践。因为说到底,作曲家写在纸上的曲谱是静止的、无声的,它只有经过演奏、演唱家们的表演,变成丰富多彩、五光十色的音响,才有可能成为活生生的艺术,从而作为一种感官刺激,输送到听众的听觉器官中去,进而完成陶冶性情、净化灵魂的神圣而又美好的使命。可见,如果没有富有艺术感染力的流动着的乐音,没有对乐音的感知,便没有音乐的艺术生命。

学习音乐不仅仅是开发智力、陶冶情操的一种优雅的手段。虽然古今中外的人们无不对音乐教育寄予了厚望,他们希望孩子通过学习音乐能够变得更聪明一些、更听话一些、更有礼貌一些,但这其实只是音乐教育发挥作用的一个方面。对于幼儿来说,音乐教育还有另一个更重要的方面,那就是为幼儿创设良好的听音乐的环境,让孩子在美好音乐的熏陶感染中形成音乐能力。只有音乐能力得到了提高，对音乐有了悟性，才谈得上其他种种教育目的。正像学习数学可以锻炼提高人的逻辑思维能力，但你首先必须学会把每一道数学题都做得准确无误，只有先学会解数学题，才有可能切实提高思维能力。学习音乐也是一样。

音乐确实有着启迪智慧、教化人类等种种了不起的功能，但是只有让孩子喜爱音乐，学会倾听音乐，理解音乐，从听觉到心灵都沉浸在音乐之中，才有可能感受到音乐中流淌着的智慧和人格的力量，才有可能被它打动，从而使自己也变得更高尚、更有智慧。

那么，到底怎样才能理解音乐呢？要想理解音乐、听懂音乐，那就必须先得去听，先去熟悉各种音响。这是一个很简单的道理，就好比孩子学语言，必须有一个语言环境，使他每天都能听到大人们的说话，这样，慢慢地孩子也就能听懂成人的语言，并且也会自己学着说话了。儿童模仿成人语言不仅在遣词造句方面，而且连抑扬顿挫等音调变化都能学得自然而生动，这自然应当归功于环境的潜移默化的作用。学习音乐同样需要环境，需要让孩子能够每天接触音乐、听音乐，这样，慢慢地孩子就能够一点一点地听懂音乐，进而也会学着表现音乐了。

研究者曾经对一个音乐感受能力发展较好的幼儿进行过长期的观察和研究。这是一个女孩，她在三岁半的时候，听到一首三拍子的舞曲就能跟上音乐的节拍拍手，并能清楚地区分出强弱拍；也是在这个年龄，她能根据教师教的一首幼儿歌曲自己编出符合歌曲特点的舞蹈动作；她的音高感觉比别的孩子要好，唱歌时能把音唱得比较准。她的良好的音乐感觉是从哪儿来的呢？她的父亲是个教师，母亲是个医生，家里并没有乐器，她也从未报过音乐培训班，关键在于家里有着非常浓厚的音乐气氛。她的父母都是音乐爱好者，平时经常在家里听音乐。每天早晨叫醒孩子以后，父母就立即打开收音机，孩子的起床、穿衣、洗漱等一系列的活动几乎可以说是在音乐的伴随下进行的，每天如此，孩子的节奏感自然而然地就培养起来了，对音乐的感受性也逐渐提高了。父母还经常鼓励孩子唱歌，鼓励孩子把在幼儿园学到的歌曲在家里表演给父母或客人看。这样，孩子对音乐表演的兴趣和能力也随之得到了提高。听多了，唱多了，音乐也就变得更可以理解了，欣赏能力也随之提高了。这些能力的提高又可以大大促进孩子对于音乐技能技巧的培养。这个孩子进入大班以后，和全班小朋友一起开始学习手风琴，她是学得最快、拉得最好的一个。

可见，音乐教育不仅仅是技能技巧的教育，它还包括对音乐的感知、理解、欣赏、表达和创造等多种能力的培养。目前，很多幼儿园热衷于各种音乐兴趣班，如钢琴班、小提琴班等，但是，学习音乐并不等同于学习乐器。教孩子学会一种乐器，掌握一定的演奏技巧，无疑会在很大程度上提高幼儿的音乐能力，但它毕竟不能取代音乐教育的全部内容。这就是为什么有的人弹了一辈子钢琴，虽然技巧很好，但最终只能成为钢琴匠而成不了钢琴家。所以说，乐器并不是让孩子获得音乐素养的决定性因素。

我们说，没有乐器也能学习音乐，那么，有了乐器怎样才能把音乐学得更好呢？

首先，必须有一个音乐启蒙的好教师，这个教师不一定要有多么高超的演奏技巧，但至少必须具有良好的乐感、敏锐的听觉、正确的演奏技巧、深入浅出的教学方法，并且爱孩子，也为孩子所喜爱。同时，教师在督促孩子练琴的时候，不仅要关心孩子技巧上的进步，更要注意培养孩子的音乐感觉，应当努力为孩子创造一个良好的音乐环境，使孩子有更多的感受音乐的机会。

其次，多听是最重要的。在孩子每练一首乐曲之前，可以先让孩子听几遍某个演奏家的演奏，给孩子留下一个感性印象，便于孩子模仿，这样可以大大提高学习的效率。不要以为这只适合于乐曲，练习曲也可以这样做。因为某些看似枯燥的练习曲到了音乐家的指间也能变成优美动听的旋律，因此，早期的模仿对于孩子来说是非常必要的。当然，一旦孩子的技巧掌握到一定的程度，就应该鼓励孩子能突破框架，表现出自己内心的真实感受。

最后，还可以经常带孩子去接触大自然，引导孩子感受自然的鸟语花香，体会自然的美与和谐，这对于帮助孩子更加深刻、细腻地体会音乐作品的意境，更好地表达音乐，都是非常有用的。

那么，到底应该如何为幼儿创设一个音乐教育的良好环境呢？这主要取决于教师的教育观念，教师应当思考和回答这样一个问题："我是否为幼儿音乐潜能的培养和发展尽了力？"并明确这样一个观念：孩子音乐能力的高低与幼儿园、家庭的音乐环境、音乐气氛以及教师和家长对音乐教育的关心程度有着直接的联系。如果我们不能为幼儿提供及时、有效的音乐教育环境，那么很遗憾，孩子与生俱来的对音乐的敏感与喜爱将会日渐消失，导致成年以后对音乐及一切美的事物的麻木不仁，从而丧失了享受音乐这一灿烂文化的能力与权利。这将是多么遗憾啊！

具体来说,教师为幼儿提供的音乐教育环境,可以从以下几个方面着手:

首先,教师自己必须发自内心地喜欢音乐,喜欢唱歌,不仅会唱幼儿歌曲、流行歌曲,并且还会唱一些中外民歌和优秀的经典歌曲等,在音准、节奏、音乐的表现等方面基本没有问题。

其次,教师能够有意识地在音乐活动、游戏活动和其他日常活动中带领孩子唱歌,和孩子一起唱歌,甚至把唱歌作为一种有效的教育手段自觉地加以运用。例如,有时候在午睡前,教师为孩子播放一些催眠的音乐,或者亲自为孩子演唱一首摇篮曲;有时候,在幼儿的游戏活动中,教师也可以兴之所至地融入幼儿的游戏,情不自禁地为幼儿演唱或表演节目;在幼儿园的一日生活中,教师可以每天安排固定的时间和孩子一起来欣赏音乐或者一起唱歌;在幼儿的游戏活动或环节过渡时,教师还可以有意识地放一些合适的轻音乐作为背景音乐;甚至当孩子浮躁不安时,教师也可以尝试用音乐来稳定其情绪,使孩子平静下来。教师的音乐教学资源应该体现多种不同的音乐风格,包括流行音乐、儿童音乐和古典音乐。在教室的音乐活动区域还应当为幼儿提供足够数量的节奏乐器、声音材料,使幼儿能够自主地选择活动内容,主动进行声音的探索活动和音乐游戏。

再次,教师应该经常和孩子一起收听、收看广播和电视中固定的文艺节目,能够有意识地为孩子创造机会,组织孩子一起去听适合幼儿特点的现场音乐会。有条件的幼儿园还可以开设一些适合幼儿特点的艺术兴趣班或启蒙班,为有兴趣的幼儿提供进一步学习音乐的机会和条件。但是这些艺术启蒙班或兴趣班的开设必须以提高幼儿的音乐兴趣与能力为目的,而不能以赢利为目的。必须选择优秀的师资来任教,必须选择适合幼儿年龄特点的教学内容和教学方法,不能把成人化的东西强加给幼儿,不能拔苗助长,教幼儿学习超过他们接受能力的过于艰深的技能技巧。兴趣班的教师应当先训练自己具备敏锐的音乐的耳朵,能够听出幼儿演奏的对错与好坏,并且能够以一种欣赏的眼光来看待幼儿的学习,即使弹错了,也是抱以宽容和鼓励的态度。还应当注意在学习音乐的过程中有意识地培养幼儿的个性品质,当幼儿学习音乐遇到困难或者感到厌倦的时候,教师应该耐心地启发和培养幼儿的兴趣和意志,而不是采取体罚和强迫的办法,或者干脆放任自流。即使幼儿学习音乐有些吃力,甚至在艺术启蒙班里只是中等以下的水平,教师也不应该失去信心,应当相信,只要教学方法得当,幼儿的音乐能力一定能够得到发展。

最后,音乐是表演的艺术,教师应当努力为幼儿创造和提供更多的音乐表演和艺术表现的机会，最好能定期举办小型音乐会，为幼儿提供表演和交流的舞台，使幼儿能够把在课堂上学习的歌曲、舞蹈、器乐演奏等内容上升到音乐表演和艺术表现的程度。在适当的时机，教师以欣赏的态度和饱满的艺术热情参与幼儿的表演，不仅能给幼儿树立良好的榜样，也是最有效的激励，能够使幼儿更加喜欢音乐，喜欢表演。教师可以有意识地把音乐表演作为一项有意义的教育内容，比如在幼儿得到表扬的时候，请他为小朋友表演一个节目，或者请他邀请一个别的小朋友来表演节目，甚至教师也可以亲自为小朋友表演一个节目，作为一个最高的奖赏。

在日常生活中，有时候孩子们会兴奋地自发唱歌，甚至唱个不停。只要他没有影响其他人，教师就应当以欣赏的态度鼓励他用歌声表达自己的情绪。并且还应该经常启发幼儿用听觉去观察和了解世界，例如，经常引导幼儿倾听风声、雨声、流水声、鸟鸣声、钟声、汽车声等周围环境中各种各样有趣的声音，以培养幼儿听觉的敏锐性。有条件的话，教师还可以进一步和幼儿一起想办法用人声或物质材料的声音来模仿上述各种有趣的声音，以培养幼儿对声音的敏感和表现力。教师还可以非常有兴趣地和幼儿一起玩一些声音游戏，如在空的玻璃瓶或空罐子里，装上细盐、瓜子或糖块等不同的东西，摇晃发出不同的声音，请幼儿根据声音的不同判断罐子里装的是什么；或者利用幼儿园现有的物品和幼儿一起发明和制作一些打击乐器，并利用这些自制的打击乐器和幼儿一起进行节奏游戏。

喜欢音乐的教师最好还能够熟悉莫扎特或贝多芬等一些著名音乐家童年的故事，并讲给孩子们听。在幼儿园的环境布置中，能够有意识地选择与音乐有关的装饰品或图片，如大音乐家的肖像画、关于音乐表演的名画或挂历、乐器静物装饰画、贺卡，或微型吉他、小提琴等。

2. 学前音乐教育课程环境的创设

《幼儿园教育指导纲要（试行）》（以下简称《纲要》）指出："幼儿园应与家庭、社会密切合作，与小学相互衔接，综合利用各种教育资源，共同为幼儿的发展创造良好的条件。幼儿园应为幼儿提供健康的、丰富的生活和活动环境，满足他们多方面发展的需要，使他们在快乐的童年生活中获得有益于身心发展的经验。"

《纲要》还指出："环境是重要的教育资源，应通过环境的创设和利用，有效地促进幼儿的发展。幼儿园的空间、设施、活动材料和常规要求等应有利于引发、支持幼儿的游戏和各种探索活动，有利于引发、支持幼儿与周围环境之间积极的相互作用。幼儿同伴群体及幼儿园教师集体是宝贵的教育资源,应充分发挥这一资源的作用。教师的态度和管理方式应有助于形成安全、温馨的心理环境;言行举止应成为幼儿学习的良好榜样。家庭是幼儿园重要的合作伙伴。应本着尊重、平等、合作的原则,争取家长的理解、支持和主动参与,并积极支持、帮助家长提高教育能力。充分利用自然环境和社区教育资源,扩展幼儿生活和学习的空间。"

那么,怎样在学前音乐教育活动中体现和贯彻《纲要》的基本精神呢?

幼儿的身心发展和学习特点决定了幼儿是在活动和游戏中学习的,幼儿园课程不仅体现在课本、教材、课堂教学或作业中,还蕴藏在环境、生活、游戏和幼儿喜闻乐见的各种活动中。而活动环境如何设置,教师如何与幼儿交往等又受到教育者的教育观、儿童观、课程观等观念与意识的影响。幼儿园课程蕴涵在环境、材料、活动和教师的行为中,潜移默化地发挥着促进幼儿健康成长的作用。

例如,关于"爱"的人文主题教学,除了我们前面提到的教师的教学准备工作、内容和教材的选择,还有很重要的一个环节,就是教育环境的创设。

教师要把自己对爱的某种也许还带着局限的理解,转换成幼儿置身其间可以感受和触摸的环境,充分挖掘和利用环境对幼儿情绪情感的暗示作用,将抽象的爱变成一种可触、可摸的氛围,自然地包围着孩子。比方说,可以利用假期幼儿园装修的机会,把班里的墙壁粉刷成很淡的浅红色,因为这种温馨的色调和朴素简单的白色相比,更容易带给孩子充满爱和安宁的气息。但是由于墙壁的面积比较大,因此一定要注意颜色千万不要太深。因为大面积的深色很容易使人浮躁和厌倦。在墙面的布置和装饰上,可以选择一些较为具象的心形图案、温柔慈祥的母亲形象和天真无邪的孩子形象等带给人温暖的爱的联想的人或物;也可以选择一些较为抽象的暖色系列的色块或对称、和谐、优美的图案。墙面布置的总原则应该是简单、明快、温馨、大方,在色彩搭配方面要注意颜色不能太多,更不能太杂。从幼儿对色彩感知的年龄特点来看,幼儿偏爱明亮、饱满、浓重的颜色,所以很多幼儿园在布置墙面时往往喜欢用鲜艳的颜色。其实,长期处在这样的环境中,会使幼儿对色彩的感知阈限升高,不利于幼儿形成对色彩变化的更为细致的感受。颜色过多、过杂可以说是幼儿园室内环境布置中的一个较为常见的通病。除了墙壁外,幼儿活动室里的整个环境布置都可以重新设计。在条件允许的情况下,整个家具的配置从色调、款式、材质上来说尽可能显得温馨、柔和、协调;一些装饰物和玩教具的摆放也都应该尽量考虑使幼儿感到方便和亲切。

与此同时，还可以在幼儿园的日常教育活动中渲染爱的氛围，带领孩子们以自己的一颗爱心切身地去发现爱，去感受爱。最容易为幼儿所感受和理解的自然是亲人的爱，是教师的爱。教师可以利用家园联系册、家长会、家访、每日接送孩子时与父母的短暂交谈等多种形式与家长进行沟通和交流，让家长了解自己的教育思路与想法，转变家长只关心孩子的智力发展，重视知识与技能培养的陈旧的教育观念。这样做是为了取得家长的认同和支持，同时也可以唤醒家长被琐碎的日常事务日益消磨了的对爱的体验与反思，并将自己对孩子、对家人的这种爱的情感与气氛弥漫在温馨和谐的家庭生活中，增进亲子关系。也就是说，教师应当学会将幼儿的家庭和他们的家长当作一种有效的教育资源来加以利用。

具体来说，在进入"爱"这一单元主题活动之前，教师可以要求家长配合幼儿园的教学工作协助完成这样几件事：

（1）回忆、体验和强化自己对孩子、对亲人、对家庭的爱，并试着用语言充分地将自己对孩子、对爱人的这种深深的爱的情感表达出来，在家里进行交流。如果愿意的话，最好能写一段文字，表达父母对孩子的爱，在适当的场合与气氛下念给孩子听，并请孩子带给老师。

（2）选择一件家长自己最喜爱的，能充分表达"爱"的情感的任何形式的艺术品，可以是音乐、绘画、诗歌、故事、舞蹈等，通过艺术作品和孩子一起分享和交流对"爱"的体验，试着告诉孩子自己为什么喜欢这件艺术品，它是如何将爱的信息生动、准确、细腻地表达出来的。

（3）爸爸和妈妈分别为孩子唱一首"摇篮曲"，并录下音来请孩子带给老师，在适当的时候和全班小朋友一起分享。

（4）请爸爸妈妈和孩子一起，共同选择一张最能表现一家人亲情的照片带给老师，用来布置活动室。

要求家长参与艺术活动是为了增进亲子关系，同时更是为了提高父母自身对艺术的感受和理解，进而帮助家长自觉地认识到艺术最重要的功能是情感表达，而不仅仅是智力开发，更不是枯燥的知识学习与技能训练。唤醒家长自身对艺术的感悟和理解，对于扭转家长的艺术教育观念是至关重要的，而这又只能通过艺术欣赏实践本身来实现。

有了教师的精心准备和家长的有效配合，我们离"爱"的主题越来越近了！

当一个新的单元主题开始进入的时候，教师应当想方设法使这第一次课显得与众不同，从而和以前的单元主题区别开来。

教师可以在美术活动或游戏手工活动中，和孩子们一起把他们从家里带来的照片布置起来，既可以装饰活动室，又可以使孩子们在有空的时候互相介绍自己的爸爸妈妈，常常体会家庭和亲人的爱。活动室的四周可以点缀温馨淡雅的花朵，给孩子创造一种清新美好的气氛。

教师尽量不要穿运动装或职业套装。因为职业装的刻板容易与孩子产生距离感，而运动装给人的感觉则不够沉稳。教师可以选择颜色柔和、大方、休闲的棉毛织品，以便和孩子产生亲和感。

3. 幼儿园音乐教育活动区的设置

在幼儿园音乐教育教学过程中，应该把音乐活动和其他的日常教学活动相互结合起来进行，从而使音乐活动延伸到幼儿园教育的各个领域之中，如在语言、美术、体育、手工劳动等活动中都可以同时包含有意义的音乐活动。

这样，就需要在活动室里设置一个音乐教育活动区，为幼儿提供一个比较稳定的音乐活动场所，使每个孩子都能够按照他们自己的能力水平和他们自己确定的学习进度去自由地使用各种乐器和丰富多样的音乐材料，使每个孩子都能够有机会在音乐方面充分地进行练习和实践。如果我们为幼儿提供的音乐材料都是新鲜有趣的，为幼儿安排的各种音乐活动都是非常有意义、有价值的，都是他们所喜欢的，那么，孩子们一定会非常乐意、非常主动地在音乐活动区去开展这些有意义的音乐活动，从而长久地保持他们对音乐的自发的、浓厚的兴趣。一般来说，音乐区的各项活动都应该和幼儿园音乐课程所涉及的各项教育活动有计划、有目的、有系统地配合起来进行。实际上，音乐活动区的设立就是为幼儿建立一个进行声音实验探索和其他音乐表现与创造活动的实践场所。

活动区音乐活动是以活动区的形式为幼儿提供有范围的自由选择音乐活动的机会。在自选活动时间内，幼儿可以根据自己的兴趣和需要，自己选择音乐活动的内容、材料、方式及合作伙伴等，也就是说幼儿可以在音乐方面自己决定去做什么和怎样做。活动区音乐活动为幼儿提供一定的自我选择的机会，有助于幼儿独立自主性的形成，帮助幼儿形成自我意识，发现和巩固自己的兴趣，学会根据自己的意愿做出选择和取舍，让幼儿明白不仅要学会对自己的决定负责，还要有能力通过对活动内容和材料的驾驭，通过自己与合作伙伴的合作与协商，自己组织活动，实现自己的想法。所以说，活动区音乐活动更能体现幼儿是学习的主人，教师可以是幼儿游戏的伙伴，帮助他们选择适当的游戏材料和处理游戏情境，以观察或直接参与的方式去实际地帮助幼儿提高能力，充分发挥自选游戏的教育作用。教师在这里只是一个反应者、促进者、合作者、咨询者或谈话伙伴，而不是传统指导中的权威者、命令者和要求者。但是，活动区音乐活动同样需要教师精心而周密的计划，需要教师在幼儿园一日生活安排中有计划地留出幼儿在活动区自选活动的时间，在课室环境的布局上有意识地留出幼儿自选活动的空间，并提供适合幼儿兴趣、需要及能力的音乐活动材料。所有这些都需要教师对幼儿自选音乐活动的教育作用、内容、方法、意图有清醒的认识，并事先做好安排。只是这种计划是以一种隐蔽的、潜在的方式表现出来的，它为幼儿提供一定的情境性和暗示性，能够自然地、含而不露地、恰到好处地帮助幼儿自己去发现活动的动机、目标、结构与内容。

根据音乐教育的学科性质和特点，活动区音乐活动材料的投放、环境的设计等都要以不影响和不妨碍幼儿的自由活动为前提。因为音乐是声音的艺术，音乐活动不可能不发出声音，而音乐区活动通常也是全班幼儿自选游戏活动的一个部分。因此，教师应该考虑到怎样使不同区域的孩子的活动互不干扰。既不要使音乐区的活动所发出的声音干扰了别的区域活动，也不要使别的区域活动发出的声音影响了音乐区的幼儿对自己音乐表演和音乐创造活动的倾听、欣赏与纠正。

在音乐活动区投放的材料可以是有关音乐的图片、书籍、玩具、教具、道具、布景等，一方面从视觉、语言等不同的侧面来丰富幼儿对音乐作品的感性经验与认识，比如在音乐活动区为幼儿提供描写音乐剧《小熊请客》的儿童图书；另一方面可以为幼儿的音乐表演提供真实的情境，使幼儿能够自由地、戏剧化地、富有创造力地来表现歌曲和音乐的意境，比如提供音乐剧《小熊请客》中所需要的动物头饰、道具、场景等；也可以在音乐活动区投放一些手工制作材料，使幼儿能够亲手制作一些声音效果独特的发声物体或节奏乐器，帮助幼儿自己去探索和发现声音的各种特点和丰富多变的表现力，培养幼儿对声音的敏感和兴趣。

每次在音乐活动区开展音乐活动时，应该限制参加活动的幼儿人数，不要让许多孩子同时待在音乐活动区里，因为这样不利于每一个幼儿充分地去实践，也不利于教师的指导和管理。当幼儿在音乐活动区使用乐器演奏音乐或歌唱时，应该要求他们声音小一些，轻柔一些，尽量互不干扰。因为长时间地倾听各种乐器混杂的声音很容易使人疲倦，并损伤听觉器官。所以，在音乐活动区开展活动一定要控制音量。同时，还应该注意循序渐进。起初时间短一些，内容少一些，以后再逐步扩大和充实。教师应该制订一个活动计划，详细规定活动的内容和进度。教师可以给幼儿布置一些特别的活动任务，鼓励他们在音乐活动区主动地去探究、练习和实践，激发他们探索的兴趣。但是，这些任务必须考虑幼儿的能力和实践水平，既不要负担太重，给幼儿造成压力，又要富有实效。在适当的时候，对那些在音乐活动区活动中表现好的幼儿及时给予一定的奖励，给孩子们颁发一些他们自己喜爱的小奖品，鼓励他们更好地开展活动。在音乐活动区活动时间的分配上，教师应当记住：年龄越小的孩子，越需要更多的时间去重复他们的活动，年龄稍大一些的孩子，他们重复的时间应该逐渐减少，教师应当给他们提供更多的指导。应当鼓励幼儿去记忆那些他们已经开展过的各项活动和他们自己发明的活动。经常播放同一段小曲或同一种节奏，给予必要的重复，这对于培养幼儿的音乐记忆能力大有好处。

音乐活动区的活动所产生的各种声音无疑会破坏集体教育活动所必需的安静。因此，在集体活动时间应该停止使用音乐活动区，以保持环境的安静，而在游戏和活动时间则应该充分利用音乐活动区来开展各种有趣的音乐活动。

音乐活动区通常可以设置在活动室的角落里，并尽可能远离幼儿经常活动的核心区域，这样会尽可能使音乐区的活动能够不受干扰地进行。也可以用屏风、帘子、硬纸板、书柜等将音乐活动区和其他区域隔离开来，既能够保证幼儿不受干扰、集中精力地去学习，同时也可以防止音乐活动区所发出的各种声音干扰其他区域的活动。当然，音乐活动区的位置和摆设如果长久不变，也许会使幼儿感到厌倦，失去兴趣。偶尔变换一下音乐活动区的位置和摆设，可能会给孩子和教师带来一些意想不到的新鲜刺激，重新激起幼儿对音乐活动区活动的兴趣。

当幼儿已经学会仔细地倾听音乐，合理地使用音乐活动区的活动材料时，他们通常会非常乐意和小伙伴们一起待在音乐活动区里，或者独自去倾听音乐节目，如广播电台中的音乐节目和许多录音音乐。这时候，教师就应该及时为幼儿提供必要的设备，鼓励他们去收听他们自己喜爱的音乐节目，并学会与其他小朋友交流与分享音乐带来的快乐。幼儿喜爱的音乐图画书应该成为音乐活动区的必备材料。这样，孩子们就可以经常从中选择一些他们自己喜爱的歌曲自主地来演唱和表演。一些与音乐有关的生动的画册和音响图片也是必不可少的。而可爱有趣的小木偶也可以大大增添音乐活动区的情趣。音乐活动区当然少不了乐器。像木琴、钟琴、西斯特、沙球、双响木、小鼓等奥尔夫乐器，还可以考虑一些自制乐器，像铃鼓、响铃、拍板、刮擦器、摇动器等，以及橡胶、木制、毡制的各种敲打器和音叉，装有由木料、金属、塑料、纸板等制作的各种发声物品的小盒子等。此外，一些生活中常见的物体也常常在音乐区活动中被用来充当发声体，如一些带硬壳的物体，像椰子、核桃之类；各种各样的盘子、杯子，玻璃的、搪瓷的、塑料的等。我们可以从生活中找出许多这样的物体，从中选择一些放在音乐活动区里，帮助幼儿探索声音的奥秘。教师还可以利用这些物体为幼儿组织一个节奏乐队，孩子们用他们自己熟悉的物体来演奏音乐一定会有更大的兴趣和热情。需要注意的是，这些乐器和发声材料无论存放在什么地方，教师都要进行必要的管理，以保证乐器和材料不被损坏，从而保证演奏的音质和音色。

二、学前舞蹈教育教学

（一）舞蹈的定义、特点与种类

舞蹈作为人类社会古老的文明现象，不仅是最早的艺术，还可以说是最基本的艺术，是一切艺术的基础。早在文字、语言产生之前，人类就开始用肢体语言传递信息，传授生产、生活等方面的知识技能。

1. 舞蹈的定义

舞蹈艺术是以经过提炼加工的人体动作为主要表现手段，运用舞蹈语言、节奏、表情和构图等多种基本要素，塑造出具有直观性和动态性的舞蹈形象，表达人们的思想感情的一种艺术形式。

舞蹈以舞蹈动作为主要艺术表现手段，着重表现语言文字或其他艺术表现手段难以表现的人们的内在深层的精神世界——细腻的情感、深刻的思想、鲜明的性格，和人与自然、人与社会、人与人之间以及人自身内部的矛盾冲突。舞蹈作者（舞蹈编导和舞蹈演员）创造出可被人感知的、生动的舞蹈形象，以表达自己的审美情感、审美理想，反映生活的审美属性。而在舞蹈活动中，一般都要有音乐的伴奏，表演者要穿特定的服装，有的舞蹈还要手持各种道具，如果是在舞台上表演，灯光和布景也是不可缺少的。因此，也可以说舞蹈是一种集空间性、时间性和综合性为一体的动态造型艺术。

2. 舞蹈的特点

(1) 动态性。舞蹈艺术最基本的特性之一是动态性。所谓动态性，是指舞蹈以人体的躯干的和四肢为主要工具，通过各种动作姿态和造型来形象地反映客观事物和人物的精神世界，并塑造舞蹈形象。这种人体的有节律和美化的动作，并不是一般的动作堆砌和罗列，而是作为一种形象化的舞蹈语言呈现在人们眼前的。舞蹈创作者的形象思维和艺术构思，主要是通过这些动态性的语言来得到充分体现，并创造出鲜明、生动的舞蹈形象。因此，有人也称其为动作的艺术。

(2) 强烈的抒情性。人的形体动作能抒发最激动时的心态，表达丰富的内在感情。诗人闻一多说过："舞是生命情调最直接、最尖锐、最单纯而又最充足的表现。"我们从古代文物和历史资料中得知，原始人的舞蹈状态和形式，主要是抒发他们的内心激情，表现生命的无限活力。舞蹈的这种特点，充分体现出它的强烈抒情性。

(3) 虚拟、象征性。舞蹈与其他表演艺术的又一不同之处是虚拟和象征性。从包容着我国汉族古典舞蹈的戏曲来说，它的舞蹈动作如骑马、划船、坐轿、刺绣、扬鞭等，都是虚拟和象征性的。事实上，舞蹈中的马、船、轿、针等都是虚拟的，只是用一根马鞭、一支船桨等来做象征性的示意，但这种假设性的舞蹈动作却被观众承认和接受。在环境的表现上，既无山的模型，又无河的布景，但是双手示意攀登，向高抬腿示意爬山，人们就知道这是在上山；从一连串的大跳、旋转和翻滚等表现战斗的动作，观众就能知道这是硝烟弥漫的战场。

(4) 造型性。舞蹈动作不是对生活中自然形态的模拟，而是遵循舞蹈艺术的规律进行提炼、加工和美化的舞蹈语言的基本单元。由舞蹈动作组成的舞蹈组合——舞蹈语言在人们的眼前瞬间即逝，如果不能给观众留下印象，就不可能发挥舞蹈艺术的魅力和功能。舞蹈的造型性就是让舞蹈动作在连续流动的过程中给人以明晰的美的感受，并且在片刻的停顿和静止时呈现出舞蹈内在的含义和韵味。

造型性的特点是动中有静、静中有动、动静有序，二者皆美。它能充分展现出人体线条和动作的美，集中反映内在的情感。

3. 舞蹈的分类

艺术是由各个不同的艺术品种所组成的。作为艺术形式之一的舞蹈，同样有非常广阔的天地，它也由各个不同种类、不同样式、不同风格的舞蹈所组成。

（1）根据舞蹈的作用和目的，舞蹈可分为生活舞蹈和艺术舞蹈两大类。

①生活舞蹈。生活舞蹈是人们为自己的生活需要而进行的舞蹈活动。生活舞蹈包括有：习俗舞蹈、宗教、祭祀舞蹈、社交舞蹈、自娱舞蹈、体育舞蹈、教育舞蹈等。

a. 习俗舞蹈：又可称为节庆、仪式舞蹈，是我国许多民族在婚配、丧葬、种植、收获及其他一些喜庆节日所举行的各种群众性的舞蹈活动。在这些舞蹈活动中，表观了各个民族的风俗习惯、社会风貌、文化传统和民族性格特征。

b. 宗教、祭祀舞蹈：进行宗教和祭祀活动的舞蹈形式。宗教舞蹈，主要用以祈求神灵庇佑、除灾去病、逢凶化吉、人畜兴旺、五谷丰登，或是答谢神灵的恩赐；祭祀舞蹈，是祭祀先祖的一种礼仪性的舞蹈活动，用以表示对先祖的怀念或是希望先祖和神佛对自己的保佑和赐福。

c. 社交舞蹈：人们进行社会交往、增进友谊、联络感情的舞蹈活动。一般多指在舞会中跳的各种交际舞。另外，我国许多少数民族在各种节日所进行的群众性的舞蹈活动，多是青年男女进行社会交往、自由选择配偶的社交活动，因此，也可以说是各民族的社交舞蹈。

d. 自娱舞蹈：人们以自娱自乐为目的的舞蹈活动，用舞蹈来抒发和宣泄自己内在的情感冲动，从而获得审美愉悦。

e. 体育舞蹈：舞蹈和体育相结合，以艺术审美的方式锻炼身体，使身心全面健康发展的舞蹈种类。如各种健身舞、韵律操、中老年迪斯科、冰上舞蹈、水中舞蹈、国际标准交际舞等。

f. 教育舞蹈：指学校、幼儿园等进行审美教育的舞蹈活动，以及开设的舞蹈课程，对陶冶道德情操、培养团结友爱及增进身心健康，都能起到潜移默化的作用。

g. 广场舞蹈：又称排舞、广场舞。人们跳舞时自动排成排，有秩序地跳舞。广场舞蹈可以健身、娱乐，一般于早晨、晚间锻炼，不受年龄、性别、职业、职务、社会阶层的限制，可以多人、集体跳，也可以单人跳，场地可以因陋就简。

②艺术舞蹈。根据舞蹈不同的风格特点，艺术舞蹈又可以划分为芭蕾舞、古典舞、民族舞和现代舞等。

a. 芭蕾舞：起源于意大利，兴盛于法国，是一种经过宫廷的职业舞蹈家提炼加工、高度程式化的剧场舞蹈。"芭蕾"是法语"ballet"的音译。

b. 古典舞：在民族民间舞蹈基础上，经过历代专业工作者提炼、整理、加工创造，并经过长期艺术实践的检验流传下来的，被认为具有一定典范意义和古典风格特点的舞蹈。中国古典舞融合了许多武术、戏曲中的动作和造型，富有韵律感和造型感及东方式的刚柔并济的美感。

c. 民族舞：由广大人民群众在长期历史进程中集体创造，不断积累、发展而形成的，并在群众中广泛流传的一种舞蹈形式。由于各民族、各地区人民的生活劳动方式、历史文化、风俗习惯，以及自然环境的差异，在舞蹈上形成了不同的民族风格和地方特色。我国有56个民族，广大人民群众共同创造了丰富多彩的民族民间舞蹈。汉族民间舞蹈有秧歌；少数民族如维吾尔族、藏族、蒙古族、朝鲜族、苗族等的民间舞蹈也各具特色。

d. 现代舞：19世纪末和20世纪初在欧美兴起的一种舞蹈流派。其主要美学观点是反对当时古典芭蕾的因循守旧、脱离现实生活和单纯追求技巧的形式主义倾向；主张摆脱古典芭蕾过于僵化的动作程式的束缚，以合乎自然运动法则的舞蹈动作，自由地抒发人的真实情感，强调舞蹈艺术要反映现代社会生活。

e. 当代舞：根据表现内容和塑造人物的需要，不拘一格，借鉴和吸收各舞蹈流派的各种风格、各种舞蹈表现手段和表现方法，兼收并蓄、为我所用，从而创作出不同于已经形成的各种舞蹈风格的具有独特新风格的舞蹈。

（2）根据舞蹈的表现形式，可划分为独舞、双人舞、三人舞、群舞、组舞、歌舞、歌舞剧和舞剧。

①独舞，由一个人表演的舞蹈，多用来直接抒发人物的思想感情和揭示人物的内心世界。

②双人舞，由两个人共同表演一个主题的舞蹈，多用来直接抒发人物的思想感情的交流和展现人物的关系。

③三人舞，由三个人合作表演一个主题的舞蹈。根据其内容可分为表现单一情绪和表现一定情节，以及表现人物之间的戏剧矛盾冲突三种不同的类别。

④群舞，凡四人及以上的舞蹈均可称为群舞。一般多为表现某种概括的情节或塑造群体的形象。通过舞蹈队形、画面的更迭、变化和不同速度、不同力度、不同幅度的舞蹈动作、姿态、造型的发展，能够创造出深邃的意境，具有较强的艺术感染力。

⑤组舞，由若干段舞蹈组成的比较大型的舞蹈作品。其中各个舞蹈相对独立，但它们

又都统一在共同的主题和完整的艺术构思之中。

⑥歌舞，是一种歌唱和舞蹈相结合的艺术表演形式。其特点是载歌载舞，既长于抒情，又善于叙事，还能表现人物复杂、细腻的思想感情和广泛的生活内容。

⑦歌舞剧，是一种以歌唱和舞蹈为主要艺术表现手段来展现戏剧性内容的综合性表演形式。

⑧舞剧，是以舞蹈为主要艺术表现手段，并综合了音乐、舞台美术（服装、布景、灯光、道具）等，表现一定戏剧内容的舞蹈作品。

（二）舞蹈教育的发展现状

在我国，舞蹈教育的价值长期以来被低估，大多数人只把舞蹈教育作为专业从事舞蹈事业的人的需要，而对其他人来说，只是为了点缀生活，从学前教育到大学教育，舞蹈只被少数学校列为选修课，或者活动的范围，并未加以重视。

我国的舞蹈教育有着悠久的传统，舞蹈教育需要培养出知识全面、技能多样的复合型人才。近年来，我国教育事业发展朝气蓬勃，舞蹈教育同样也呈现出蒸蒸日上的前进趋势。

1. 对舞蹈的认识问题

舞蹈以肢体语言展现心灵、表达感情，很多人对于舞蹈的重要性认识不够，认为舞蹈只是孩子特长学习的一部分，属于音乐的范畴内。中小学教育也没有把舞蹈作为独立的课程学习。除了幼儿园舞蹈作为活跃学生课余生活的活动外，都认为舞蹈会占用学生学习时间，课余的舞蹈也认为是在学习累了的时候的一种放松行为，没有从舞蹈的感知和素质教育的角度思考舞蹈的价值。一些父母送幼儿和小学生进入舞蹈班培训，是希望孩子能多一份技能，学习过程中也只是简单的肢体模仿，缺少从艺术学和教育学角度去教育学生感知舞蹈。

从教师的角度来看，教师很大程度上是从动作的整齐性和标准性来教育学生，忽视了舞蹈教育的真正目的。只要在音乐中，学生能完成相应动作，跟得上节奏，觉得开心快乐，就是舞蹈教师教育的成功。

2. 教学模式和方法问题

我国舞蹈教育的方式单一，没有系统性。一些培训机构为了能够快速掌握舞蹈技能，只做基础动作培训，没有系统地教授形体，也没有注意舞蹈内在的联系，违背了循序渐进的规律。在高等院校开设的舞蹈课程，都是反复训练为数不多的几个剧目，只注重舞蹈表演效果，忽略舞蹈文化知识的学习。这种只注重技巧的程式化学习模式，束缚了学生的创新思维，学生没有了自己的学习思维，就很难感悟到舞蹈蕴含的情感气息，失去了舞蹈的核心价值。

舞蹈本身除了是一种形式艺术，更是一门理论艺术学科。在学习过程中运用理论加上实践教学，才能促进舞蹈教育的发展，培养出更多的优秀舞蹈艺术人才。

在中国教育改革和注重素质培养的大背景环境下，很多院校已经意识到舞蹈教育对于素质教育的重要性，从舞蹈的技巧技能、综合鉴赏、舞蹈参与等方面开始改革，挖掘舞蹈与其他学科的联系，例如，舞蹈与哲学、心理学、文学和音乐等方面的联系，拓宽学生舞蹈学习的视野。

3. 师资力量问题

优秀的、高素质的舞蹈教师应该具有扎实的理论基础和熟练的舞蹈技能，然而我国舞蹈教师很多都是从专业院校毕业的大学生，虽然他们具有较高的舞蹈专业技能水平，但却对舞蹈知识和理论掌握较少。这与我国长期以来对于艺术专业学生高考单独的理论考试和低门槛要求有一定的关系，同时也与传统教学思维有关，很大程度上利用形式上来考核舞蹈专业学生学习的效果，这也在某种程度上鼓励了学生和教师只在技能上下功夫的思想。课堂上的灌输、示范和模仿是教学的主体内容。这样培养出来的学生，出去后再教育下一代，只能是停留在表面上的教育，单纯为了舞蹈而舞蹈，理论教育成了一张白纸。舞蹈教师是舞蹈教育发展的主导，在教学中是技能和文化的传播者，只有加强教师整体素质培养，才能教育好下一代舞蹈学员，使其成为优秀舞蹈人才。

4. 我国学前舞蹈教育现状

"孩子是天生的艺术家"，儿童在学龄前常会在大人的欢笑中伴着音乐高兴地跳着自编的舞蹈。儿童天生好动，喜欢新鲜变化的事物，善于幻想，舞蹈这门综合艺术给他们提供了表现自己的机会。

然而，在接受正规舞蹈教育后，很多本对舞蹈感兴趣的儿童逐渐开始讨厌舞蹈课，以致他们不再对舞蹈感兴趣并且放弃进一步的学习，其原因主要有以下三点。

（1）教学方法单一、枯燥。现行的学前舞蹈教育方法是"言传身教"，其主要表现为对动作的模仿，同时贯穿着强化式、强制式、封闭式训练，教师怎么说学生就怎么做。这种教育方法虽然是由舞蹈教育的特殊性决定的，教育者也习惯将舞蹈作为一个固定要领灌输给学生，但这种教学方法会使儿童逐渐丧失学习的主动性，甚至抑制他们创造性思维的发展。

（2）师资力量薄弱。虽然学前教育专业毕业的教师能轻易抓住儿童的心理，但他们却没有受过系统的舞蹈训练，而专业院校毕业的教师只是程式化地教授舞蹈动作，却忽略了儿童的年龄和心理特点。因此，如何将学前教师的基础理论与教学实践进行融合显得极为重要。

（3）对儿童期望过高。目前，我国学习舞蹈的儿童人数不断攀升，家长和教师出于不同的目的，对儿童的要求也越来越高，希望在舞台上呈现出丰富多彩的学前舞蹈作品，却忽略了儿童的身心发展特点。

绝大多数家长认为，学习舞蹈就是为了锻炼形体、培养气质。当他们把儿童送往舞蹈培训班后，希望老师在训练中对他们的孩子严格要求，他们最关心的是儿童的基本功有没有长进，上过几次舞台。若儿童在这方面表现不佳，家长可能就认为他们没有学习舞蹈的天赋而打击他们的积极性，使儿童丧失学好舞蹈的信心。

（三）舞蹈教学常用术语、舞蹈方位和记录方法

1. 舞蹈教学常用术语

在舞蹈训练与教学中，常常涉及多种舞蹈术语，下面对常用的舞蹈术语进行简单的介绍。

（1）基训/基础训练：指对舞蹈演员或学员基本能力的训练。如发展身体各部分肌肉的能力，训练关节的柔软性，控制身体活动的能力，训练身体的灵活性和稳定性以及跳、转、翻等各种技巧。基训使学员身体运动更符合舞蹈规律的要求，以适应各种类型动作和高难技巧的需要；同时，为随时扮演各种舞蹈人物形象做好准备，对演员、学员体力的保持也有益处。

（2）主力腿：指动作过程中，或者形成姿态时，支撑身体重心的一条腿。它与动力腿配合，对身体平衡及动作、姿态的优美有着重要作用。

（3）动力腿：指与主力腿相对而言，非重心支撑的一腿，可做各种屈伸、摆动等

动作。

（4）起泛儿：舞蹈俗语，指动作前的准备姿势。技巧前的准备动作，都称作"起泛儿"，也叫"起"。

（5）法儿：指跳舞时是否得法，即动作是否符合规律，是否有韵味。在品评舞蹈者的动作是否得法时，常用有"法儿"、没"法儿"来加以褒贬。

（6）节奏：指音响活动的轻重缓急形成节奏，其中节拍的强弱和长短交替出现而合乎一定的规律。节奏也是舞蹈动作的基本要素之一，一切舞蹈动作均在一定的节奏下进行。

（7）韵律：指在舞蹈动作中，人体运动的自然规律造成欲左先右、欲纵先收，以及动与静、上与下、高与低、长与短等辨证的规律，形成了舞蹈动作的韵律。韵律在舞蹈中享有重要地位，是较难掌握的一种动作因素。

（8）舞蹈语言：舞蹈语言主要是通过舞蹈动作来表现主题，抒发情感的。舞蹈语言也是舞蹈动作的别名，它由单一或几个舞蹈动作组合而成，具有一定含义。舞蹈语言即包含有一定意义的简单舞蹈动作，又包含较长的动作组合。

（9）舞蹈组合：舞蹈的常用语。它是指两个以上的舞蹈动作被组织联合在一起，形成一种新的动作称为组合。它包括最简单的、性质单纯的动作连接，也包括最复杂的各种不同性质的动作的组合。它是用来达到某种训练目的，或是为了表现一段舞蹈思想内容的手段。

（10）扶把训练：学员手扶把杆做舞蹈动作，分"单手扶把"和"双手扶把"。

（11）中间训练：站在训练场地中间做练习，是相对"扶把训练"（因把杆多设在场地四周）而言。

（12）对称动作：指左、右相对的同一动作。如"右按手"的对称动作即"左按手"。

（13）动作的左与右：单一舞蹈动作一般都分左、右两面，通常是以动作腿（或动作臂）来区分。如右手做"盘手"即称"右盘手"。舞蹈训练中常称"左踏步""右踢腿"等，即表示用左或右肢做该动作。

（14）动作的单与双：有些动作以单臂（或腿）做动作时多称左或右（见上条）；以双臂（或双腿）做时即标以"双"字，如"双山膀""双摇臂""双起双落"等。

（15）面向、视向：身体正面所朝的方向称面向；眼看即视向，一般也包括脸的朝向，如"眼看8点"，即脸和视线均朝8点。

（16）平圆、立圆：与地面平行的圆圈运动路线（通称"划圆"）为"平圆"；与地面垂直的圆圈运动路线为"立圆"。

（17）划弧：指在"划圆"轨道上的某一段路线，如手臂划"上弧线"，即手臂做立圆的上半圆。

（18）控制：此处指舞蹈训练课目的一种。即使舞姿静止在一个动作上，训练肢体的控制力量和能力。

（19）留头、甩头：身体开始转动而头仍留向原方位不动，称"留头"。头从一方位迅速转向另一方位称"甩头"。例如，"转圈""翻身"动作，开始转体时"留头"，当身体转动约180°时，再迅速甩头，以控制旋转方向、增强动力。甩头也是亮相时的常用动作。

2. 舞蹈方位

一切舞蹈动作必须在恰当的方向和位置上才能准确地表现出来，因而舞蹈者面向哪个方向，脚站在哪个位置，眼看哪里，都有严格的要求。所以，舞蹈者对自身的平面角度和方向应有一个明确的概念。

（1）舞台方位。舞蹈中共有八个方位，来规范舞蹈者的面向、走向。一般以舞蹈者自己身体的正前方为标准，每向右转45°为一个方向，共分8个方向，如图5-1所示。

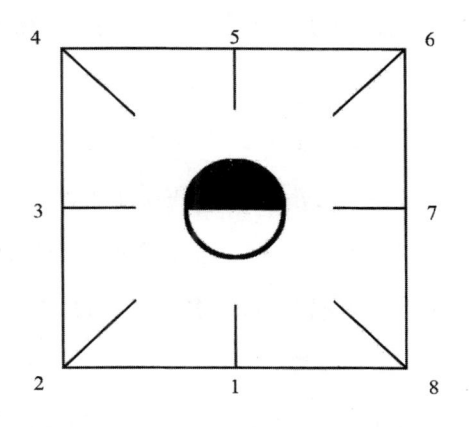

图 5-1 舞台方位

（注：图中的白色为面向，黑色为背向）

（2）人体方位。以身体的前、后、左、右为定位，人体可分为8个方位，分别为：正前、正后，左旁、右旁，左侧前、右侧前，左侧后、右侧后。为叙述方便，可简称为前、后、左、右、左侧前、左侧后、右侧前、右侧后,如图5-2所示。

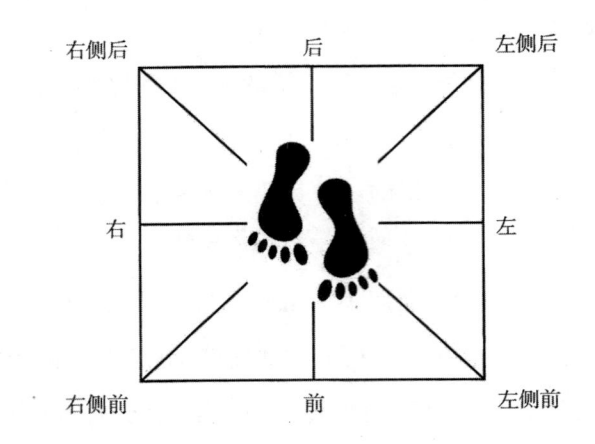

图5-2 人体方位图

3. 舞蹈记录方法

记录舞蹈的方法,基本上可分为两类:一种是直观的、形象的再现,如录像、电影或图片等;另一种则是使用文字、舞蹈术语或舞谱来进行记录。

(1) 世界各国舞蹈记录方法。世界各国记录舞蹈的方法也经历了不同的历史阶段。古代埃及人曾用象形文字来记录舞蹈。15世纪中叶的西班牙是用横的和竖的笔划来记录舞步,并用字母来代表舞步名称。这种使用字母符号的方法,虽简单易学,但不能记录较复杂的离地跳跃动作和舞姿。

进入18世纪,出现职业舞蹈家以后,舞蹈动作更趋复杂。法国人R. A. 弗耶发明了用曲线来表示舞台上舞蹈者的走向,同时沿着曲线注明了舞步、手势和身段部位的记谱方法。到了19世纪,随着古典芭蕾技巧的确立,很多舞蹈家开始使用火柴棍似的杆状人形来记录舞蹈者的腿部、身体和臂部的位置。以上各种记录舞蹈的方法都脱离音乐、单纯只为了记录舞步、舞姿。

19世纪末,圣彼得堡马利亚剧院的舞蹈教师B. И. 斯捷潘诺夫发明了结合乐谱的舞蹈记谱法。20世纪出现了3种较为重要的采用抽象符号表示的舞蹈记谱体系:第1种是莫里斯记谱法;第2种是拉班记谱法;第3种是贝尼什记谱法。第1种体系因较复杂、难读,现已逐渐淘汰,第2、3种体系由于比较简洁、严谨、精确、易学,广为世界各国舞蹈界所采用。另外,近年来,V. 色腾发明了一种"动作速记法",由于它采用杆型人形做符号记在五线谱上,简明易懂,更适宜业余舞蹈爱好者使用。

各种舞谱尽管有许多优点,但其共同的缺点就是记录的速度太慢。为了解决这个问题,1970年美国发明了拉班记谱法的舞谱打字机,大大加快了记录的速度,1976年又发明了用电子计算机来记谱的方法,更加快了记谱的进程。

(2)中国舞蹈记录方法。中国在晚唐、五代时曾用"据""按""送""舞"等词汇来记录舞蹈动作。宋代则用描述鸟兽形象的词汇如"雁翅儿""龟背儿"等来记录舞蹈动作。近代也用"倒踢紫金冠"等术语来代表某一特定的舞蹈动作。舞谱是用符号或图文来记载舞蹈的动作和方位变化的一种书面记录方法,其作用类似于记录音乐的五线谱。中国古代有敦煌舞谱、宋德寿宫舞谱、元韶舞舞谱、明朱载堉舞谱等。

中华人民共和国成立后,中国的舞蹈工作者也开始了舞蹈记录法的研究。20世纪80年代先后出版了吴曼英的《人体动作速画法》,隆微丘的《新舞谱记法》,武季梅、高春林的《定位法舞谱》等。《定位法舞谱》受到国内外舞蹈界、科技界的普遍重视。

(3)多媒体技术在舞蹈记录领域中的应用。从多媒体技术广泛普及以来,记录和保存舞蹈的难题得到了解决,只要有摄像机和具有摄像功能移动设备,记录和学习舞蹈不再是件困难的事情,且比各种舞谱和舞蹈记录法更简单、易操作,舞蹈风格、动律和表情的问题也迎刃而解。运用这些数字化技术手段记录的舞蹈更加直观和准确,也更加有利于舞蹈艺术的传播和学习。

(四)学前舞蹈教学概述

随着社会的不断进步和人们综合素质的不断提高,家长越来越重视儿童的早期教育,致力于开发儿童的智力,同时也很重视对他们的"素质教育",让儿童从小学习舞蹈、音乐、美术等艺术课程,为儿童创建完善的学习环境,让他们的能力得到充分发展。

1. 学前舞蹈教学的特点

从教学的角度看,学前舞蹈教学是音乐教育的一部分,是非常受儿童喜爱的一种美育形式,它是实现儿童德智体美全面发展的重要手段。学前舞蹈教学有其自身的特点,主要表现在以下几个方面。

(1)趣味性。学前舞蹈教学不是单纯的舞蹈动作教学,怎样让舞蹈学习变得快乐有趣,让儿童喜欢舞蹈也是教师在教学时需要考虑的问题。儿童有好模仿的特点,他们对外界的事物有着强烈的好奇心，教师可以利用儿童的这些特点进行舞蹈教学，将童话故事中的人物形象、自然界的花草虫鱼等形象同舞蹈动作联系起来，引起他们对舞蹈的兴趣。此外，大多儿童都有较强的表现欲，利用儿童的这一心理特点进行教学，可以增强儿童学习的欲望。例如，教师可以对儿童说："我们来比一比谁跳得好，老师会奖励跳得最好的小朋友一朵小红花。"

儿童舞蹈动作简单，没有多余的复杂动作，所以教师要特别注意活跃课堂气氛，给儿童创设愉悦的教学环境。千万不能一味地练习舞蹈动作，这样会使儿童产生厌烦的情绪，难以达到教学效果。

（2）规范性。儿童的舞蹈动作呈现出了他们对舞蹈的了解程度。儿童舞蹈的动作难度是根据不同阶段儿童的接受能力设计的，舞蹈教学具有直观性的特点，对于儿童来说，教师示范的动作往往就是标准动作，因此，教师平时要注意进行舞蹈基本功的训练，保证能用准确的动作进行示范。

经过长期的实践和发展，芭蕾舞、民族舞、古典舞等舞蹈学科已经形成了科学、完整的教学体系。儿童要表现出这些舞蹈的神韵，就要进行标准、规范的动作训练，如果教师不能做到动作规范，儿童也就不能学到生动、规范的舞蹈动作。

（3）情感性。师生之间的情感交流和沟通是任何一种教学过程都不可或缺的。教师应在舞蹈课堂中营造出一种平等、互爱、轻松、和谐的氛围，教师的语言要尽量生动活泼，对儿童的评价要以鼓励和表扬为主，避免因为言语不当给儿童带来心理上的伤害。例如，当儿童完成一个比较难的动作时，教师要给予儿童及时的鼓励，一个欣喜的眼神，一句"你真棒！"就会让他们充满信心。

（4）游戏性。儿童舞蹈是儿童游戏的一种形式，对于儿童来说，游戏是他们生活中不可缺少的内容，因此，儿童舞蹈的游戏性应该摆在舞蹈教学的首位。家长让儿童接触舞蹈的目的并不是希望每一个孩子都能成为舞蹈家，而是希望他们在轻松、愉快的环境中接受舞蹈艺术的熏陶。

（5）集体性。学前舞蹈教学一般都采用集体授课的方式。虽然有个别家长会请舞蹈教师单独授课，但大多数情况下，舞蹈教师都会提倡集体授课，原因有以下几点。

①集体训练有助于培养儿童的竞争意识。在集体学习和训练中，儿童可以相互学习、相互促进、相互激励，这是儿童学习舞蹈过程中不可缺少的动力，但要注意培养他们正确

的竞争意识。

②集体训练能增强儿童的集体观念。个人的力量是有限的，没有哪个人能够脱离群体而单独存在，因此，舞蹈教学通常会通过一些集体性的活动进行。舞蹈训练中会有一些队形的变化，这就需要儿童的团结协作才能完成，长期的集体训练能让儿童形成良好的集体观念。

③集体训练能消除反复训练带来的枯燥感。进行单独授课时，儿童往往会由于枯燥的训练对学习舞蹈产生厌烦的情绪，而集体训练时通过集体游戏、分组训练、角色的分配等形式，能够在较大程度上提高儿童学习舞蹈的兴趣和热情。

④集体训练能锻炼儿童的意志。虽然儿童的自制力比较差，意志行为未得到充分发展，但在游戏中，他们都表现出一定的自觉行为和意志行为。这是因为在游戏中儿童可以按照角色的特点要求自己的行为，用角色的行为监督自己的行为。

儿童在学习舞蹈过程中也会遇到一些困难和挫折，如动作难度大或疲惫时，教师就需要利用集体性对儿童进行一些意志品质的教育，使他们能够克服所遇到的困难。

2. 学前舞蹈教学的结构

现代教育理念认为，儿童在一切教育活动中占据主体地位，要尊重儿童的需求，为他们创造一个自由宽松的成长环境。新课程体系的执行，使教师的教学重点由原来的"教师的教"转变到"学生的学"，一切以儿童的发展为本，全面促进儿童的健康发展。

新课程明确提出，"学生是学习和发展的主体""学生是学习的主人""教师是学习活动的组织者和引导者"。在鉴于以往的教学中，学生常常被置于从属地位，处于被动状态，新的课程体系特别注重学生的主体性，主张张扬学生的个性，激发学生的创造才能。

（1）教师在教学过程中占主导地位。新课程标准要求对学生已经掌握的知识进行整理、分析、加工、升华，使学生建构起一个知识与能力立体交叉的基本框架，在这个构建过程中学生是主体，教师起着主导作用。教师在实施舞蹈教学之前，应该熟悉该学科的教学目标和教学内容。教师的作用不是"劝学"，也不是贩卖知识，而是通过交流与学生共同寻求真理。著名教育家叶圣陶先生说过："教师的教要致力于导。"教师的使命就在于恰到好处地指导，启发学生由无知到有知，由茫然困惑到豁然开朗，循序渐进地发展思维、提高能力。

在学前舞蹈教学过程中，教师是教学活动的组织者、策划者和教学活动的执行者，在教学活动中始终处于主导地位。教师应从教学内容出发，遵循儿童的认知规律，由易到难、循序渐进地引导儿童感受舞蹈和表现舞蹈，提高他们的舞蹈表演能力和审美能力。例如，教师在教授舞蹈《打电话》之前，可以先让儿童欣赏音乐，然后再引导他们想象自己父母在家里打电话的场景，最后教他们舞蹈动作。

（2）儿童在教学过程中占主体地位。在舞蹈教学过程中，儿童是学习活动的主体，一切活动都是围绕着他们进行的。儿童舞蹈技能的掌握需要通过儿童自己的积累和实践活动才能完成，处于成长阶段的儿童是不成熟的个体，教师要充分利用自身的优势，有意识地为儿童创设和谐的教育环境，督促他们的发展，使他们对知识的接受能力由被动接受转向主动探索。

美国心理学家布鲁纳说过："兴趣是孩子最好的老师。"在教授儿童舞蹈知识时，教师要把他们当成独立的个体，不要一味地向他们灌输知识，而是要让他们在教师的启发下积极思考，主动参与到教学过程中，充分发挥他们的主体作用。

学前舞蹈教学过程是教师的主导作用和儿童的主体作用相互结合的过程，缺少了任何一项都达不到理想的教学效果。因此，教师不能只注重舞蹈的教授过程，还要注意使用正确的方法引导儿童主动地学习。

3. 学前舞蹈教学的基本原则

教学原则是根据教学目的、遵循教学规律而制定的指导教学工作的基本要求。学前舞蹈教学中的基本原则可以概括为教学相长、启发诱导、循序渐进及形式多样。

（1）教学相长。孔子在《礼记·学记》中提出："是故学然后知不足，教然后知困。知不足，然后能自反；知困，然后能自强也。故曰：教学相长也。"可以将其理解为"教师的教与学生的学可以相互促进"，这一原则揭示了教与学之间相互制约、相互渗透、相互促进的既矛盾而又统一的关系。

在新课标的指导下，教师要加强与学生之间的互动，使儿童舞蹈课堂变得更加生动活泼、充满童趣。儿童舞蹈教师应在日常生活中认真观察儿童的活动规律，向儿童学习，不断改进儿童舞蹈动作，有效地激发儿童对舞蹈的学习兴趣。

（2）启发诱导。教师教学生，最重要的是启发诱导，教师如果能在教学过程中成功做到启发诱导，就能使师生关系融洽，学生既会感到学习有趣而容易，又能进行独立思考，发展思维能力。因此，人们常说启发诱导是培养学生的学习情趣，使学生获取知识、认识事物的最基本、最重要的原则之一。

在实际的儿童园教学过程中，教师要认识到儿童获得某种体验和认知往往需要一个过程。从操作上来讲，教师提出问题或传授一个知识点之后应耐心地等待，在适当的时候稍作停顿，给儿童留有思考、观察、探索的时间。教育家陈鹤琴曾说："凡儿童自己能够想的应当让他自己去想。"有些教师提出问题后，看儿童没有及时答出就马上将答案说出来，而使儿童丧失了思考的机会。

（3）循序渐进。教育家卢梭曾说过："大自然希望儿童在成人以前，就要像儿童的样子。"教育要尊重儿童的实际水平，在他们尚未成熟之前，要耐心地等待，不能违背儿童发展的自然规律和儿童发展的内在"时间表"，人为地通过训练加速他们的发展，那样只会适得其反。

任何教育过程都要遵循循序渐进的原则，这是由教育发展客观规律和认知发展规律所决定的。学前舞蹈教学也是一样的，如果没有对单一舞蹈动作的熟练掌握，就不能表演出完整的舞蹈作品；如果没有对舞蹈基础知识的系统学习，就不可能会对舞蹈作品有深刻的体会。学前舞蹈教学的整个过程都要遵循循序渐进的原则，只有这样，才能顺利展开舞蹈教学，有利于儿童的长远发展。

（4）形式多样。由于儿童自身的发展特点，他们对任何事物都不会有持久的兴趣，因此，确保舞蹈形式的多样性就成为保持儿童兴趣的关键。通过实践发现，多媒体教学是确保儿童对舞蹈保持兴趣的一个有效手段。与传统教学手段相比，多媒体教学手段具有声图并茂、直观形象、感染力强、表现手段多样的特点，可以打破时空和地域的限制，根据教学要求灵活调整教学内容。例如，在学习蒙古舞蹈时，会学习到"软手"的动作，在教学过程中，教师可以先利用多媒体向儿童展示有关草原的人文地理概况和鹰在蓝天上翱翔的动作，给儿童以直观、丰富的感性认识，启发他们的想象，这样有利于教学的顺利进行。

（五）学前舞蹈教学的组织形式

所谓教学的组织形式，就是根据一定的教学思想、教学目的和教学内容以及教学主客观条件组织安排教学活动的方式。学前舞蹈教学的基本组织形式为课堂教学，即按照一定时间，根据教学计划、教学大纲和教材施行教与学的活动。

1. 儿童舞蹈课堂教学

（1）儿童舞蹈课堂教学的基本要素。儿童舞蹈课堂教学的基本要素有三个，分别为教学情境、课程设置、教师和学生。

①教学情境。所谓教学情境是指教师在教学过程中创设的情感氛围。"境"是教学环境，它既包括学生所处的物理环境，如学校的各种硬件设施，也包括学校的各种软件设施，如教室的陈设与布置，学校的卫生、绿化以及教师的技能技巧和责任心等。教学情境一般有生活性、形象性、学科性、问题性、情感性等几个特性，儿童舞蹈教师在布置教学情境时要注意符合教学情境的特性，给儿童营造一个宽松、和谐的学习氛围。

②课程设置。课程设置是指学校选定的各类课程的设立和安排。课程设置主要包括合理的课程结构和课程内容。合理的课程结构包括开设的课程合理、课程开设的先后顺序合理、各课程之间衔接有序，能使学生通过课程的学习与训练获得某一专业所具备的知识与能力。合理的课程内容指课程的内容安排符合知识方法的规律，课程的内容能够反映学科的主要知识、主要的方法论及时代发展的要求与前沿。因此，儿童舞蹈课程设置一定要符合儿童的身心发展规律，切不可揠苗助长，否则只能适得其反。

③教师和学生。教师是教学过程的设计者、组织者、管理者和研究者，要对整个课堂教学负责，学生则是受业者、参与者、学习者和管理对象，在师生关系中应坚持教师的主导地位和学生的主体地位，形成教学合力，使教学活动顺利进行。

师生之间应当互相尊重，教师在课堂中一定要做到尊重学生人格、平等地对待每一位学生。教师要尽量地去发挥赏识教育的功效，学生会因喜欢某个教师而喜欢某门学科，因讨厌某个教师而厌烦某门学科。教师要对学生的回答予以肯定，教师给学生的每一个微笑，都能让学生信心倍增。

（2）儿童舞蹈课的分类。儿童舞蹈课程的基本类型有三种，分别为复习课、新授课和排练课。

①复习课。复习课是指对原来学过的知识进行反复练习的课程。复习课是教学过程一种非常重要的课型，对夯实学生的基础，培养和提高学生运用知识解决问题的能力起着举足轻重的作用。同时对教师弥补教学中的欠缺、提高教学质量也是不可缺少的环节。

儿童舞蹈的复习课可以对上一次课进行完整的动作复习，也可以对课程中的重点知识进行复习。为了达到复习效果，教师可以采取分组练习、小组展示、舞蹈鉴赏等方法，为儿童的复习提供动力。

②新授课。新授课是指舞蹈教师根据教学大纲和教学计划教授儿童新舞蹈或新知识的

课程。儿童对新鲜的事物总是充满了好奇心,因此在教授新课时,教师要尽量使授课过程显得活泼、有趣,采用不同的教学方法,如游戏法、模仿法、口令法等,以免儿童丧失对舞蹈课程的兴趣。

③排练课。排练课就是舞蹈实习排练或者说是舞蹈实践课,是舞蹈教学中一种不可缺少的课型。一般来说,排练课是为了迎接比赛或者演出而临时组织的活动,在选择或创作舞蹈时教师应根据演出活动的主题和儿童的实际水平来制订不同的排练计划。排练课的最终目的是演出活动,所以在排练时只有每一个动作、每一个表情、每一个队形变化都严格落实到每个表演者身上,才能达到演出的最佳效果。

2. 学前舞蹈教学的基本环节

学前舞蹈教学的基本环节包括备课、上课、课外辅导和考核评价四个方面。

(1) 备课。备课是教师根据学科课程标准的要求和本门课程的特点,结合儿童的具体情况,为课程内容选择最合适的表达方法和顺序,以保证儿童有效地学习的过程。备课是舞蹈教学的首要环节,是上好课的前提。对教师而言,备好课可以加强教学的计划性和针对性,有利于教师主导作用的充分发挥。

无论是新教师还是经验丰富的老教师,想要上好一节课都必须认真做好课前准备。即使是一样的教材,也要因教学对象、教学环境的不同而采用不同的教学方法,因此教师在上课之前一定要做好相关准备工作。

备课时应注意以下几点。

①确定教学目标。教学目标是指教学活动实施的方向和预期达到的效果,是一切教学活动的出发点和最终归宿,它与教育目的及培养目标有着密切的联系,对制订教学计划,组织教学内容,确定教学重、难点,选择教学方法,安排教学过程等起着重要的导向作用。因此,舞蹈教师在备课时一定要把握好每一节课的教学目标和教学重、难点,确保教学过程的正常进行。

②研究教材。在教学过程中,教师面对的是具有不同个性特点的儿童,如果一味地按照教材的思路进行教学,可能会导致一些接受能力较差的儿童不能理解教材内容。因此,教师要深入了解教材内容和结构,厘清教材的体系和重点章节,广泛参阅有关资料来完善自己的教学思路,充实教材。

③分析儿童特点。教师在教授儿童舞蹈时,必须建立在儿童的年龄基础上,而每个年

龄段的儿童都有其年龄特征，因此分析儿童特点也是教师在备课时应该注意的问题之一。

儿童的各种心理特征还处在发展阶段，其注意力也很难长时间保持集中。从儿童的角度来看，教师分析儿童的特点是为了使教学过程更加符合儿童发展的需要，为使其主动参与和主动学习创造条件；从教师的角度来看，分析儿童的心理特征能使教师充分了解自己的教学对象，增强教学的针对性，为教学过程的改进提供可靠的依据。

④确定教学方法。教学方法是教师和学生为了实现共同的教学目标，完成共同的教学任务，在教学过程中运用的方式与手段的总称。在教学设计中，教师一般会根据教学目标、教学内容、儿童年龄特点、自身经验等方面选择教学方法。儿童舞蹈课堂中常用的教学方法包括示范法、分解组合法、观察模仿法和游戏法等。这些教学方法在使用的时候要与儿童的发展特点结合起来，符合舞蹈教学的一般规律，教师可根据不同的教学需要和教学情境选择适合儿童的教学方法。

（2）上课。上课是整个教学工作的中心环节。上课不仅可以检验舞蹈教师的全部修养，包括思想政治水平和教学能力，还能检验出教师在舞蹈教学方面的水平。

优秀的儿童舞蹈教师在上课时应该做到：

①准时上下课，上课期间不随意离开教室。

②按照备课时设计的教学过程进行授课。

③注意调动儿童学习舞蹈的积极性，保持轻松、活跃的课堂气氛。

④上课时精神饱满，语言清晰、生动，动作示范准确，富有感染力。

⑤注意把握课堂节奏，使整个教学过程张弛有度。

⑥妥善处理课堂中出现的突发事件，保证教学的顺利进行。

⑦平等对待每一位儿童，注意自己的言辞不要伤害到儿童。

⑧课程结束时及时表扬和总结，并坚持写课后反思，将自己的经验写入教案，并在课下与其他教师交流心得。

⑨课后也不能忽视对儿童的教育，要随时为儿童解答问题。

（3）课外辅导。作为课堂教学的补充，课外辅导一般是由教师根据课堂训练中发现的问题，有针对性地进行的辅导，以弥补课堂教学的不足之处。课外辅导是针对儿童课堂中没有掌握好的内容进行的，因此内容比较单一，教师需要采用多种手段进行辅助。如果单独对接受能力较差的儿童进行辅导，可以带他去其他班级或年级观摩学习；对群体进行辅

第五章 学前舞蹈音乐教学与传统民族体育文化教育研究

导时，教师可以组织他们参加演出和比赛，开阔他们的视野。适当的课外辅导对丰富儿童的课余生活有着非常重要的作用，还能调动儿童在课外练习舞蹈的积极性。

（4）考核评价。考核是学前舞蹈教学工作所不可缺少的重要部分，考核评价不仅可以对儿童不同时期的学习成绩做出评估，同时也是检查教师教学水平、教学质量的重要手段。儿童舞蹈的考核内容可以分为阶段考核和项目考核两种。

①阶段考核。阶段考核是学校管理机构在教学活动进行到一定阶段时进行的检验活动。其目的有两个方面，一方面是通过考核使学校领导了解不同班级学生的学习情况，以便有的放矢地管理教学；另一方面可以使儿童了解过去一段时间里自己的学习情况，在肯定他们的基础上找出差距，以取得更大的进步。

②项目考核。项目考核是针对某项教学目标完成情况的检验活动，主要包括学习态度、出勤率和舞蹈技能三个方面。

a. 学习态度。学习态度的考核主要包括学生是否积极、主动地参加教育活动，在活动过程中是否投入，能否主动对所学内容进行反复练习，能否认真接受教师的指导意见等。

本项考评建议分组进行，五人为一组，小组内互评，根据平时的课堂表现为组员打分。学生对自己所在小组成员的学习情况是最为了解的，教师应该在学生互评完后，对互评结果进行审核，尽量确保考核的公正和客观。

b. 出勤率。出勤率是指在某个统计时段内，某个班组实际出勤的人数与计划出勤的人数的百分比。参加舞蹈教育活动，保证足够的出勤率是儿童通过舞蹈得到身心健康发展的基础。

出勤率的记录可以由考勤人员来负责，每次课前由考勤人员登记儿童的出勤率，到学期末时根据考勤记录给学生适当加分。本项评分可以设立全勤奖，奖励每次都能坚持上课的儿童，带动班里的其他儿童也积极地参加舞蹈课程。

c. 舞蹈技能。舞蹈技能考核是对儿童一个学期所学的技能评分，由教师评定。此项考核建议采用等级评价，即分为优秀、良好、合格、不合格四个等级。

四个等级的标准如下：

a）优秀：动作熟练准确，自然优美，带有表演情绪；

b）良好：动作连贯、协调，无明显错误；

c）合格：能完成基本动作，连贯性差，动作不够准确；

d）不合格：在教师的指导下仍不能完成基本动作。

舞蹈教育作为美育的重要组成部分，可以开发儿童智力、促进儿童身心健康、培养儿童良好的个性品质以及对音乐舞蹈的兴趣、提高儿童的审美能力。因此，在日常教学活动中教师要善于发现和鼓励儿童的点滴进步，以全面、合理的考核制度督促儿童的健康成长。

（六）学前舞蹈教学的教学方法

通过舞蹈教学，能够使儿童受到美的熏陶，激发儿童自我表现和自我表达的艺术潜能。给儿童营造自由感受和表现的环境，能够为学前舞蹈教学带来事半功倍的效果。下面介绍几种学前舞蹈教学中最常用的教学方法。

1. 示范法

示范法是学前舞蹈教学中最为常用的一种教学方法，也是儿童最容易接受的一种直观教学法，它以教师的具体动作为范例，帮助儿童了解所要学习的舞蹈动作形象。

（1）示范法的分类。在学前舞蹈教学中示范法一般分为完整示范法和分解示范法两种。

①完整示范法。完整示范法即教师将完整动作组合一次或多次示范的方法，其目的是使儿童对舞蹈内容有初步了解，形成对舞蹈的整体概念。

教师在示范舞蹈动作时一定要准确把握舞蹈风格，儿童的模仿能力强，如果教师的示范动作不准确，后期将很难纠正，因此舞蹈教师平时应该多练习基本功，在儿童面前展现最优美的舞姿。

②分解示范法。分解示范法是教师将舞蹈分解为几个单独的动作进行教授的方法，主要用于教授难度较大的动作。分解示范法可以帮助儿童弄清每个动作的方向、路线，帮助儿童更快、更好地掌握舞蹈的基本动作。例如，在教授"秧歌步"时，教师可以将动作分解为"十字步"和"交替花"，两部分分开进行教授，这样儿童就很容易掌握。

（2）示范法的注意事项。示范法在教学过程中需要注意以下两个问题。

①示范次数。在教学过程中，教师示范动作的次数不宜过多，过多的示范会影响儿童表现的积极性，也容易分散儿童的注意力。因此，教师对动作的示范次数一般以两到三次为宜。

②示范位置。示范的目的是使儿童更为直观地学习舞蹈动作，因此如何合理安排示范位置就显得尤为重要。教师在示范动作时为了让全体儿童都能看到，一般情况下会让儿童围成一个圆或半圆，教师则站在圆圈的中心或半圆的前方等儿童都能看到的位置。

2. 游戏法

儿童都喜欢玩游戏，因此把舞蹈学习融入游戏中，既能让儿童体验到游戏的快乐，又能让他们在游戏的同时学到舞蹈技能。

（1）游戏法的分类。根据游戏的性质，学前舞蹈教学中的游戏法可以分为模仿性舞蹈游戏、情节性舞蹈游戏和竞赛性舞蹈游戏。

①模仿性舞蹈游戏。儿童喜欢模仿，在舞蹈教学中采用模仿游戏法，既可以让他们学习舞蹈动作，又不会让他们觉得学习过程枯燥无味。模仿性舞蹈游戏的模仿对象一般为大自然中的事物，如青蛙、蝴蝶、孔雀等。

②情节性舞蹈游戏。情节性舞蹈游戏是一种将舞蹈动作融入儿童喜欢的童话故事的一种形式，把儿童平时耳熟能详的故事配上舞蹈动作，可以增强儿童对舞蹈学习的兴趣。但需要注意的是，舞蹈动作不宜太过复杂，否则儿童会失去学习的兴趣。

③竞赛性舞蹈游戏。竞赛性舞蹈游戏是将儿童分组或由单人进行的舞蹈比赛，儿童都有争强好胜的心理，竞赛性舞蹈游戏的设置为他们学习舞蹈增添了一定的动力。教师可以对获胜的儿童进行奖励，但也不能忽略比赛失败的一方，要给他们一定的鼓励奖。

（2）游戏法的注意事项。利用游戏法进行舞蹈教学时应注意的事项有以下几个方面。

①科学安排游戏进程。在游戏开始前，教师要根据儿童的具体情况合理安排游戏的内容、活动量、参加游戏人数，暂时不参加游戏的儿童和小组，可以充当观众的角色，给参加游戏的儿童加油。在安排游戏时，人数不宜过多，持续时间也不能过长，以免儿童失去兴趣。

②讲解游戏规则和动作要求。在进行舞蹈游戏之前，教师应该向儿童简单介绍游戏的玩法、游戏规则和相应的舞蹈动作，使他们对舞蹈游戏有一个大概的了解。教师在讲解游戏规则时要尽量用生动、形象的语言进行描述，还应向儿童示范游戏中出现的舞蹈动作。

③指导游戏。在进行舞蹈游戏时，儿童往往会沉浸在游戏中而忽略舞蹈动作和游戏规则，这时就需要教师在旁注意观察，及时指导。例如，在玩"老鹰捉小鸡"游戏时，儿童有时会只顾追赶和逃跑，忘记老鹰和小鸡的动作，教师就要及时提醒他们，将动作纠正过

来，以达到预期的教学效果。

3. 练习法

练习法是根据不同年龄阶段的不同教学任务，有目的地重复某一动作或某一个组合的方法。练习法要求儿童积极参加舞蹈教学活动，它是儿童形成各种舞蹈技能的必经之路，通过反复的练习，儿童才能熟练掌握舞蹈动作。

（1）练习法的分类。根据不同的分类标准，练习法可以分为不同的种类。

①单一动作练习和组合练习。根据舞蹈动作的组合程度，可以将练习法分为单一动作练习和组合练习。

a. 单一动作练习。单一动作练习一般是在教师教授新动作时进行的，是儿童对新动作从模仿到消化的过程。有很多舞蹈动作，儿童在刚接触时都不能做得很好，需要在教师的反复指导下才能掌握。

b. 组合练习。舞蹈组合是由很多单一动作组成的，每个动作之间的衔接和动作的顺序都需要儿童经过多次练习才能记住。

②自主练习和集体练习。根据儿童练习舞蹈的自主程度，可以将练习法分为集体练习和自主练习。

a. 集体练习。集体练习是指教师带领全班儿童共同进行的动作练习，这种方法在训练全体儿童动作的统一性、队形的变换上有明显的优势。集体练习可以让儿童学习如何在集体大家庭中和睦相处，有助于培养儿童的集体荣誉感。

b. 自主练习。自主练习是教师在课堂上给儿童留出一定的时间和空间，让儿童自己发现问题、解决问题的方法。自主练习注重培养儿童学习舞蹈的积极性和主动性，教师在儿童自主练习时要给予及时的指导，不能袖手旁观。

（2）练习法的注意事项。利用练习法进行舞蹈教学时应注意的事项有以下两个方面。

①掌握好练习的量。舞蹈动作需要足够的练习才能掌握，但是练习的强度要根据儿童的年龄特点来确定，因此教师掌握好舞蹈练习的次数和时间分配就显得尤为重要。教师在组织儿童练习舞蹈动作时，应该把动作分开练习，每次练习之后都要有中间的休息时间，并且每次的练习时间也不宜过长，以免儿童失去学习舞蹈的兴趣。

②镜面练习。教师在带领儿童进行舞蹈练习时，应该跟儿童面对一个方向，这就需要在舞蹈教室设置镜面，让儿童在学习舞蹈时能看到自己的动作，教师在纠正儿童的动作

时，也可给儿童做示范，让儿童更快速地掌握，并且增强他们的兴趣。

4. 讲解法

教师要向儿童传授舞蹈知识，语言讲解是必不可少的，但是语言讲解要生动形象、通俗易懂。例如，教师教儿童转动手腕这一动作，如果按动作要求讲，儿童学起来会既没兴趣又费力，但是如果告诉儿童，到了果园里抓住了树上的一个大苹果，想把苹果摘下来必须转动手腕拧一下，他们很容易就能将动作学会；或练习站立时，如果告诉儿童站直，他可能会站不好，但如果告诉他们站得像小棍一样或像铅笔一样，他们就会做得很好。所以说语言讲解法也是一种极为重要的教学方法。

5. 多媒体教学

随着现代教育技术的不断发展，多媒体在舞蹈教学中的作用也越来越重要，为儿童的舞蹈学习提供更多的途径。

现代教育技术进入教学课堂可提高教学效率。对教师来说，能在一定时间内完成比原先更多的教学任务。对儿童而言，则可以在一定的时间内学习比原先更多的知识，并提高儿童对舞蹈的学习兴趣，在课堂上提高创新能力和独立思考的能力，达到比传统的舞蹈教学更好的教学效果。

（七）学前舞蹈教案的设计

根据教学大纲的要求，教案是以课时或课题为单位，对教学内容、教学步骤、教学方法等进行具体安排和设计的一种实用性教学文书。编写教案有利于教师弄通教材内容，准确把握教材的重点与难点，进而选择科学、恰当的教学方法，有利于教师科学合理地分配课堂时间，更好地组织教学活动，提高教学质量，达到预期的教学效果。

1. 儿童舞蹈教案的基本内容

一份完整的儿童舞蹈教案应该包括教学的基本信息、教学目标、教学过程和课后总结几个部分。

（1）基本信息。舞蹈教案的基本信息主要包括课程名称、教学日期、授课内容、授课教师、授课对象、授课人数、课时数及教材名称与教材版本等相关信息，基本信息的掌握为教学过程的顺利进行奠定了基础。

（2）教学目标。教学目标是教学活动实施结束后预期达到的教学效果。每个教学目标的制定都要符合儿童的实际学习水平,教学目标包括对知识、能力及德育、体育、美育的要求。根据这些教学目标可以确定教学的重点和难点。

(3) 教学过程。教学过程是整个教案设计的重点内容,是教学活动的整体流程,包括教学的基本环节、教学内容进行的顺序、教学内容的示范等。另外,为了掌握好教学的进度,教师还要把握好每个教学环节大概需要的时间。

(4) 课后总结。课后总结是指教师在教学活动结束后,针对本节课教学目标的达成情况、环节的安排、师生互动情况等方面进行的总结和反思,并将自己在教学活动中产生的疑问和想法、对教学过程的体会和感受通过文字的形式表达出来,为日后的教学提供重要的依据。

2. 儿童舞蹈教案设计的原则

儿童舞蹈教案在设计时应遵循以下几个原则。

(1) 科学性。不同年龄阶段的儿童具有不同的年龄特征,他们的思维能力和对事物的理解能力也各不相同。因此,教师在备课时应充分考虑到学生个体差异,注重科学性,把握好教学内容的重点和难点。

(2) 创新性。如何将教材的知识传授给学生是教案设计的重点,教师要不断创新教学方法,打破传统教学中单向传输的教学模式,调动学生学习的主动性,为学生创造一个和谐的学习氛围,形成自己独特的教学风格。

(3) 基础性。儿童舞蹈教师必须在深入研究教学目的的基础上认真思考新课标,设计教学方案,促进学生知识和情感的和谐发展。儿童的理解能力还有一定的局限性,因此儿童舞蹈的内容要彰显出基础性,为儿童以后的舞蹈学习打下坚实的基础。

(4) 可行性。教学设计要成为现实,必须具备两个可行性条件:一是符合主客观条件,主观条件应考虑学生的年龄特点、已有知识基础和师资水平,客观条件应考虑教学设备、地区差异等因素;二是具有操作性,教学设计应能指导具体的教学实践。

3. 儿童舞蹈教案设计的步骤

儿童舞蹈教案的设计包括以下几个步骤。

(1) 确定教学目标。教学目标是教学的出发点和归宿,是教师对儿童经过学习后应达到的学习成果或最终行为的明确阐述。一切教学活动都是围绕教学目标展开的。它既是教师教学行为的依据,也是教师课堂教学的标尺。没有具体、可测量的教学目标,就会影响到教学活动的质量。

教学目标是否准确清晰，直接影响着教学环节的设计，制约着教学活动的展开。通过对教材的整体把握和对学生的深入分析，从而制定有效的教学目标，对提升教学实效性起着至关重要的作用。

（2）确定教学重、难点及时间分配。教学重点就是学生必须掌握的基本知识和基本技能。教学难点是指学生不易理解的知识或不易掌握的技能技巧。在教学实践中教师会发现有些教学内容既是重点又是难点，有的内容是重点但不一定形成难点，还有的内容是难点但不一定是重点。因此，教师在确定教学重、难点之前要先了解新课标。只有明确了课程的完整知识体系框架和教学目标，并把课程标准、教材整合起来，才能科学地确定教学重、难点。

合理分配教学时间可以提高课堂教学效率，同时可以减轻儿童的学习负担，调动儿童的主体积极性，使其乐学、好学，不会感到学习过程枯燥无味。

（3）选择教学方法。教学方法是通过教学实践总结出的能使学生快速掌握知识的方法。学前舞蹈教学的方法多种多样，但是每次课的教学方法都要根据教学内容和学生的接受能力来确定：首先，教师应当根据具体教学的实际，对所选择的教学方法进行优化组合和综合运用；其次，无论选择哪种教学方法，都要以启发式教学作为指导思想。最后，教师在运用各种教学方法的过程中，还必须充分调动学生的积极性，让其主动参与教学活动。

（4）设计教学内容的导入方式。苏霍姆林斯基说过："如果老师不想办法使学生产生情绪高昂的智力振奋的内心状态，就急于传授知识，那么这种知识只能使人产生冷漠的态度，而给不带感情的脑力劳动带来疲劳。"积极的思维活动是课堂教学成功的关键，而富有启发性的导入语可以激发儿童的思维兴趣。课堂导入是课堂教学的重要环节，课堂导入直接影响着整节课堂的效果。因此，教师在教授儿童舞蹈前，要先有一个精彩的导入方式，如讲故事、做游戏、复习旧课、欣赏歌曲或舞蹈等，可根据不同的课程内容合理运用导入法。

（5）编写教学内容。教学内容是课堂教学的核心，备课的其他环节都是为其服务的。因此，教师在编写课堂教学内容时，必须安排好教学内容的步骤、层次，这样才能使教学活动顺利地进行下去。

4. 编写教案的意义

（1）教案是教学活动的依据。教案是教学目的，教学重、难点，课时安排，教学过程等的有序组合，是教师在课堂教学中组织、指导学生进行有效学习活动的方案，是教师根据教材内容精心设计的教学蓝图，也是教师备课的综合记录。课堂质量的好坏与教案的编写息息相关。教师只有在课前准备好详略得当的教案，才能有计划地进行教学活动。因此，每个教师都必须高度重视教案的编写过程，这是保证教学取得成功的基本条件。

（2）有利于教学水平的提高。教案的编写过程是研究教学大纲、教材内容、学生及教学方法的综合过程。在这个过程中，教师不仅要研究课程的知识体系、学生的学习状况，还要按照大纲的要求分析教材的特点和编写意图。这些过程使教师对教材进行系统的梳理，能不断地提高教师的教学水平。

（3）有助于教研活动的开展。编写教案是开展教学研究、提高教学研究能力的过程。教学过程从某种意义上讲是通过合理的方式把以教材为主体的知识传授给学生，以达到培养能力、发展智力的目的的过程。如何做到合理地传授是编写教案的关键，这就需要教师在编写教案时，不断地认真探究所教课程本身的知识系统和结构，深入研究学生的心理特征、学业水平及其认知的规律和身心发展的规律，并通过教学的实践不断充实完善自身的知识体系，为研究教学规律提供丰富的素材。

5. 小班儿童舞蹈案例

儿童园小班舞蹈教案《老虎跳舞》

授课教师：王××

教学对象：儿童园小班学生

教学时间：2016年10月12日

教学目标：

（1）初步学会舞蹈，激发儿童对跳舞的兴趣。

（2）能按音乐节拍做动作，初步培养儿童的节奏感。

（3）学习基本动作"踵趾步"。

教学准备：

（1）布置环境：小树林。

（2）老虎头饰两个，音乐《两只老虎》。

活动指导：

（1）教学导入。儿童学小鸟飞律动进入教室，师生问好后，复习上节歌曲《小兔与狼》，儿童可根据歌曲内容自由表演。

（2）儿童学习舞蹈。

①欣赏音乐，学唱歌曲。

师："我们大家来听一首歌，看看你们有没有听过。"（播放歌曲）

儿童听第一遍。

师："这首歌里面唱到了谁？有哪位小朋友知道这首歌曲叫什么名字吗？"

播放第二遍音乐时，儿童跟唱歌曲。

②以情景"两只老虎在树林里跳舞"引出主题，激发儿童兴趣。

师："小朋友你们看，这是什么地方？"

幼："小树林！"

师："听说，这个树林里住着两只可爱的小老虎，我们来看看它们正在做什么？"

a. 播放音乐，由两名教师表演"两只老虎"跳舞。

b. 儿童欣赏后，老师引导。

师："你们刚才看到了两只老虎在干什么呀？"

幼："它们在跳舞！"

师："它们是怎样跳的？"

儿童自由模仿动作。

③教师示范舞蹈。

师："老师也来学一学小老虎跳舞，小朋友们先坐着看看老师学得像不像，好吗？"

④引导儿童学习舞蹈。

师："小朋友，老师跳得像不像啊？你们想不想也来学一学？那你们要先学会脚上的本领，先看老师做一遍。"

a. 教师示范基本动作——踵趾步。

b. 儿童练习，重点指导儿童左脚脚跟点地，右脚膝盖弯曲，上身挺直。

c. 教师清唱歌曲，引导儿童跟跳舞蹈动作。

d. 儿童随着音乐完整地跳一遍舞蹈。

（3）儿童随音乐开火车律动出教室。

师："时间不早了，我们一起开火车把老虎送回家吧！"

三、学前音乐教育在舞蹈教学中的应用研究

（一）音乐在舞蹈教学中应用的可行性

1. 舞蹈和音乐的本质联系

舞蹈作为一种艺术表达方式，它将人的内心和行为进行统一，最后达到身心舒畅的目的。对于很多人来说，学习舞蹈并不是要学到一项技能，而是要在里面体会和感悟艺术的乐趣。音乐也是一样，它也不是特殊部分的素质的提高，而是将人类的内心所想表达出来。从这一点可以看出，两种艺术形式的本原性的表达上面是一致的。

2. 音乐在舞蹈教学的应用

对于舞蹈教学来说，更应该注重学生的创作能力，因为此时的学生没有过多理论和经验的条条框框的约束，他们更可以创作出更加美妙和特别的东西，同时，努力去培养这种创造性，对于学生个人今后的发展也是相当有利的，而这种创造性的练习和掌握正是奥尔夫音乐教学中所期望的。音乐追求的是一种心灵的解放，是对个性的追逐，这就使得它对音乐的教育方式并不像其他学科那样的教条化，它是从人的本来样子出发对人类本原进行探索，这种态度体现了舞蹈教学的本质要求，两者是可以达到统一发展的。要探究什么是适合学前的课程，就应该明确受教育对象的特征。学前教育面对的是幼儿，这就要求我们的课程要以幼儿为主要的研究对象。从幼儿的心智水平和情感能力等的整体角度来看，他们基本没有学习的能力，没有足够的理解能力，这使得我们的教育研究要呈现出一种整体性的特点，来激发幼儿对于美学的直觉理解，最后达到互相沟通思想的效果。对于儿童来说，一个课程是否有吸引力对于课程的成功与否有着很大的决定性作用，这就要求课程需要有趣味性。音乐教育的融入同样也希望表达任何想法都要从整体性着手，趣味性也可以从音乐坚持的东西中得到灵感，就是将说、唱、舞蹈和音乐有机地结合在一起，同时举行比赛，来增强他们的竞争意识。

（二）学前音乐教育在舞蹈教育中的适用性分析

1. 学前音乐教育理念与我国艺术改革相契合

在现代社会发展过程中，艺术所发挥的作用不容小觑，它从不同方向、不同维度对人的思维和行为产生巨大的影响。作为人类文明发展的关键组成，艺术所展现出来的创造力、想象力、感情与关爱等，也是新时代高素质人才所不可缺少的必要能力之一。当前，教育界专家已经形成比较统一的观点，那就是缺少艺术的文化是不完整的文化体系，缺少艺术的教育也不能被称为完整的教育。因此要为时代培养出综合能力强的人才，必须注重艺术素养的提升。这一观点正是我国新时期艺术改革的关键所在。学生作为艺术教育的主体，在开展艺术教育的过程中必须重视学生全方面的发展，结合学生自身的特点，重视学生的发展规律、强调学生在学习态度、价值观念和情感发育的统一，并在此基础上提高学生的认知能力和艺术造诣。如上文所述，学前音乐教育理念更加推崇以学生为主体的教学观点，这与我国艺术改革的核心要义不谋而合。学前音乐教育教育理念中的人本思想，体现于对音乐学习不能局限于音乐知识本身，而是通过音乐学习发现和体会更加美好的事物，实现教育教学与价值理念的统一，通过对音乐的学习，提升学生的综合素养。

2. 学前音乐教育理念与舞蹈艺术教学的本质相统一

舞蹈是人类社会发展过程中最为古老的艺术表现之一，通过舞蹈将人的身体和内心感受进行高度的统一，在表现舞蹈的过程中，让人们获得心灵上的契合以及体会艺术的美妙。换句话说，舞蹈是人类用来表现情感、个性最直接的方式之一。近年来，我国的舞蹈教育事业在舞蹈理论不断创新发展的背景下得到不断的推进和发展。传统以过分注重舞蹈技术要领和技术难度的舞蹈教学模式已经与舞蹈事业的发展不匹配，舞蹈教育的艺术体现要回归本源，也就是说要使舞蹈学习者既可以学到舞蹈技能也要在学习舞蹈的过程中体会艺术带来的美。对于学前专业舞蹈教学而言，更要让学生回归到舞蹈艺术本身。学前音乐教育体系主张从人的本性出发，在音乐学习的同时实现对本源的回归，即让学生在轻松、愉快、自由的环境中感受舞蹈艺术本身的优美，通过自己的想象将最真实的内心感受通过舞蹈动作进行展示，进而达到健康体魄、提升艺术素养的目的。

3. 学前音乐教育与学前儿童艺术教学的目标相一致

学前音乐教育体系是将本源性融入音乐教学的教育模式，与幼儿的本性有着密切的联系。对于幼儿来说，他们天真活泼，喜欢一切新鲜的事物，在幼儿的教育过程中，单调的教育模式并不能吸引幼儿的注意。学前音乐教育体系将音乐、舞蹈、诗歌、表演等多种形式融合在一起，通过语言和动作引导儿童跟随音乐节奏的变化表达和抒发自己的情感，更适合幼儿的心理和生理特点，也更符合学前儿童教学目标的要求。

（三）学前音乐教育在学前专业舞蹈教学中的创新应用

1. 改变教学理念，让舞蹈教育回归舞蹈本身

舞蹈是人类表现情感的最直接的方式之一，尽管当前的舞蹈艺术在肢体动作或是造型设计上已经不再展现原始的生活与状态，但就舞蹈本身而言，它就是一种表现生命的形式，也是人类展现真性情的最重要的方式。因此，要改变传统学前专业舞蹈教学理念，摆脱传统舞蹈教学中过分追求动作技能以及舞蹈外在价值思想的束缚，将学生从重复模仿的困境中解脱出来，强化从内心出发，将自己的感受和体验与身体动作合而为一，注重人的情感的表现，凸显舞蹈艺术本身的魅力。例如，在实际教学中，通过不断贯彻学前音乐教育本源的教学理念，不断引导学生要充分认识和了解自己的身体，并将其放在舞蹈学习的第一位。让学生在放松的状态下，倾听自己内心与身体的交流，充分挖掘学生的能动性，将身体和心灵同时带入舞蹈的世界，并在演绎的过程中感受舞蹈所带来的美妙和满足。

2. 优化教学内容，突出学前教育的专业特征

学前教育要求舞蹈教学不能仅仅是对舞蹈技术的指导，而应该与多学科相融合，进而培养学生的综合艺术素养。学前音乐教育教学的综合性，恰好能弥补传统舞蹈教学的缺陷和不足。在学前音乐教育理念的指导下，作者对学前专业舞蹈教学内容进行整合：一是明确教学内容。学前专业舞蹈教学内容应该包括理论内容、基本训练、各种类型的舞蹈编排以及舞蹈鉴赏。各部分内容相对独立。二是教学内容要突出幼儿特性。学前专业学生将来面对的教育对象是幼儿，因此，在开展学前专业舞蹈教学时，必须重视这一特性。开展学前儿童舞蹈教学一方面是为了形体健康，另一方面则是通过舞蹈这种喜闻乐见的表现方式，提高幼儿对运动的热爱，并在学习舞蹈的过程中实现自我表现以及与他人的互动交流。因此，学前专业舞蹈教学必须注重教学内容的基础性、儿童性，无论是舞蹈内容的选择还是舞蹈动作的设计要尽可能多的与幼儿特征相贴合。

3. 创新教学方法，培育新时代的教育人才

新艺术课程标准中明确要求艺术课程的实施要结合现实条件，自主开发与艺术课程相关的课程资源。丰富的课程资源为学生的自主学习创造了更为广阔的空间，可以最大程度的将学生吸引到艺术探索中来。学前音乐教育教学的开放性与新艺术课程标准是相一致的。因此，应该广泛应用各种资源、学生的学习空间和学习思路。例如，利用互联网资源在学生之间开展舞蹈的研讨性学习，提高学生的自主学习能力；举办以舞蹈为主题的文化交流活动，促进学生理论和实践相结合的能力等。

第二节　传统民族体育文化的内涵解析

传统民族体育是文化的一种形式，具有非常丰富的文化内涵，它主要表现在物质、精神、制度三个方面。本章将对传统民族体育的文化属性进行阐述，同时从物质、精神、制度三个方面对传统民族体育文化的内涵进行解析。

一、传统民族体育的文化属性

（一）传统民族体育的文化特质

我国传统文化主张"安土地，尊祖宗，崇人伦，尚道德，重礼仪""天人合一""气一元论"，传统民族体育在这种文化背景的影响下也形成了整体性、等级性、中庸性、礼仪性、道德性等文化特征，同时进一步形成了以礼让、宽厚、平和为价值取向的体育形态。具体来讲，我国传统民族体育的文化特征主要表现在以下几个方面。

1. 整体性

"天人合一"是我国传统民族体育的哲学基础，自给自足的农业经济是我国传统民族体育萌芽与成长的土壤，整体性与和谐性的统一是我国民族传统体育的追求。中国人"推天道以明人事"，将天作为认识自己与构建人生理想的参照物，天人关系是我国传统文化中的一个基本命题。

在传统民族体育文化的范畴当中，人与自然实际上是相互统一的。传统民族体育文化的突出特点表现在它注重精神与过程而轻视物质与结果。另外，我国传统体育强调以整体的概念描述人体的运动过程，探讨各种活动状态与外部世界的联系，如气功、太极拳等都是通过意识活动与肢体锻炼达到"与天地神相交通"，反映了传统民族体育注重整体效益，追求身心、机体与自然的协调发展的健身价值观。传统民族体育项目的锻炼大多采用基本功练习与完整练习相结合的方法，这充分体现了中华民族追求"形神俱练，内外兼修""采天地之气，铸金刚之身"的理念与顺其自然、追求平衡的主体化思维方式。

中国传统文化一直非常注重整体的思维方式，即在对对立统一这个宇宙根本规律的把握上，更加强调对立面之间的统一协同，注重以统一的观点去看待事物，强调事物的整体性与过程性，这是中国传统哲学中天道观的一个重要特点。

2. 森严的等级制度

古人认为，整个自然界以及人类社会都是遵循一种自然演进的规律产生的，只有整个社会严格遵循特定的等级制度才能够达到天下稳定的目的。

在我国传统民族体育文化中，礼仪是用来区别与规范上下、长幼的一种重要方式，如"西周的射礼，有大射、宾射、燕射、乡射之分，有弓箭、箭靶、伴奏乐曲、司职人员的等级区别"；在《宋史·礼志》中规定了打马球的各种仪式，如果皇帝参加比赛，则第一球一定要让其打进；中国古代的武术高手在交手过招时，也要点到为止，不战而胜，坚持礼让在先。另外，由于女子在封建社会的地位极为低下，因此，其参加体育活动的权力和条件受到多方限制。这些都表明我国传统民族体育文化中存在浓厚的封建等级观念。

3. 宽厚、和平的文化理念

传统民族体育活动与各个民族的民俗、民风以及生活习惯之间存在着密切的关联，有着深层次的文化追求。人们通过传统体育活动能够感受到精神的愉悦，营造出和谐的生存氛围。一般来讲，传统民族体育活动多以强身健体为目的，这些活动大多会在人们的闲暇时间来进行，从而使体育寓于娱乐当中，表现出很强的表演性与娱乐性，如苗族的划龙舟等活动具有浓厚的民族特色与欢快气氛。

我国向来推崇性情自然的生活状态，"知其心者，知其性也，知其性则知人"。因此，传统民族体育崇尚中庸之道、信守顺其自然，讲究对身体的保和养、对内部的锻炼和保持内部的平衡。

传统民族体育文化是我国传统文化的有机组成部分，它不断汲取传统文化的特性，使其具备与特定文化环境相一致的文化属性，同时也反映出了传统文化的特点与深远的影响。

4. 伦理教化的价值取向

由于受到儒家传统文化的影响，我国的传统民族体育非常强调伦理教化，以展示道德理念为标准，将道德视为人的最大价值与最高需要。在这种文化氛围下，传统民族体育成为"成德成圣，完成圆善"的一种手段，坚持"寓教于体，寓教于乐"的原则，追求在竞争中实现道德的培养与升华，如儒家先哲推崇的射礼，要求射者"内志正，外体直，然后持弓矢牢固，持弓矢牢固，然后可以言中"；唐代木射的取胜标记为"仁、义、礼、智、信、温、良、恭、俭、让"；韩愈议论马球运动时也曾指出"苟非德义，则必有害"；司马光曾言"投壶者不使之过，亦不使之不及，所以为中也。不使之偏颇流散，所以为正也，中正，道之根柢也"；约成书于元明间的《蹴鞠图谱》以专章论述蹴鞠中如何体现儒家思想，提出踢球应以"仁义"为主等。这些规范和衡量民族体育的价值标准，鲜明地体现出了传统民族体育伦理教化的意图。

（二）传统民族体育的文化特性

我国的传统民族体育不仅种类众多，而且具有丰富的文化价值，反映出人们对美好生活与崇高理想的追求。传统民族体育内容丰富、形式多样，具有近现代体育所不具备的优势，表现出美感的复合性。传统民族体育与本民族的生活、文化、地域等各个方面紧密结合，主要表现为以下几个方面的文化特性。

1. 民族性

当人类创造文化的同时，文化又反过来塑造了人类自身。但是，人类并不能够创造出统一模式的文化形式，这主要是由于人类将自己塑造成了具有不同文化特征的民族，因此世界各个民族的传统体育都表现出明显的民族性。不同的地区与国家都有自己独特的传统体育内容，如中国的武术、日本的柔道、韩国的跆拳道等都已经成为这些国家的一种象征。

我国民族众多，每个民族都有各自富于民族色彩的传统体育项目，它们散发着浓烈的民族气息与内涵。例如，藏族的赛牦牛、朝鲜族的顶水罐赛跑、傣族的孔雀拳等都是其他民族所没有的体育项目。即使不同民族有同一体育项目，也各具特色，如已列为全国民运会比赛项目的蒙古族式摔跤"搏克"、维吾尔族式摔跤"且里西"、藏族式摔跤"北嘎"等，虽然都是摔跤，但比赛的规则与要求各不相同，因此会表现出不同的民族风格。

我国传统文化更加追求人与人、人与自然之间的和谐统一，强调内心方面的修为。我国各民族开展的传统体育项目虽然不尽相同，但是它们共同组成了民族体育的统一体，许多传统民族体育项目包括武术、风筝、龙舟等都有原始初文化的影子。传统民族体育项目承载着民族的传统文化，由于民族之间的差异使得民族传统文化同样呈现出相对的独立性，这种特性决定了传统体育文化和价值观念不可能很快被其他民族全盘接受。即使在一个民族被其他民族征服或同化的情况下，其特有的体育方式也会在新的共同体中展现。

虽然不同传统民族体育的类型与模式存在一定的不同，但是它们既有体育文化的共性、一般特征和基本属性，也带有强烈的民族意识和民族文化气息，表现出一些独具一格的特色。各个不同国家和地区的传统体育的民族性，通过体育精神以及体育的外在形式、运动规则和具体要求表现出来。

2. 地域性

地域条件是民族进行繁衍生息的一个必要条件。由于我国的地域面积非常辽阔，东西南北之间存在很大的自然地理差异，各个民族之间"大杂居、小聚居"，这就造成了各个地域之间形成了不同的价值观念与审美情趣，进而产生不同的体育文化。也就是说，我国各民族不同的生产方式、生活技能和社会风尚产生了各种各样的传统民族体育文化。

地域是民族进行繁衍生息的空间条件，不同民族所处地域的自然条件也各不相同，再加上古代民族间相对封闭和经济自给自足的影响，民族的地域性表现更为明显，并在此基础上形成了各具特色的民族传统体育项目。"北人善骑，南人善舟"是地理环境影响传统体育的生动体现，蒙古族人过的是游牧生活，"随草迁徙"使其民族善于骑射，并逐渐形成了以骑射为特点的赛马、赛骆驼等体育项目；而南方江河分布广泛，因此南方民族有赛龙舟、抢花炮等体育项目。同时，北方民族的体育项目如摔跤、赛马等表现出很强的个体化特征，而南方民族的体育项目如赛龙舟、抢花炮等却体现出集体性。蒙古族主要从事畜牧业，其体育项目有赛马；苗族、侗族农业生产多用牛，其节日有"斗牛"习俗；漠北民族交通多用骆驼，从而有"赛骆驼"的体育项目。这些都表明，民族体育项目的形成与其所处的人文地域环境有着密切的联系。

另外，同一地区、同一体育项目由于开展地点的不同，也会表现出方式以及方法上的差异。这些地方特点的不断汇聚、逐渐融合，成为一个具有地域特征的文化景象。因此，我国民族传统体育形式多样，且具有鲜明的地域性，其实是一种必然的社会文化现象。

3. 生产性

由于生产活动是体育文化产生的重要源头，传统民族体育以生产为基本支点，因此传统民族体育文化的产生与发展需要技术系统的支持。例如，马匹是民族地区人们生产的必备工具，由此演化出了马上运动项目；居住在东北原始森林地区的鄂伦春族，由于长期从事狩猎业生产，形成了豪放、勇敢强悍的民族风格，喜爱射击、赛马、皮爬犁、桦皮船、斗熊等体育活动，以骏马、猎枪、猎犬闻名世界。因此，生产属性是传统民族体育发展的重要基础，生产性是传统民族体育最基础的文化属性。

4. 生活性

人们所生活的环境对于人自身以及人所创造的文化都会产生很大的影响与作用，人类环境的发展总是遵循不断提高生活质量与生活品位的规律。在人类社会发展初期，生活与生产内容是一体的。狩猎、游牧、耕作等生产活动，为庆祝收获、祈祷祭祀等生活内容都离不开人类社会初期所形成和提炼的动作活动方式，即体育。由此可见，体育是人们生产与生活中非常重要的组成部分。

虽然体育的生产性随着人类社会的发展和文明的进步而逐渐减少，但是体育却在现代生活中发挥着越来越重要的作用，并逐渐成为人们生活中的核心与文化的主体，虽然在汉族聚集区体育文化呈现出逐渐弱化的趋势，但是少数民族仍保留着自身特有的生活方式。

5. 封闭性

我国各民族文化在长期的发展过程中不断进行着互相之间的借鉴、吸收与交融，这不仅使我国的民族文化得到了极大的丰富，同时还形成了具有共同文化价值观的多元一体的文化格局。但是，由于自然地理因素、自给自足的小农经济、血缘、宗族等多种因素的影响，我国的传统文化表现出一定的封闭性，各少数民族、同一民族的传统文化都存在着独特的风格和特点，形成了"百里不同风，十里不同俗"的现象。

中国传统文化的封闭性使得中国传统体育也具有一定的封闭性，有些体育活动往往只能在很少一部分人或者一定的地域当中传播，甚至会在一些地区自生自灭，如陈家沟地理环境封闭导致陈家沟太极拳只能与同类其他拳种进行局部的、有限的交流，在区域范围内自我萌发、自我发展，从而形成特有的太极风格。人文地域环境的不同，同样使民族体育各有差异：北方人豪爽奔放，因此力量型的体育项目较为突出；南方人平和细腻，其体育项目更体现出心智和技巧。正是由于民族所处地域不同与心理性格的差异，造成了各传统民族体育项目表现出显著的封闭性特征。

6. 认同性

血缘认同与民族认同是民族文化认同的必要前提与基础，而深层次的民族文化认同是实现各个民族团结稳定的保障。

"一种文化体系以民族为载体，民族又以文化为聚合体。体育作为文化的重要组成部分，在民族文化认同方面不仅具有符号作用，更具备民族文化形象的意义。"例如，我国的传统武术就是通过归纳、总结战争中的技术成分，并使之置身于长期的中华民族文化熏陶与演化下，逐渐形成集技击意识与健身观赏于一体、有别于其他民族的一项体育项目。传统武术不仅具有东方的哲理内涵，同时还表现出中华民族文化的独特性质。此外，搏克、且里西、北嘎分别是蒙古族、维吾尔族、藏族的摔跤形式，由于其民族起源不同，有着不同的表现形式，因此具有了标志不同民族的符号作用。

7. 娱乐性

娱乐是体育起源要素当中一个主要的成分。传统民族体育的"娱乐成分主要包含身体技能性、谋略性和机遇性。第一种技术要求比较高，具有强烈的自娱性和娱他性；第二种对人的谋略、心智水平要求较高；第三种主要是对机遇的期待"。

我国传统民族体育文化多以自娱自乐的、消遣的以及游戏的活动方式出现，表现出很大的吸引力，注重满足人的身心与情感愿望。人们能够从这些体育活动中直接获得情感的抒发与宣泄，同时还能够得到愉悦感。一些娱乐项目的开展常常会形成一个民族集聚的盛会，如西双版纳的基诺族每逢喜庆节日，举行各种各样的娱乐活动。

娱乐性同时也是传统民族体育实现持续发展的重要推动力。如果传统民族体育项目不具备充足的娱乐性，就不能够引起人们足够的兴趣，从而也就不能够实现自身的发展与传承。

二、传统民族体育的物质文化内涵

作为一种有形文化，传统民族体育的物质文化指的是人类对环境的能动影响的一种物化记载,它着眼于人们对环境的改造与创造。郑杭生在《社会学概论新修》中将物质文化界定为:"物质世界中,一切经过了人的加工,体现了人的思想的东西。"美国的社会学家戴维·波普诺在其《社会学》一书中提出:"一个社会普遍存在的物质形态——机器、工具、书籍、衣服等——称为物质文化。""一个特定社会所产生的物质文化,其实质是技术水平可开发的资料和人类需求的结合体。"在各种不同的文化现象之中,物质文化与非物质文化之间存在着非常明显的差别,这主要表现在非物质文化能够进行反复使用而不发生损害,而物质文化则由于自然规律的作用,在使用过程中会不断发生损耗。随着传统民族体育的发展,人们逐渐增强了对于自身与周围环境关系的认识,而随着人们意识的不断发展,人们逐渐将这种认识物化于各种物质制品中,成为传统民族体育文化中最为活跃的部分,成为传统民族体育文化的一项重要标志。

具体来讲,我们可以从以下几方面对传统民族体育的物质文化内涵进行认识与了解。

(一) 文献典籍

文字的产生,一方面促进了人类的交流与沟通,另一方面也推动了文化的传播与传承。当人类社会产生文字之后,人们参与的各种活动都通过文字记载并流传下来,因此文字的出现推动了人类文明的发展。对于传统民族体育而言,它产生于人们的生产、生活、劳动、娱乐、军事、祭祀之中,并通过人与人之间、世世代代的传播而延续、保留至今。文字在当中起到了关键的作用,传统民族体育活动中有很多内容需要从各种文献典籍中去寻找,去研究,但也有相当一部分会随着历史的演变和发展,渐渐失去了存在的合理性,未能成为历史遗产。我们只有对其挖掘与整理,传承与发展,才能使其重放异彩,重回历史的舞台。

经过几千年的发展,当前关于传统民族体育的文献可谓相当浩繁。例如,在《周礼》中就有关于乐舞和射、御的最早的考核内容。在商代的《尚书·洪范》中,就有了"寿""康宁""考终命"的概念。《六韬》记载了兵种选拔条件的各种规定。《汉书·艺文志》记载了《手搏》6篇、《剑道》38篇、《蹴鞠》25篇,以及各种《射法》等与兵技巧有关的著作。其中25篇《蹴鞠》,可以说是一部关于蹴鞠竞赛与训练的专著。东汉李尤的《鞠城铭》关于竞赛的场地规则等方面就给予了详细的记载与论述。《黄帝内经》内容丰富,论述全面,奠定了古代养生学的理论基础。《汉书·艺文志》中有《黄帝杂子步引》《黄帝歧伯按摩》等关于西汉以前的导引著录。齐梁间产生的《马槊谱》《马射谱》《骑马都格》《幻真先生内元气诀》，陶弘景的《养性延命录》《导引养生图》，孙思邈的《千金要方》《千金翼方》《保生铭》等都是主要的传统民族体育文化典籍。明代汪云程的《蹴鞠图谱》是我国古代蹴鞠活动较完备的教科书，全书共有21节，包括竞赛规则、技术名称、技术要领、场地器材、球戏术语等蹴鞠活动的全部内容。在传统体育养生学方面，宋代以后专著较多，如宋末年官修的《圣济总录》，宋人的《八段锦》《寿亲养老专书》《四时颐养录》《云笈七签》，刘完素的《摄生论》，明代的《寿世保元》《摄生三要》《养生四要》《赤风髓》《万寿仙书》《红炉点雪》《修龄要昌》《遵生八笺》，清代的《勿药元诠》《寿世编》等。

到了近现代时期，与传统民族体育相关的史料典籍就更加丰富了，主要包括图谱、密笈、专著、论文、史料、地方志等多种形式，这些都是研究民族传统体育的宝贵资料。《中国传统民族体育志》是由原国家体委文史委员会和中国体育博物馆编著、广西民族出版社出版的，这是一部有关各民族体育的大百科全书。该书挖掘、收集、整理传统民族体育项目977条。内容包括古代已有的，现代仍流传或已失传的，有文字记载的，或只有口头传说的，涉及武术、棋类、气功养生健身、文娱等几大门类。其中，每一个传统民族体育项目都有详细的介绍，从起源、流传开展情况，到规则、成绩记录、重要人物等无一不有。

（二）传统民族体育项目

中华传统民族体育内容非常丰富。发展到现在，我国诸多的民族传统体育项目已走出国门，深深吸引着世人的目光，如武术、龙舟、气功、风筝等项目就是如此。民俗是产生传统民族体育的土壤。梁柱平同志在谈到民俗与传统民族体育时指出："由于各民族所处的山川地理环境不同，从而形成了各民族的不同风俗习惯，产生了风格、形式各异的传统民族体育活动。"信仰民俗和节日民俗是传统民族体育的主要载体。传统体育的产生源于人们的需要，由于原始社会生产力的极其低下，传统体育不仅表现出人类需要的相似性，也反映出生活环境对于人的制约。而在不同地域环境的基础上，各民族又形成了各自不同的民族习惯，所产生的传统民族体育活动也是风格各异。因此，传统民族体育便有了区域性、大众性、娱乐性及健身性等特点。

传统民族体育的物质性主要表现在其项目的丰富性方面，下面重点介绍几个我国各传统民族体育项目的内容。

壮族：传统体育项目主要包括投绣球、舂榔争娃、打陀螺、抢花炮、舞狮、扒龙船、壮拳、特朗、跳花灯等共28项。壮族非常热衷于武术，壮拳就是壮族武术中非常有代表性的一个拳种。壮拳的动作剽悍粗犷，沉着健稳，拳势刚烈，形象朴实，多短打、擅标掌、少跳跃，行拳时使用壮语发音，借声气催力。壮拳现存器械套路14套，拳术套路35套，对练套路2套。

回族：传统体育项目主要包括木球、方棋、中幡、掼牛、打抛、踢毽等，回族武术也非常著名，在传统民族体育发展的过程中，回族武术对其文化和风俗产生了极为深远的影响。回族的传统体育项目，大约有32项。主要有：赛马、赛牦牛、射箭、登山、摔跤等体育活动。

满族：传统体育项目主要包括冰嬉、溜冰车、溜冰、双飞舞、采珍珠、射箭、步射、摔跤、追射、打冰嘎、雪地走、举重石等43项。满族的这些传统民族体育项目具有浓郁的民族气息。

蒙古族：传统体育项目主要包括摔跤、贵由赤、赛骆驼、赛马、射箭、踢牛嘎拉哈、马术、击石球、布木格、打布鲁、套马、打唠唠球、吵塔拉鲍格棋等。这些传统民族体育项目表现出浓郁的草原民族特点。

傣族：传统体育项目主要包括武术、赛龙舟、打陀螺、跳竹竿、傣拳、藤球、丢包等13余项。跳竹竿是傣族人民非常喜爱的一项传统体育项目，主要包括打竿与跳竿两种。打竿者十几人，两人一组，分别执竿一段相对而坐。竹竿互敲或敲击地面，时分时合，竹竿一击一分的频率随着音乐的伴奏不断变化、加快。跳竿者灵巧地跳跃在竹竿的分合之间，运用双脚跳，变化出优美、舒展的动作，有时女打男跳，有时男打女跳，有时男女混合跳。傣族拳有单练、对练和集体演练三种。另外，傣族武术表演也受到人们的欢迎和喜爱，傣族武术易于练习，动作刚柔相济。表演时有象脚鼓、锣伴奏，具有较强的节奏感，能激发起人们参与运动的兴趣。

维吾尔族：传统体育项目主要包括达瓦孜、打尕尕、滑冰、萨哈尔地、摔跤、叼羊、帕卜孜、赛马等十几种。

苗族：传统体育活动主要包括秋千、划龙舟、手毽、掷鸡毛、爬坡竿、爬花竿、上刀梯、赛马、跳鼓、猴儿鼓舞、布球、射弩、拉鼓、舞狮、打泥脚、芦笙刀、舞吉保、苗拳、蚩尤拳等33项。其中，划龙舟深受苗族人民的喜爱，参与者众多，因此划龙舟也成为苗族传统节日的主要项目。另外，秋千活动也很有特色：一是集体打秋千，二是打秋千时唱歌。八人秋千是湘西苗族人民的传统体育项目。"舞吉保"被看作是苗族的武术，它主要包括徒手和器械两大项目。徒手分为粘功、点穴、花拳、策手、礼示等五个方面；器械类包括棍术、铜、钩钩刀、连架棒、棒棒烟、竹条镖。"舞吉保"是苗族人民健身和武术的经验总结，在形式、内容、技巧等方面都各具特色。

由以上叙述可知，我国的传统民族体育不仅具有悠久的发展历史，而且内容博大精深。在自身的发展过程中，传统民族体育逐渐建立并形成了自己独具特色的发展体系，为世界所瞩目。在今后的发展过程中，我们应该做到与时俱进，更加深入地挖掘我国优秀的传统民族体育项目，从而促进我国传统民族体育的长久发展。

（三）运动器材与器械设备

我国的传统民族体育项目数量众多，在完成动作的过程中常常需要借助于一定的器械、器材才能够顺利进行。例如，刀、枪、箭等器械都是在中华民族祖先的生产劳动过程中创造出来的，之后又经历了后人的不断改进逐渐发展和完善起来。传统民族体育运动器材、器械设备等是人类的一种文化创造，它是我国古代劳动人民汗水与智慧的结晶。因此，对传统民族体育的物质文化内涵进行研究也应该将运动器材与器械设备包含其中。

龙舟竞渡中的龙舟就是民族传统运动器材中非常具有代表性的一种。赛龙舟是端午节期间汉民族中普遍流行的一种民俗体育活动，古文献《穆天子传》中有关于龙舟的最早记载，相传周穆王时（公元前1001—公元前947年）就已经出现了龙舟，比屈原投江的时间早600多年。龙舟主要是由三部分组成，即船体、龙头与龙尾；另外还有各种装饰与锣鼓等。一般的龙舟船体为菱形，两头窄，中间宽。宽窄一般在1~1.2米，个别的宽1.4米。船的长度差距较大，短的约10米，长的可达30多米。龙头大多用整木雕成，竞渡前才装上。各地的龙头各异：广州西江鸡龙舟龙头，长1米左右，小而上翘，大多为红色，称为"红龙"，也有的涂为黑、灰色，称为"黑龙""灰龙"；广州东江大头狗龙舟龙头的龙颈很短，龙头很大；湖南汨罗县的龙头，短颈，上唇部夸张地向上高翘伸起；贵州清水江苗族制作的龙头，用2.3~3米长的水柳木雕刻而成，重达一二百斤，上涂金、银、红、绿、白各色，龙头昂首向天，头上有一对变弯的龙角，酷似水牛角，龙颈上还有十多个木齿；贵州施秉县无阳小河村制作的龙头，长2米多，鼻孔拱穿，很像牛鼻；江西高安县均阳镇的龙头，上唇及鼻子像大象一样弯卷，远远伸出，并且在龙头之下、龙舟的正前方钉有一刻有兽纹的半圆形木版，兽纹似饕餮，又像狮子；而西双版纳的龙头最大特点是，在龙嘴前方伸出长长的2根或3根大象牙似的长牙。龙尾大多用整木雕成，刻满鳞甲，各地龙尾也不尽相同。龙舟的装饰是指除去龙头、龙尾以外的东西，包括旗帜、船体上的绘画，以及锣、鼓、神位等，龙舟上的装饰各地差别更大，很难找出共同的、规律性的东西。例如，鹿门康帅府的三角形船尾旗，上方绣有一鹰，中部为一太阳，下方为一熊，称为鹰熊伴耳旗。帅旗为长方形，每条船1~2面，一面绣有双凤，另一面绣有双龙，正中绣帅字，上方绣鹿门。罗伞绣有各种图案，有的绣八仙，有的绣八仙的各种宝物。除了普通的龙舟外，还有造型龙舟、凤船、独木舟、龙艇等很多别的种类，这些都很好的展现出我国人民的聪明与才智。

踩高跷是元宵节的一种特色民族体育项目，高跷是这种体育项目的主要运动器材。高跷在唐代之前叫长跷伎，宋代叫作踏跷，清代开始称高跷。高跷活动由于表演者的双脚踏在木跷之上起舞，要比一般的人高出一截，民众需要仰着头或者站在高处进行观看，所以又被戏称为"高瞧戏"，又俗称"缚柴脚""高脚师""拐子"等。由于踩高跷具有很高的娱乐休闲性，所以受到了广大民众的广泛喜爱。高跷为木制品，是在刨好的光滑木棍顶部（或者中间）的适当位置钉上脚踏制作而成，如赣南客家的高跷结构都是由圆木棍与脚踏板两部分组成。一种高跷是在两根直径约5厘米、长度在150~180厘米的圆木棍上，距地面高度数十厘米处各钉一块踏板制作而成，这种高跷不仅容易保持平衡，而且动作相对简单，容易学习掌握，在健身、娱乐、竞赛活动中很常见；另一种高跷是在两根直径约5厘米的圆木棍顶端分别钉上一块踏板制作而成，掌握这种类型的高跷有一定的难度，一般需要经过专业性的训练，在集会庆典和节假日的表演活动中较为常见。踩高跷是一种喜闻乐见的休闲方式，不仅丰富了广大民众的业余文化生活，同时还增进了民族团结与友谊。踩高跷的器械简单，取材很方便，基本不受场地、环境等客观因素的影响；同时，踩高跷的运动强度也不大，极富娱乐性，因此也非常适合人们用来进行健身。

总而言之，运动器械是一种物化的文化，同时也是体育物质文化的有机组成部分，它在传统民族体育物质文化内涵中占据着非常重要的地位。

(四) 壁画、出土文物及民族服饰

大部分传统民族体育都具有直观性、形象性的特点，人们在参与民族传统体育过程中的思维大多是直观的动作思维。另外，传统民族体育产生的时间比较早，来源于人们的生产、生活，是人类生产、生活最原始的记录与反映，它要比语言、文字产生的早得多。而在语言未产生前，人们参加狩猎、采集、沟通等各种活动则需要借助于一定的身体语言，而对其记录也是由简单的线条、人物简画所组成。因此，对动作、身体活动的记录也多是以图画的形式进行，因此，早期的传统民族体育活动记录大都记载在各种陶瓷制品及建筑壁画中。由此可见，壁画、出土文物及民族服饰等也是研究民族传统体育物质文化内涵的一个重要方面。

1954年，在洛阳孙旗屯遗址发掘出了新石器时代的石铲、石球、石饼等文物，其中有一个直径98厘米，重量约为1095克，表面光滑，经过加工，呈青黑色的石球；1997年6月，在洛阳小浪底库区，发现了史前新石器时代的聚落遗址，其中出土了一个直径12厘米，重量约1140克，呈灰色的石球；1997年10月，在洛阳偃师宫殿遗址，出土一个直径为15厘米，重量约1850克，表面光滑，呈土黄色的花岩岗石球；1984年，在洛阳涧西出土西周时期的四文体尖状物，长15厘米，是可安装在木棒的类似现代标器的骨器；1998年1月，在洛阳解放路的战国墓出土了一个长27.4厘米，宽52厘米，厚11.5厘米的铜牙，矛上铸有"越王者旨於赐"字样。20世纪70年代初，云南博物馆在江川李家山发掘出土的铜鼓，是古滇人进行秋千活动的有力说明。1953年中国科学院考古研究所在西安半坡村北"半坡遗址"内发现"石球"，表明母系氏族社会时期，人类祖先就有"石球"游戏，由此提出蹴鞠活动起源于原始社会后期。广西贵县罗泊湾汉墓的1号墓出土的铜鼓则是我国龙舟竞渡起源的佑证。

李重申、李金梅等人在《敦煌莫高石窟与角抵》一文中提出："目前，我国对角抵的研究除文献资料外，还有相当一批出土文物待认真考引，尤其是西陲敦煌所保存的壁画和藏经洞发现的白描和幡画中，西魏第288窟、北周第290窟、五代第61窟、北周第428窟、盛唐第175窟等都有角抵的各种珍贵资料。"敦煌莫高石窟、千佛洞、榆林窟等石窟中，绘有数百幅精美的佛教故事图，绘有古人应用弓箭进行习武、竞赛、作战、骑射、射猎的行为等。敦煌的古墓群、烽燧，古长城中出土的画像砖、箭镞、弩等，特别是古墓群的画像砖为我们保存了大量弓箭文化的视觉资料。

上述出土文物、岩画、壁画等这些重要的传统民族体育文化方面的珍贵史料,是我们正确认识历史、理解传统民族体育深刻内涵的最有说服力的物证。

另外,民族服饰同样是体育文化的有机组成部分。纵观我国的民族传统体育,其中大部分项目都与节日有关,这些项目都是在节日当中举行的。而在节日里,人们都习惯穿着独具特色的民族服饰奏民族音乐参加传统体育运动,形成了一道亮丽的风景线,格外引人注目,这同时也体现出我国传统民族体育文化强烈的象征意义。

三、传统民族体育的精神文化内涵

传统民族体育的精神文化是一种无形的文化,它是文化的核心与灵魂,居于文化结构的内层,是不同类型文化的一项重要标志。

学者高玉兰指出:中国体育改革正面临文化深层——思想观念的变革。现代体育精神文化要求主体具有综合的体育价值观念,多元化的思维方式,良好的心理品质,以及强烈的竞争意识,而这些都是我国传统民族体育精神文化所缺少的。因此,对于中华传统民族体育的研究,不仅要重视其物质文化的研究,同时还要重视精神文化的研究,要研究传统民族体育精神文化中的价值观念、思维方式、审美情趣、民族心理等内容,只有这样才能促使我国的传统民族体育真正地走向现代化,从而获得传承与发展。

我国的传统民族体育是在几千年的封建、农业型文化中发展起来的,它产生于中国传统文化的背景之下,受到传统文化与传统观念很深的影响。许多学者在研究我国传统民族体育的价值取向时都非常重视传统民族体育与传统观念与意识的结合。例如,一些学者将其概括为:传统民族体育是"以儒家'天人合一'和'气一元论'为哲学基础,以保健性、表演性为基本模式,以崇尚礼让、宽厚、平和为价值取向的体育形态"。还有一些学者认为:"中庸、求静、求和、等级观念特征和贵义贱利的价值观念。"传统民族体育是在民族传统文化影响下的一种文化创造,它必然以农业经济、中央集权、宗法家庭等因素为背景,形成与传统文化相一致的体育文化。总之,我们应该在传统文化与传统价值观念相结合的原则下进行传统民族体育精神文化内涵的研究。

(一) 社会群体的价值本位

宗法观念在我国传统文化思想中占有统治地位,传统文化以家庭、家族为本位并将这种价值观延伸到整个社会群体之中，从而导致以社会群体为本位的价值观成为中国传统文化的价值取向。在这种环境之下，以个人为基础的竞争不能够在传统体育中得到充分的发展，使传统体育项目多富于表演，即使是存在竞争性，也多为群体性质的竞争。

（二）倡导"柔""静"的审美观

在我国古代社会当中，孔孟所代表的文化被称为"阴柔文化"，这种文化观念要求人们在思想方面应该追求"乐而不淫""哀而不伤"与"心宁、志逸、气平、体安"，在做人与做事方面应该做到情感含蓄而不外露，要能做到"隐"。儒家文化是一种静态的文化，受到这种文化观念与形式的影响便出现了太极这一静态事物或运动。总的来说，静态变化所追求的目标主要包括三点：第一，追求内在美高于外在美；第二，追求静态美高于动态美；第三，追求封闭的系统胜于开放的系统。

另外，我国传统的文化还体现在"顺从"方面，这一直以来都被人们视为是中华民族的传统美德。这种价值观念对中华民族的传承与发展产生了非常重要的影响，很多的传统民族体育项目都流传了下来，并且源远流长，经久不衰，如太极拳、导引术、围棋等项目都获得了持续不断的发展。尤其是太极拳，它以其阴柔、轻缓的动作与内在的气势征服了国内外的太极拳爱好者，越来越多的人参与到太极拳习练中。太极拳运动很好地体现了阴柔与静态美，要练好太极拳需要做到以下几点：第一，要"形不破体，力不尖出""有退有进，站中求圆"；第二，要求技术动作要趋向于"拧、曲、圆"的内聚形态；第三，在习练的过程中，要求做到"声东击西、避实就虚，守中有攻，就势借力"。太极拳中的"四两拨千斤"就很好地说明了这一问题。

（三）追求人与自然的和谐统一

受到封建传统经济以及文化观念的影响，在"天人合一"的基础上，我国传统民族体育从整体上对人体运动过程中形态、机能、意念、精神，以及这些状态与外部世界的联系进行了比较客观的描述。体育注重的是人与自然之间的和谐与统一，并不是单方面的发展。其中，比较有代表性的民族传统体育项目就是太极拳、气功等，这两种运动都追求"心灵交通，以契合体道"。

总体而言，我国传统民族体育的发展状况还是比较好的，尤其是太极拳运动，不仅走出了国门，同时还走上了产业化发展的道路。在习练民族传统体育的过程中，一般采取的训练方法是基本功练习与完整练习相结合的方法，这也在一定程度上反映了中华民族追求平衡和顺其自然的主体化思维方式。对于克服西方科学主义"主客之分，身心两分"所带来的科学危机来说，这种思想和观念已经起到了非常显著的效果。但是，需要注意的是，我国对于传统体育促进健康方面的研究还不够深入和全面，因此对于这一点，应该引起相关专家、学者的重视，在"阴阳平衡"的基础上，进一步研究体育运动对于健康的意义，从而达到更高意义上的人与自然的和谐、统一。

（四）深刻的民族情结与心理特征

具体来讲，我国传统体育的民族心理特征主要表现在以下几个方面。

（1）在体育原理方面，主要表现在中华民族追求平衡与顺应自然的主体化思维方式上。

（2）在技术特点方面，主要是将中华民族以智斗勇、追求技巧的审美心理反映出来。

（3）在竞赛规则方面，主要体现出的是中国传统的比武具有表演性的特点，动作规定和比赛规则没有具体化，在交手过程中要把握礼让为先、点到为止的原则。

传统民族体育在人们的生产生活中产生，必然会受到政治、经济等客观环境的制约，还在一定程度上被生产关系包围并受其制约。人们的生产活动是传统民族体育产生的物质基础，而传统民族体育的文化成果都在生产资料和生活资料的物质劳动过程中形成，并以复杂文化体系的形式出现。民族传统体育中的意识、思想、观念等，既是民族体育文化的组成部分，同时又反映出人类精神生活领域的文化。

四、传统民族体育的制度文化内涵

体育制度文化是体育文化学与体育史学研究的一个重要层面，它是体育文化的中层结构。对于体育制度文化而言，我们既可以对某一历史时期体育法规、体育政策的运行状况进行研究，同时还可以从国家、民族制度方面进行纵横比较与分析，并在此基础上寻找一个与当前实际相符合的最佳体育发展平台。

（一）体育制度文化概述

体育制度指的是在一定的历史条件下形成的体育社会关系，以及与此相关的体育社会活动的规范体系。

制度文化是指人类在物质生产过程中所结成的各种社会关系的总和。制度文化包含的内容很多，如政治制度、法律制度、经济制度等，这些都是制度文化的鲜明反映。制度文化属于文化层次理论结构（精神文化、物质文化、制度文化与行为文化）要素之一，它对于整个社会的发展以及人们的日常行为具有一定的规范与约束作用。

而对于体育的制度文化，学者高玉兰曾将其解释为："体育文化结构中的制度层面，它包括体育管理机制和一些具体的政策、制度等，它是人们的行为规范，具有极强的权威性，可以强化和扩展与之相适应的思想观念意识，对体育文化整体具有规定性。"而在体育院校通用的教材《体育史》中，将体育这一社会文化现象划分为了三个层次：人们的体育行为与运动方式，支配、引导这些行为的观念与行为规范，以及人们为实现体育行为而形成的一定组织形式，即体育观念形态、体育运动形态以及体育组织形态。这三种体育形态及它们与社会环境之间的相互关系共同构成了体育史学的研究对象。体育制度文化是体育文化学与体育史学一个重要的研究方面，对体育制度文化的研究不仅有助于分析某一历史时期体育政策与法规的运行状况及利弊所在，同时还能够通过对国家、民族制度方面的对比研究寻找更加符合时代要求的体育发展方式。

（二）不同历史时期的传统民族体育制度

中华民族具有悠久的发展历史，中华民族体育的发展过程经历了一个产生、发展、繁荣以及衰败的过程。在整个发展过程中，中华民族的传统体育既经历了两晋、隋唐与宋代的繁荣时期，也经历了清末凋零的发展阶段。总体来讲，我国古代不同时期的体育制度虽然存在一定的差异，但还是表现出明显的稳定性与一致性。

1. 夏—春秋时期的体育制度

在这一发展时期，由于生产和分工的发展、文字和学校的产生、频繁的战争、宗教制度的形成等，古代体育得到了一定程度的发展，并且进一步具体化了。

在这一时期，融多种功能于一体的体育也逐渐呈现出分化趋势，具体体现在体育形式呈现出多样化，如军事、学校、娱乐、保健等；学校教育中出现了专门的体育教育内容"射、御"。

在这一时期，体育在国家军队中的地位与作用也有了很大程度的提升，这主要体现在日常的身体训练方面。《礼记·月令》记载了当时军队训练的情形："天子乃教于田猎，以习五戎，班马政。"这里所说的"五戎"是五种兵器，即弓、矢、殳、矛、戟，"马政"就是指驭马技术。

2. 战国—两汉时期的体育制度

到了战国时期，为了更好地参与战事，"公民兵"制度开始在社会上广泛推行。通过一段时期的发展，贵族统治阶级对军事的垄断局面逐渐被打破，这也在一定程度上推动了我国军事体育的发展。另外，由于这一时期兵种的划分更加具体化，对训练的方法也提出了一定的要求，专门分类训练成为主要的训练方式，从而在很大程度上推动了军事体育的进一步发展。随着军事体育的不断发展与具体化，娱乐体育也获得了很好的发展，社会上逐渐出现了很多受到人们喜爱的娱乐体育项目，如蹴鞠、围棋、射箭、弹棋等。

在秦统一六国后，封建的中央集权国家开始建立起来了。到了汉朝，由于"罢黜百家，独尊儒术"政策的实行，学校体育的发展出现了停滞不前的现象，而且官府对具有娱乐功能的体育活动大加挞伐，严重影响了体育的发展。不过，汉代对于"百戏"的发展十分重视，而在"百戏"发展、兴盛的同时，带动了我国各项运动形式的发展与竞技形式的演进，这对于体育的进一步发展是极有帮助的。在这一时期，由于统治者的提倡，乐舞、方仙术以及行气养生术等也获得了很大程度的发展。

3. 魏晋—五代时期的体育制度

我国古代体育的空前繁荣时期就是魏晋、南北朝、隋唐至五代这一历史阶段。古代体育之所以在这一时期获得了繁荣的发展，主要是因为这一时期各个朝代都将阻碍体育发展的制度进行了废除，同时还实行了一系列推动体育进一步发展的相关措施，这就在很大程度上促进了体育，尤其是传统武术运动的发展。

魏晋之后，传统儒学的"礼乐观"在玄学、佛学以及北方少数民族习俗的不断冲击下受到了一定的遏制，这就为传统体育的进一步发展奠定了重要的思想基础。

到了隋唐时期，在经济发展快速、政治稳定的社会基础上逐渐形成了全国性的传统节令活动。同时，这一时期以球戏与节令民俗活动为代表的休闲体育活动得到了迅速的发展。另外，唐代武则天时期创设了武举制度，这在很大程度上促进了我国古代军事体育的发展，使社会中逐渐形成了尚武的风气，再加上出现了融音乐、舞蹈、杂技等体育、艺术为一体的综合训练机构——教坊，从而极大地促进了唐代体育的进一步发展与兴盛。

在这一历史时期,武术、养生等方面的有关理论也得到了很大的发展,从而进一步丰富了体育的内容。

4. 宋朝—清朝时期的体育制度

在这一时期,由于受到宋明理学和"八股取士"制度的影响,重文轻武的风气逐渐在社会上盛行,并在一定程度上影响了体育的发展与进步。尽管如此,这一时期的军事体育与学校体育还是获得了一定的发展。

在宋代,当时社会上出现了专门的军事学校——武学,并且将学习内容细化,分为理论和实践两部分,此外还实行了严格的升留级制度,并且在进行军官选拔时,实行考试制。另外,这一时期军队训练中实行了教法格、教头保甲制等,在构成了一个从上到下按统一规格训练的训练网的同时,对军事体育的发展起到了积极的推动作用。

武术运动在宋代以后出现了一个很好的发展势头,并形成了一个比较独立的体系。同时,休闲娱乐体育在这一历史时期也有了进一步的发展,瓦舍就是这一时期进行各种娱乐、休闲体育活动的场所。除此之外,"社"的产生也在一定程度上促进了休闲娱乐体育的发展,如"英略社""踏弩社""园社""水弩社""齐云社"等。在休闲娱乐体育的冲击下,传统体育活动在自身的发展轨道上缓缓前行,但并没有冲破原有体系的束缚。

在宋朝到清朝这一历史发展时期,养生术、炼养术也逐渐成了一种运动保健与康复手段,并得到了人们广泛的认可与接受。另外,引导术也获得了进一步发展,同时还出现了八段锦和易筋经等。

第三节 优秀传统民族体育文化教育的必要性

我国具有五千年历史,多数优秀传统民族体育文化以文字、图画等形式被保存、流传下来,部分优秀传统民族体育文化随着时间的流逝而消失。在生活节奏不断加快、社会经济发展速度加快、信息大爆炸的冲击的背景下,如何保存并传承我国优秀传统民族体育文化,成为传统民族体育文化领域以及教育领域的主要问题。弘扬、传承我国优秀传统民族体育文化,不仅是文化自信的一种表现,也是让我国传统民族体育文化重现生机、不断传承下去的必经之路。但是在现代化背景下，人们的价值观受到信息大爆炸冲击，逐步多元化、西方化，部分国民崇洋媚外，对于本国文化不屑一顾，对于外国文化重视无比。为改善这一情况，不断传承、弘扬我国优秀传统民族体育文化，是非常有必要的。

一、弘扬优秀传统民族体育文化的必要性

（一）优秀传统民族体育文化是我国文化自信的源泉

我国大部分优秀传统民族体育文化通过多种形式得以保存下来，多数文化贮存在图书馆等文化聚集中心，在保护这些传统民族体育文化的过程中，我们也在不断传承着这些文化。从实际情况可以看出，在多媒体尚未广泛使用的时候，大量读者在图书馆等文化中心阅读相关书籍，了解传统民族体育文化知识，传承并弘扬相关文化。但在信息时代来临，多媒体设备广泛应用后，手机、电脑成为人们新的娱乐方式，人们逐渐遗忘了图书馆等文化聚集中心，逐渐遗忘了古老优秀的传统民族体育文化。为传承、弘扬我国优秀传统民族体育文化，我们要从娃娃抓起，在儿童阅读刊物中不动声色地融入优秀传统民族体育文化，可间接达到弘扬、传承传统民族体育文化的目的，让儿童早早了解传统民族体育文化，成为传统民族体育文化新的传承者与弘扬者，还可有效传承、弘扬我国优秀传统民族体育文化。

（二）儿童是社会发展的接班人

近年来，优生优育观念已经深入人心，成为人们的共识。各个家庭对于儿童的文化启蒙、文化学习越发重视。儿童阅读刊物是帮助儿童认识更多字词、开拓儿童想象力、丰富儿童知识的主要媒介之一。为了让儿童得到更好的发展，促进儿童智力发展，家长非常支持儿童进行阅读。在儿童阅读刊物中融入优秀传统民族体育文化，开展多样化阅读活动，可启发儿童思维，提高儿童的想象力及创造力。学龄前时期是儿童成长发育的关键时期，这一阶段儿童的大脑发育速度较快，神经元会以惊人的速度逐步建立连接，儿童的认知水平逐步提高。早期阅读可不断强化儿童的阅读能力，可提高儿童的语言能力与思维能力，可刺激儿童神经中枢，让儿童分析这些信息，促进智力发育，形成思维转化。

二、弘扬优秀传统民族体育文化的策略

(一) 通过儿童阅读弘扬优秀传统民族体育文化

1. 分阶段儿童阅读

想要充分发挥儿童阅读的作用,首先要为儿童创造一个良好的阅读环境,促使儿童配合阅读,主动参与阅读。图书馆可针对儿童的年龄、生长发育特点、性格特点,为儿童创造一个特殊的具有针对性的阅读环境,比如在图书馆中设置功能不同的阅读区。语言功能尚未发育成熟,年龄 2 岁以下的儿童,以听故事为主,为充分吸引儿童的注意力,有条件的图书馆,可以让儿童在听故事的过程中享受视觉盛宴。图书馆可将融合优秀传统民族体育文化的儿童刊物制作成有趣的动画片,在该功能区的大荧幕上播放。若图书馆无这个能力,则在听故事的过程中,在大荧幕上播放彩色绚烂、具有传统民族体育文化特点的图片,吸引儿童参与阅读。对于 2~3 岁的儿童,则可设置相应的绘本阅读区,阅读区的绘本应以图画为主,文字为辅,让儿童在不认字的情况下了解绘本中所讲述的故事内容,从而达到阅读的目的。对于 3 岁以上的儿童,则在设置相应绘本区的同时,还可设置游戏区,游戏内容以绘本内容为主,让儿童在游戏过程中逐步体会优秀传统文化,继而达到传承、弘扬优秀传统民族体育文化的目的。

2. 建议并鼓励亲子阅读

家长的态度直接影响到儿童的阅读兴趣与阅读水平。图书馆为提高儿童阅读的效果,让儿童成为传统优秀文化的传承者,还需在图书馆内提供亲子阅读服务,激发并培养儿童的阅读兴趣。很多家长比较沉迷于手机等多媒体设备,不重视儿童的早期阅读,不了解儿童的早期阅读需求,难以配合儿童进行亲子阅读。图书馆应积极宣传亲子阅读的优势与重要性,鼓励每一位家长配合儿童进行亲子阅读,促进双方感情的同时,激发并培养儿童的阅读兴趣。图书馆可在亲子阅读区设置相应的服务人员,由服务人员结合儿童年龄,选取合适的阅读刊物,鼓励家长积极参与儿童早期阅读,积极发挥家长自身的功能与作用。再者,图书馆还可定期邀请专家在图书馆内举办讲座,鼓励家长、儿童参与相关讲座,进一步了解亲子阅读的作用,促使家长积极进行亲子阅读,促进儿童智力发育。

3. 丰富馆藏资源

想提高儿童阅读效果，弘扬我国优秀传统民族体育文化。图书馆还需结合馆内儿童读物的实际数量与情况，积极引入新的、蕴含优秀传统民族体育文化的儿童阅读刊物，不断丰富图书馆的资源，不断增加图书馆儿童阅读刊物的种类、数量。同时，图书馆还需积极建设儿童阅读数字资源库，不断丰富传统民族体育文化的相关文献、刊物，实现优秀传统民族体育文化数字化、科学化、电子化，让家长、儿童可通过现代化设备或是现代化技术顺利阅读相关刊物，进一步优化儿童阅读体验。

（二）通过实践教学弘扬优秀传统民族体育文化

这里的"教学"并不单单指基本层意的课堂教学，而是拓宽到能够起到"教育、学习"的多渠道校内外教育资源这个范畴。我们认为，在探究传统民族体育文化教学形式的时候，要注重把传统民族体育文化与学校方方面面的教学活动相结合，使学生在不同学习领域都能感受优秀传统民族体育文化的魅力。在探索实践中，我们重点注意了以下"五个结合"。

1. 优秀传统民族体育文化教学与学校课程建设相结合

在"把世界当教材"的课程观下，在国家课程的基础上，学校又着重在"校本、社团、社会"等课程建设上下功夫。作为学校重要课题，也要与学校课程相结合，把优秀传统民族体育文化融入其中，让学生时时感受优秀传统民族体育文化的存在。

校本课程：优秀传统民族体育文化进校园没有统一规范的教材，加之本土文化以及不同级段学生认知接受能力的不同，所以，学校在推进优秀传统民族体育文化教学中应特别注重在校本教材上下狠功夫。

社团课程：社团课程是学生个性化发展的重要体现。在众多社团课程中，专设"学而"社团，让学生在诵读中对优秀传统民族体育文化产生兴趣；"茶道"社团，让学生了解"中国树叶"的故事与内涵；"古琴"社团，与中国最古老的乐器有对话的机会；"博弈"社团，领略围棋方寸之间对垒的智慧之决；"墨韵"社团，感悟中国书法独有的古韵。在不同的社团里，学生感悟到了不同领域该项优秀传统民族体育文化的博大，产生了崇敬之情，进而有了更愿意靠近的想法。

社会课程：社会即生活。这一课当中更缺不了优秀传统民族体育文化的融入，如以"我们的节日"为主题的社会实践课程，既对传统节日赋予新意，又创新了学校的节日活动形式。社会课程还有一个不可多得的资源——家长进课堂。丰富的家长资源，博学多才的家长，也能把优秀传统民族体育文化讲得津津有味，更能激发学生对优秀传统民族体育文化的兴趣。

2. 优秀传统民族体育文化教学与开展活动相结合

活动是一所学校活力的象征，把优秀传统民族体育文化融入其中，学校就具有了独有的特色，学生也有了不凡的气质。如学校开展的"诗词大会""讲故事比赛""元宵猜谜语""清明讲家风""端午做香囊""中秋画月饼""重阳话孝道""春节写春联""入学礼""毕业礼""经典诵读大赛""课本剧""情景剧""诗配画或画配诗实践交流"等活动，大大增强了学生学习优秀传统民族体育文化的兴趣，提高了他们学习优秀传统民族体育文化的能力。在参与的过程中，不自觉地感受到了浓厚的文化气息。

3. 优秀传统民族体育文化教学与校园文化环境建设相结合

校园文化建设是一所学校的窗口，透露的是学校的气质与内涵。在打造校园文化建设方面，以"优秀传统民族体育文化"为主线，选择中国最具典范的文化融入其中，彰显学校的特色。在楼道文化建设上，选择了"二十四孝""二十四节气""传统八雅""我们的传统节日""诗路花语""成语故事"等内容，用最传统的彩绘直接绘制到墙体和天花板上。

第四节　优秀传统民族体育文化教学与学前舞乐结合课堂教学策略研究

一、相关基本概念的界定

（一）舞蹈与音乐

舞蹈与音乐都是人类几千年文明的结晶，也是人类表情达意的重要的艺术形式。具体而言，舞蹈是一种通过身体（主要是肢体）"运动"进行情感表达的艺术形式，它有着悠久的历史，突出特点是将时间与空间糅为一体，有节奏地表现舞蹈艺术家所要展现的画面或者故事情节。一般情况而言，舞蹈具有多种多样的功能，包括强身健体（比如现在常见的体育舞蹈，以广场舞为典范）、进行社交（如交际舞蹈）、祭奠先祖或某些具有象征性的文化（如现在某些少数民族仍保持一些古老的舞蹈，以纪念先祖，传达后人追念之情）等。舞蹈的功能多元化，是由舞蹈本身具有灵活流动的特点所决定的，不同的舞蹈适用于不同的人群，能够传达不同的情感。就我国而言，在5000年以前，华夏先祖就已经创造性地通过肢体有节奏的扭动来进行聚会的娱乐活动，这说明舞蹈的源头是普通大众的劳动这一最为基本的活动。人们在活动中经常通过舞蹈来释放劳动之后的疲惫之感，获得身心的愉悦。到了秦朝统一六国后，舞蹈进入了前所未有的大融合时代，同时也保留着不同舞蹈的特色。而后两千年华夏文明中，舞蹈一直作为重要的艺术形式存在于我国文明中。

音乐也是表达人类喜、怒、哀、乐普遍情感的一种重要的艺术方式，与舞蹈一样，音乐的由来已有相当长的历史。一代文豪鲁迅《门外杂谈》记载的"杭育杭育派"，或许是我国音乐的最早起源。鲁迅在文中指出，远古人们为了协调劳动的步调，促使劳动者共同发力，也为了在繁重的劳作中暂时忘却疲劳，自发喊出"杭育杭育"的劳动号子，当为我国诗歌的萌芽。其实，"杭育杭育"本身并非诗歌，而是音乐的最初表现形式，但古代诗与音乐本来就是一体的，这从"诗歌"一词就可以看出：当写出来的诗，经过声音的拉长演绎出来时，就成了歌。目前，人们常用两种方法给音乐分类。一种依音乐是根据人声来表达，还是通过乐器来传达，将音乐分为声乐和器乐。另一种按照音乐的风格类型，将音乐分为古典、民族和流行三种。有时，人们也会根据音乐产生的地域，将音乐笼统地分为东方音乐和西方音乐。不论哪种分法，音乐都是通过"听"来完成人们欣赏过程的。

（二）舞乐结合课堂

所谓"舞乐结合课堂"是指将舞蹈和音乐结合在一起，进行课堂教学的一系列活动，它突出了舞蹈和音乐不可分割的关系。舞蹈和音乐在实际课堂教学中的结合，主要是把音乐的韵律感与舞蹈的肢体美融合，让人们在视觉享受的同时，还能一饱耳福，更为真实地感受两种不同艺术带给我们的"美"的欣赏与享受。两者在课堂中的结合，从音乐角度来说，舞蹈突破时空限制的艺术特点可以给音乐的编创带去灵感；从舞蹈角度而言，音乐的韵律感、节奏感又会给舞蹈肢体的扭动带去某种艺术的启示。总之，两者互相影响，互相促进。

（三）优秀传统民族体育文化舞乐结合课堂

教师是人类灵魂的工程师，承担着人类文明传承的重要责任。优秀传统民族体育文化舞乐结合课堂，不仅要通过舞蹈和音乐的训练增强其技能，更应该突出道德教育的熏陶。人们常说："学高为师，身正为范。"教育的要义，就是老师不仅要掌握好扎实而渊博的专业知识，还须有高尚的人格和正派的作风。优秀传统民族体育文化舞乐结合课堂的展开，尤其要注意学生道德的培养。正如我国著名教育家陶行知先生所言："道德是做人的根本。根本一坏，纵然使你有一些学问和本领，也无甚用处。"

二、在优秀传统民族体育文化课堂实施舞蹈、音乐教育的重要性

（一）舞蹈、音乐诠释着生活原生态之美

生活是一切艺术最为根本的源泉，舞蹈和音乐也不例外，它们诠释着生活最为真实的原始之美。正如前面所言，舞蹈和音乐都产生于人类的劳动活动，是人类劳作的产物。既然舞蹈和音乐自劳动而来，必然带有劳动活动质朴无华的特点。事实亦如此，舞蹈和音乐在产生之初便被打上了劳动的印记——音乐以劳动时人们发出的劳动号子为创作素材，而舞蹈则以劳动动作的再现为编创要点。随着时间的推移和人类文明的不断积淀与发展，人们的生活越来越丰富多彩，这为舞蹈和音乐的发展加入了不少新的要素，使舞蹈和音乐开始发掘劳动的生活素材。但不论如何深化拓展，舞蹈和音乐以表现人类生活为主这一要点始终没有改变。正因如此，舞蹈和音乐诠释生活最为原始、本真的美的初衷没有改变，这是在优秀传统民族体育文化课堂实施舞乐教育的原因之一。

（二）舞蹈、音乐书写艺术的真、善、美意境

艺术之所以为人们代代相传，在于它深层反映着人类普遍的真、善、美情节。舞蹈和音乐作为艺术表现不可或缺的两个重要组成部分，同样书写着真、善、美的意境。不论何时，不论何处，亦不论何种民族，都一致认同真、善、美为艺术的最终评判指标。舞蹈和

音乐在表达情感时，试图营造一份或恬静，或悲烈，或雄壮，或清秀的美好画面，试图表达人类骨子里存在的或同情，或悲悯，或默默祈祷的善良情感，一切都显得那么真实而难能可贵。需要指出的是，舞蹈属于一种"无声"的艺术形式，而音乐恰恰相反，需要借助声音来表达，是"有声"的艺术方式。舞蹈和音乐的这一差别并不妨碍两者的结合，甚至反倒为舞乐结合提供了理由，或者说两者的这种差异弥补了各自的空白。我们知道，课堂教学的主要目的是培养人文素养，传递人文关怀，舞蹈和音乐作为人类真实、善良和美好情感的传播使者，在课堂上实施相关教育，也是我国教育的应有之义。

（三）舞蹈、音乐表达人类普遍的审美情趣

舞蹈与音乐作为艺术，其无穷魅力在于表达着人类普遍的审美情趣，给人以美的联想、美的享受。审美是意识的范畴，没有固定的边际，不像现实生活一样受到种种约束。舞蹈和音乐正满足了人们普遍审美情趣的要求，将人们在生活中无法实现的目标，通过在艺术海洋的遨游中而获得一种满足感。就现实生活而言，任何一个个体都无法完全脱离舞蹈和音乐的影响，尽管有些人并不这么认为。举个简单的例子，最为普通的活动——走路、跑步等若加以节奏的辅助，即具有了舞蹈的雏形；而人们另外一些活动——说话、演讲等则是音乐的不成熟表现形式，仍具有音乐的要素。许多人在生活中不如意时，都会投入舞蹈和音乐的怀抱，以寄托自己的情怀。舞蹈和音乐能够表达人类普遍的审美情趣，这是传统民族体育文化课堂实施舞乐教育的又一原因。

（四）舞蹈、音乐是文化传承的重要一环

就广义的文化而言，音乐、舞蹈和优秀传统民族体育文化一样，都囊括在大的文化内涵之中。就这个角度而言，舞蹈和音乐又是传承华夏文明的重要的一环。诗歌、舞蹈、音乐"三位一体"的传统，也说明了舞蹈和音乐在传承华夏文明所起的重要作用。我国儒家经典名著——《论语》记载了孔子对音乐的看法。孔子谈到《韶》（舜、禹时代的音乐，传说为夔所作）时，言《韶》乐"尽善矣，又尽美矣"，谈到《武》（周武王伐商，孔子认为是以下犯上）时，认为"尽美矣，未尽善矣"。孔子对《韶》乐和《武》乐的不同态度，表明了人类早期的音乐思想，这是音乐属于文化范畴的重要例子。舞蹈也是如此。随着舞蹈和音乐的发展，舞蹈文化和音乐文化也逐渐建立起来，成为文化绽放光彩的两朵重

要的奇葩。

三、优秀传统民族体育文化课堂教学舞乐结合的原因及意义

（一）舞蹈和音乐历来有统一的传统

诗歌、舞蹈和音乐速来都有统一的优良传统，这在我国古典文献有明文记载。《毛诗序》记录了这么一段话："诗者，志之所之也，在心为志，发言为诗，情动于中而形于言，言之不足，故嗟叹之，嗟叹之不足，故咏歌之，咏歌之不足，不知手之、舞之、足之、蹈之也。"意思是人们作诗是因为情感达到了某个爆发点，堆积在心底的情绪通过文字表达出来就是诗；情感表现在诗中，也体现在真真切切的言语之中，当言语不足以表达情感时，人们往往会做嗟叹之状，当嗟叹也不足以发泄时，就会拉长声音，通过音乐的形式来传递情感要素。倘若音乐的吟唱也不足以完全表达情感，人们往往会将情感直接寄托在"手之、舞之、足之、蹈之"的舞蹈艺术形态上。由此不难看出，舞蹈和音乐的出发点和落脚点都是人类情感的发泄，两者是一种传承和递进的关系，本质上没有区别。舞蹈和音乐有一体的传统，这是在优秀传统民族体育文化课堂教学中将之结合的前提条件，是它们能够互相包容、互相促进的原因所在。

（二）优秀传统民族体育文化课堂培养学生综合艺术能力的要求

传统民族体育文化课堂将舞蹈和音乐结合起来，是培养学生传统民族体育文化综合艺术能力的必然要求。任何艺术都有它不同的地方，只有秉承兼容并包的思想将不同种类的艺术囊括起来，才能切实提高学生传统民族体育文化的艺术修养，为其未来的学生生涯铺垫好坚实的艺术专业基础。倘若只是狭隘地专修一门艺术且不深入研习之，很难真正领悟艺术的真谛，甚至是否能入艺术之门径也有待商榷。因此，因课堂受众是优秀传统民族体育文化这一特殊群体，应毫不犹豫将舞蹈和音乐的教授融合在一起进行教学。

（三）开创艺术相通之路，才能创造艺术新境界

舞乐结合又是开拓艺术领域，创造新的艺术境界的必然要求。光有舞蹈优美的动作，缺乏音乐或其他艺术的配合，舞蹈会显得过于孤立而难以博取欣赏者的一致认同；光有音

乐的听觉享受而缺乏视觉对美好事物的涉猎，也显得孤立单薄。为了开拓艺术新境界，需要传统民族体育文化课堂将各种艺术杂糅在一起，取长补短，演绎出美妙的艺术天堂。

四、优秀传统民族体育文化舞乐结合课堂教学创新策略

（一）坚持优秀传统民族体育文化舞乐教学从生活中来到生活中去

从哪里来到哪里去，这是一种秉承寻根式思维的思考模式。优秀传统民族体育文化舞乐教学课堂也应该追根溯源，力求表现最为根本的生活本身，探讨其中存在着的某些普遍的哲理要素。优秀传统民族体育文化舞乐结合课堂的教学，应该积极从生活和大自然中汲取灵感。比如，在万物苏醒的春天，柳树抽出嫩芽，花骨朵儿隐隐约约地露出半边脸儿，溪水从容流淌，偶尔一阵微风略过，一切显得那么安静与富有希望。舞蹈和音乐的教习可以依据艺术风格，选择大自然这种安静祥和的表现风格，使人在欣赏时产生一种似曾相识而唯美的感受。优秀传统民族体育文化的课堂更应该与大自然和生活联系起来，未来的学生在老师的影响下，即使无意于在登上艺术的山峰，也可以因为课堂的学习，对大自然和生活多几分领悟，热爱生活的点滴。此外，从哪里来到哪里去的教学方式，体现出来的还是一种重实践的教学观，舞蹈和音乐来源于生活，既要表现生活，也要经得住生活的考验。这主要体现在创造出经典的舞蹈和音乐相结合的艺术作品，让之在时间的流逝中依然挺拔。

（二）坚定不移地追求艺术的真、善、美

如果说创新是艺术生命延续的理由，那么，保持艺术真、善、美追求的永恒不变，则是其生存的基本根基。优秀传统民族体育文化舞乐结合课堂教学要坚定不移地追求真、善、美，这是一种艺术要求，也是一种艺术境界的营造。真实、善良和美好，这三者都属于价值属性的判断范畴，它既是做人的境界追求，也是艺术的永恒追求。比如我国人民耳熟能详的江西民歌《十送红军》，以动人悠扬的旋律为主，配上恰到好处的舞蹈表演，将整个音乐剧完美地展现在观众眼前，让人仿佛回到了战争年代，年轻的军人为了争取祖国的独立自由，与妻子家人依依惜别的情景。欣赏完这个剧本，观众无不为其中的场景所感染：真实再现战争年代的真实场面，斯人景，历历在目；为了国家利益而将个人利益暂时

抛开，这是一种崇高的善的表现；而由于这一音乐剧具备了真与善的基调，整个画面给人的感觉就十分美好。优秀传统民族体育文化舞乐结合课堂的展开应沿袭这样的优良传统，将教学真真切切地拉上真、善、美的舞台。

（三）将音乐的节奏与舞蹈的肢体语言完美融合

音乐主要通过声音传递情意，舞蹈则不然，它重在用饱满的肢体语言来书写艺术的真谛。因此，作为两种不同的艺术表现形态，优秀传统民族体育文化舞乐结合课堂教学要消除两者的隔阂，实现它们的完美融合。世界著名文学家维克多·雨果曾经说过："音乐表达的是无法用语言描述，却又不可能对其保持沉默的东西。"他指出了音乐具有很强表达性，它能弥补语言所不能表达的意义。而舞蹈家特怀拉·萨普（Twyla Tharp）说过这样一句名言："在我成长时期，感情和欲望都令我羞涩。而通过舞蹈，我终于可以应付自如，不再觉得羞涩。"这体现了音乐和舞蹈都是人们在羞于启齿时展现自我的一种方式。优秀传统民族体育文化生舞乐结合课堂教学要紧紧抓住舞蹈和音乐的表现功能，将无声的舞蹈和动作表现不强的音乐努力结合，找到其中的相通相容之处，不能割裂地看待。

（四）将传统与现代创造性地糅合在一起

目前，艺术的发展面临着现代与传统结合的局面，优秀传统民族体育文化舞乐结合课堂教学应该致力于二者的融合，而不是单方面地偏向一方。汲取民族的、传统的精华，艺术才显得有厚度；融入现代的要素，才能与时俱进，显出活力。优秀传统民族体育文化舞乐结合课堂将传统与现代结合，这是艺术传承的必由之路，艺术从来不是凭空而生的，是时间与艺术磨合后的产物；同时，艺术也不是停滞不前的，它必须与时代的发展同进步，否则，很容易经不住群众的考验，为人们所抛弃。舞乐结合课堂将传统与现代结合，是继承优秀传统民族体育文化的一种严肃的态度，也是开拓创新的具体体现。舞蹈和艺术要获得真正长久的生命，继往开来是必由之路。比如我国著名的音乐剧《茉莉花》，就很好地将音乐的轻灵与舞蹈的柔美融为一体，人们仿佛在茉莉花的天堂品味着生活与生命的美好。它既继承了中国优秀传统民族体育文化含蓄美的一面，又吸收了现代的音乐唱法和舞蹈动作，对我们的优秀传统民族体育文化舞乐结合课堂将传统与现代结合，是有启示意义的。

（五）紧抓优秀传统民族体育文化的真义：学高为师、身正为范

"优秀传统民族体育文化"的真正含义是"学高为师，身正为范"，优秀传统民族体育文化舞乐教学课堂的展开要紧抓"优秀传统民族体育文化"的真正内涵。"学高为师"要求我们以扎实的舞蹈和音乐专业基础（包括理论和实践两方面），引导学生进行专业的艺术技能培训。"身正为范"是指教师除了对优秀传统民族体育文化技能关注外，还要格外注重学生优秀传统民族体育文化道德素质的培养。苏霍姆林斯基有一段非常有名的话："爱人吧！对人的爱是你道德的核心！应当这样生活：让你的道德核心健康、纯洁、强大无比！做一个真正的人，这就是说要为你周围的人贡献出自己心灵的力量，让他们更美好，精神上更富有、更完美；让你生活中接触的每一个人从你那儿，从你的心灵深处得到一点最美好的东西。"警示我们在对优秀传统民族体育文化生进行教学时，要注重为人处事的引导。

（六）以学生为主体，突出学生的主观能动性

新课标启示我们，学生是教学的主体，要以学生为教学之本，突出学生的主观能动性。发挥学生学习优秀传统民族体育文化的主观能动性，对于提升课堂效率有着不可磨灭的作用，还能提高学生的积极性，用心去领悟艺术的魅力，自内心提升自主创新能力。优秀传统民族体育文化舞乐结合课堂更应该以学生为主，因为舞蹈和音乐除了先天的艺术天赋外，不断的训练是重要途径。

总之，舞蹈和音乐结合势在必行，优秀传统民族体育文化艺术课堂教学要注重两者的有效结合。舞蹈和音乐是人类艺术宝库中的两朵绽放光彩的花朵，诠释着生活原生态之美，书写着真、善、美意境，表达着人类审美情趣，更是文化传承的重要一环。它们历来都有统一的传统，源于生活并反映生活的某些本质特征，有着真、善、美的共同艺术追求。要开展优秀传统民族体育文化舞乐结合课堂教学活动，必须坚持优秀传统民族体育文化舞乐教学从生活中来到生活中去，坚定不移地追求艺术的真、善、美，将音乐的节奏与舞蹈的肢体语言完美融合，将传统与现代创造性地糅合在一起，紧抓优秀传统民族体育文化"学高为师、身正为范"的要义，并以学生为主体，突出学生的主观能动性。

第六章　学前音乐舞蹈教育中传统民族体育文化融入探究

艺术文化渗透有助于传承我国的传统文化，培养幼儿的民族自豪感，使幼儿树立正确的思想观、价值观。由此可见，对学前音乐舞蹈教学中渗透传统民族体育文化的对策进行探析，具有重要理论与实践意义。本章对传统民族体育文化融入学前音乐舞蹈教育教学进行深入探究。

第一节　传统民族体育文化融入学前教育

一、传统民族体育文化教育资源的概述

民族的概念经过了长期的历史变迁，从马克思、恩格斯认为在物质交往基础上的形成条件，到斯大林提出"共同语言、共同地域、共同经济生活、表现在共同文化上的共同心理素质是民族的一切特征，只有一切特征都具备时才算是一个民族"。传统民族体育文化是经由集群文明滋养、汇聚、演进而成的具有民族特质、反映独特风貌的文化形态。既包括衣食住行、礼仪风俗等现实生态，也包括文学、艺术等思想传达，是丰富多维、立体构成的整体性集群表征，它是由古至今的精神根须，也是个人书写和集体想象互相渗透的情

感印记。传承和发扬传统民族体育文化不仅是教育的一大任务,更是反过来促进教育事业的发展和进步。民族传统中保存的文化养料通过教育活动和教育过程不断注入个体生命中,充盈他们的体验,浸润他们的灵魂,并且借助不同载体的差异性拓展获取新的内涵价值和传播渠道,让传统拥有新活力。

广义的教育资源泛指一切旨在支持教育对象发展的自然环境、社会环境和人文环境等,其中社会环境包括物质条件与精神财富两方面因素在内。狭义的教育资源是指可为教育部门或教育工作者所选择和使用作为教育教学手段的资源。

二、传统民族体育文化资源在学前教育领域的价值

(一)蓄民族之根,培养幼儿家国情怀

国家、民族是一个个体社会属性的基点,主观上对于国家和民族的情感态度却在客观上深刻影响甚至决定着人的发展走向。国家是由各民族群落的横向牵连、动态融合而构成的范畴,以及这一范畴所关涉的历史。而民族则是国家的基本单位,民族兴衰直接关系国家的前途命运,民族文化的昌盛象征着精神基因的传递是否有力,代表着一个国家精神文明指标的健康程度,更关系到综合国力的基底问题。根壮硕,则枝叶繁茂。为长远计,在民族历史中保护性挖掘并吸收传输精神之钙,宜早不宜迟。传统民族体育文化宝库中的生存智慧、进取精神、忧患意识,感染着幼儿,也担负着民族的希望。

(二)取传统之道,解决学前教育发展问题

在绵延几千年的历史长河中,以经济发展、科技进步为主的工具理性强有力影响着社会推演的速度,但是深刻决定一个民族生存视域和宽度的是其文化当中所包孕的价值理性,而各传统民族体育文化中朴素的生命意识、哲学追索、审美判断等正是这些价值理性的母体。任何后续时代所面临的发展问题其实都已潜藏其中,并作为子命题蕴含在传统民族体育文化所探讨的母题当中了。认识宇宙、感知社会、实现自我,进而通过向外探索的方式完成向内的审视,成为不同地域、不同种族、不同国家,甚至不同信仰人群共同的生存意义。不仅传统民族体育文化需要教育途径来传扬承续,教育也恰恰需要传统民族体育文化来支撑涵养,需要借助采果取实的方式培育身处文化场域中的人独立追溯、思考和判

断源流走向的能力。各层级的教育都有必要取道传统，挖掘不朽的教育资源，将人格、情操、道义等永恒道德属性注入民族肌体，以葆民族的精神命脉健康长青。学前教育也不例外，一度过快的发展速度和膨胀的发展模式所带来的质量牺牲有望通过求诸传统得以改善。幼儿正值生命初期，和传统民族体育文化的内核形成有天然的亲缘关系，鸿蒙初开之际接受传统民族体育文化的蒙养，有利于解决学前教育发展过程中的历史遗留问题。

（三）播文化之种，服务幼儿终身发展

恢宏壮阔的五千年文明泱泱不息，其间悠久灿烂的中华文化光耀古今，成为充盈在所有华夏子孙身体里的魂魄骨血所在。当今已有不少理念超前的幼儿园已经意识到传统民族体育文化在幼儿教育上所起的特殊作用，注重并力行传统民族体育文化教育，将传统民族体育文化精神内涵、传统民族体育项目等内容纳入日常教学中。但在倡导和享受传统民族体育文化教育资源方面，城乡之间、地区之间、学校之间，甚至不同教育背景的家庭之间还存在现实差异。幼儿传统民族体育文化教育需要多措并举、兼顾均衡，向多样化、社会化和主体化过渡。幼儿期是大脑发育最迅速的年龄阶段，同时，各种心理活动逐步发展，个体意识开始萌芽。这一生理心理发展特点使得传统民族体育文化教育资源的开发利用在幼儿教育中可立奇效，建伟功，凸显尤为重要的地位和价值。推动幼儿尽早接触博大精深的传统民族体育文化，使其感受领略本民族的气韵和神髓，将传统民族体育文化资源引入幼儿教育体系当中，无论对于完善幼教教学体系，还是激发教育对象的民族情怀来讲，都意义重大。激发幼儿开发幼儿智力、拓宽其知识视野、陶冶其情感情操、启迪其审美情趣、培养其哲学思维，人生之基起于幼儿，幼儿之教育始于文化，播撒一颗文化的种子，沿途静候繁花盛开，在为幼儿发展开疆拓荒方面民族古典智慧大有可为。

三、传统民族体育文化资源在学前教育中的应用依据

日新月异的发展成果和纷繁复杂的发展环境构成了人才培养目标向能力和素养倾斜的时代背景，素质教育的深入要求正在不断加快着教育改革的步伐。"九层之台起于垒土"，从教育的最基础环节下好功夫，回应"人之初"的本质规定，育德行、养性灵，落实"立德树人"的根本任务，是新形势下我国学前教育的基本纲领。加强和推进传统民族体育文化资源与学前教育的全面深度融合，作为学前教育改革的方向，传统民族体育文化与

学前教育将实现全面融合，而作为学前教育改革的内在要求，传统民族体育文化与学前教育势必走向深入融合。

（一）传统民族体育文化与学前儿童

研究表明，学前儿童理解和接受周围世界是通过具象感知方式进行的。而传统民族体育文化和人的感官也密不可分，服饰有颜色款式、饮食有风味口感、民俗有风情场面。首先，传统民族体育文化的承传途径和学前儿童感知事物的方式存在内在相似性。在诉诸具体感官之后，进而在记忆、联想、想象等心理活动参与下形成内涵和风格。这决定了传统民族体育文化中很多内容都为孩子所喜闻乐见，也易于接受。其次，传统民族体育文化包罗甚广，精髓至深，能够育人于无形。学前儿童本性自然拙朴，处于生命原初本真状态，这一时期的影响在后续生存中留存扩散，关乎其终身发展。传统民族体育文化依托物质，指向精神，通过直感参与最终作用于人的心灵，借以实现对人的隐形雕琢，传统民族体育文化的内在实质和学前儿童的成长规律存在着天然的联系。换言之，传统民族体育文化在学前教育中的融合应用符合学前儿童的成长规律和教育特点。

（二）传统民族体育文化与学前教育

在多元文化背景下，对本民族的身份认同尤为重要，民族自豪感的激发更显珍贵。为此，传统民族体育文化在学前教育阶段的渗透也已刻不容缓。在幼儿园的教育教学过程中有计划有目的地组织开展民族体育项目表演、民族传统运动体验等活动，不仅能够显著提高课程内容的丰富性，还能有效改善幼儿的活动参与度，促进不同活动领域间的资源流动率，进而发现幼儿的兴趣范围、激发幼儿的探索热情、提升其文化自信。传统民族体育文化的引入将有助于构建更为合理的学前教育课程体系。

除此之外，传统民族体育文化虽有地域性、历史性，但其包含的智慧和启示却是恒久的，具超时空性和跨地域性。应内涵式发展要求，学前教育将注重德育与智育并举，致力于行为习惯、道德情操和健全人格的培养。足以说明传统民族体育文化所隐含的价值导向与幼儿教育的理念追求之间不谋而合。幼儿教育中应用传统民族体育文化资源，高度契合幼儿教育的教学内容和培养目标。

四、传统民族体育文化资源在幼儿教育中的应用策略

实现传统民族体育文化资源与幼儿教育深度融合，珍贵历史文化的传承和保护可以伴随幼儿成长而根深叶茂，幼儿教育的完善和发展能够在传统的印记中觅得良机。在推动幼儿教育前行的动力中，传统民族体育文化的作用是本质性的。教师应深入理解新时代教育改革的要求，准确把握幼儿教育的发展趋势，结合学前儿童的身心特征，以幼儿所喜闻乐见的方式和灵活多变的途径将传统民族体育文化引入教育活动和教学环节当中，引导幼儿经历由民族人文内蕴带来的沉浸氛围、热爱体验、认同文化到生成人格的神奇变化。

（一）及时捕捉教育契机，渗透传统民族体育文化

幼儿的语言、意识、情感等都处于首次关键发展期，教育无时无刻不在发生，契机随时随地都可能出现。教师及时发现这些契机并施以影响，教育成效往往会原发而持久。传统民族体育文化取道"清泉石上流"之韵和"明月松间照"之怀，其"返景入深林"的特质，恰恰能够春风化雨，润物无声。既是通过传统来映照现实，以史鉴今，又是摇开镜头，通过陌生化的人和事激起孩子思索的乐趣，都为学会接触、评价与判断，两种不失为是殊途同归。另外，适时在园内组织民族民俗或民间文化体育体验活动，使幼儿置身其中，也能及早培养其对本民族的文化认同感。化教育于无形，在增长见识、修养心性、历练能力方面，传统民族体育文化中都蕴含着十足的开掘空间。

（二）精心设计教学活动，彰显传统民族体育文化

活动是教育的重要实现手段和基本组成部分，然而现行幼儿教育中的教学活动从准备、实施到反思，完整却不完善，形式有余而内容不足。即使是直接和传统民族体育文化相关的教学活动，也只是生搬硬套，不过蜻蜓点水，浅尝辄止，终是貌合神离。这就要求教师首先浸润在传统民族体育文化之中，不仅形貌毕肖，还要得其神髓。然后才能融会贯通，运化自如。活动目标的设置上，应体现文化树人的主张，突出德育和美育的重要功能；活动过程的设计上，要营造文化育人的氛围，让孩子们通过听、看、赏、演等方式感受传统民族体育文化的魅力；活动延伸的设想上，大力发挥经验迁移、行为实践的作用，打破时空限制，让孩子讲一讲、动一动、玩一玩，激发孩子对于文化的想象，培养孩子对

传统价值的认同。立足时代，从传统资源中发掘活动素材，融入新元素、丰富新路径，势必使教学不空，传统不失。

（三）着重形成家园合力，弘扬传统民族体育文化

幼儿的健康成长需要家庭和校园形成教育合力方能实现，在发挥传统民族体育文化教育效能方面，家长的参与同样不可或缺。由于受到幼儿有意注意时间有限，幼儿园场地和教学活动时间有限等因素的限制，园方只能追求相对时间内教育成效的理想化。而作为幼儿情感依托的家庭，在延长文化熏染时长，丰富文化浸润方式、拓展园内活动成果上则享有天然的优势。

首先，诵读经典，在文学渗透中体会传统。传统民族体育文化中的经典蒙养作品一直在幼儿教育课程资源中牢牢占据一席之地。创设舒适静谧的家庭阅读环境，让幼儿在快乐美好的氛围中养成爱诵读的良好习惯，经典文学的意义也会在幼儿的生命历程中缓慢释放。

其次，参与实践，于身体力行中感悟传统。家庭应经常自觉加入或响应性参与跟传统民族体育文化有关的实践活动中去，努力创造现实条件让幼儿接触、理解并尊重和保护传统。如在端午节时划龙舟，感受团队合作的重要性。

最后，注重亲子关系，在游戏中发扬传统。游戏能够成为幼儿教育的主要形式，主要取决于它顺应了游戏是幼儿学习主要渠道的自然规律。因此，教师往往会在教学设计中调动大量的游戏资源，以供应孩子们的快乐需求，并借助满足期待的方式植入教育内容。为配合教师的游戏教学，家庭可自行组织游戏活动，拓展游戏种类，以激发孩子参与传统民族体育文化传承的热情。

对民族而言，学前教育事关人才、民心、国力，举足轻重。对教育受众来说，涉及潜能起点，生命底色、人格基调，影响深远。发展必须归回精神，学前教育的内涵式转向根本上并非时代推动，而是源自教育的本质性要求。"不忘历史才能开辟未来，善于继承才能善于创新。优秀传统民族体育文化是一个国家、一个民族传承和发展的根本，如果丢掉了，就相当于割断了精神命脉。"中华传统民族体育文化悠久灿烂，将之传扬、守护、光大，使内养于心，外化于形，不仅是教育的担当，更是教育的内容和手段。实现传统民族体育文化资源与幼儿教育的深度融合已经刻不容缓，深入探讨并解决传统民族体育文化资

源在幼儿教育中的应用问题也已成为所有学前教育工作者和研究者的共同责任,无人可作壁上观。

第二节 传统民族体育文化运动项目中的音乐与舞蹈

人类对音乐舞蹈的喜爱,原是人之本性,每当人的情感需要发泄时,手舞足蹈就是一种表现形式。人类对音乐舞蹈的形成与发展,经历了一个从不自觉到自觉,从自然到创造的文明发展历程。在我国众多的民间民族体育运动项目当中,有很多优秀的体育运动项目经过长时间的发展与完善逐渐成为人们进行健身娱乐的重要方式之一。舞龙舞狮作为传统民族体育文化运动项目之一,其音乐舞蹈文明史既符合上述规律,又具有民族特色。本节主要对舞龙舞狮具有代表性的民间民族项目的教学方法以及其中音乐舞蹈的运用进行分析。

一、舞龙

(一)舞龙概述

舞龙是指舞龙者在龙珠的引导下手持龙具,随着鼓乐或者音乐的节奏通过人体运动与姿势的变化完成龙的游、穿、腾、跃、翻、滚、戏、缠、组图造型等动作和套式。

1. 舞龙的起源与发展

舞龙展示出伟大的中华民族精神,它广泛流传于祖国辽阔疆域的东西南北。龙是我国古代传说中的一种神异动物,自古以来龙就与人们的日常生活结下了良好的缘分。"舞龙"是中华民族民间传统文化的重要组成部分,它从产生至今已经走过了漫长的岁月。

关于舞龙运动的起源说法众多,人们普遍认为舞龙运动起源于原始的求雨祭祀活动。中国人认为龙象征着水,因此逢旱之时人们就会联想到"龙"的威力,借助于"龙"的祭祀活动就成为祈求雨水的一种形式。之所以用舞龙来求雨是由于舞龙含有地上的龙与天上的龙相感召、相会合的意思,地上的龙一舞动,天上的龙就会普降大雨,润泽四方。

在殷商时期，甲骨文记载中便有向龙卜雨的甲片，当时作为求雨的祭祀舞蹈是非常普遍的。在古人的思维当中，龙总是与风雨同在，龙的出现必然会伴有风雨的"迎送"，这便是求雨离不开龙的根据。汉代产生了"舞龙"运动，汉代有"鱼龙漫衍"之戏，它是舞龙运动的前身，舞龙运动受到这种游戏的启发而逐渐兴起。在汉代，一开始用"土龙"祈雨，经过多年演变逐渐扎制龙形而舞，便有舞龙的产生。随着社会的发展，人类文明的进步，"舞龙"这一种形式也逐步地从祭祀活动中走出来，并且种类也多样化了，制作工艺更加精细。本为祈雨的龙舞，经过多年的发展演变，也逐渐形成了以消灾免难求得吉祥平安娱乐而进行的表演活动。到了唐代，舞龙活动也进入了鼎盛时期。这一时期的"舞龙"，已经基本上摆脱了原始祭祀的宗教活动，与民间传统节日的庆典活动密切地结合起来，成为中华民族节日文化的重要组成部分。到了宋代。舞龙运动已经基本定型了，宋人吴自牧所写的《梦粱录》一书有对舞龙详细的记述。这一时期舞龙的定型不仅体现在龙的形态的基本固定，还体现在其他因素的趋于完备。从宋开始，到元、明、清，龙的形态几乎没有什么变化，主要特点是蜿蜒多姿，通体华美。这一时期，舞龙运动的其他因素也趋于完备，例如，鼓乐的伴奏，云团、雷电、龙珠的伴舞。舞龙的动作与锣鼓声交织一片，在震耳欲聋的锣鼓声中表演者那激越豪放的情绪以及变化多端的龙姿造型，真可谓声情并茂、力挽狂澜，大有排山倒海、所向披靡的气势。从宋元至明清，舞龙运动不断改进、完善，有了很大的发展。随着舞龙活动年复一年的传演，舞龙的作用逐渐发生变化，迷信色彩逐渐淡去，娱乐健身、表演欣赏的作用越发明显。一代又一代的人通过对舞龙的欣赏，潜移默化地接受了舞龙艺术的审美效应，渐渐地，人们几乎要忘却舞龙原来创作的目的，只想在欢乐的节日中制造出丰富多彩、热闹非凡的气氛。近年来，我国各地民间舞龙的兴趣逐年增长，活动规模也日益宏大。除了大型的舞龙比赛，舞龙越来越多地用于节日的庆贺。每到新年、春节或喜庆节日，人们常常舞动各式各样的巨龙，特别是舞龙运动与现在技术相结合，更加增添了舞龙运动的艺术魅力。

舞龙对于舞龙者有很高的要求，引龙人应该充分发挥手、眼、身、法、步的灵活运用，将彩色龙珠或左或右、或上或下，逗引长龙俯仰翻转，一招一式不仅要优美洒脱，还要灵活自如。龙头的任务最重，它需要紧随龙珠灵活地腾、跃、翻、滚，而且要时时兼顾龙身、龙尾，做到快而不滞、活而不僵。龙身、龙尾则要明察秋毫、紧密配合、灵活机动，确保整条龙的协调统一。为了实现这种效果，舞龙者用尽了武术功法，遵循武术要求的"腰胯能运转,上下自协调""身如游龙、腰似蛇行"等技巧。由此可见,舞龙是整体配合的武术展示,舞龙运动那翻江倒海的非凡气势没有武术的功底是演练不出来的。

2. 舞龙的分类

中国地域辽阔,不同民族独特的舞龙方式造成了舞龙种类繁多、形式多样的特征。根据不同的划分依据可以将舞龙划分为不同的种类。

(1) 依据龙具制作材料的不同可以划分为布龙、纸龙、板凳龙、纱龙、百叶龙、香火龙、草龙、冬瓜龙、绳索龙、空心龙、人龙等。

(2) 依据舞龙的不同目的可以划分为宗教形式的舞龙、表演形式的舞龙、竞技形式的舞龙等。

(3) 依据龙的不同颜色可以划分为黄龙、白龙、花龙等。

(4) 依据舞龙的人数与龙数的不同可以划分为单人舞龙和多人舞龙,以及舞单龙、舞双龙和舞多龙等。

3. 舞龙的特征及价值

舞龙的主要特征具体表现为:种类繁多,形式多样;具有鲜明的民族特色;与节日娱乐联系紧密;需要音乐的伴奏;强调集体的配合。

舞龙所具有的价值并非是一成不变的,它会随着时代的发展而发生变化。舞龙有原始价值与现代价值之分,舞龙的原始价值主要包括祈雨求丰收、去灾降福、旺丁兴族、节日庆贺,舞龙的现代价值主要包括传承文化、健身娱乐、教化大众、凝聚民族、提高审美价值。

(二) 舞龙教学指导

根据舞龙动作难易程度的不同可以将其划分为 A、B、C 三个难度级别。依据舞龙运动的技术动作进行分类,可划分为游龙动作、"8"字舞龙动作、穿腾动作、翻滚动作、组图造型动作。

1. 游龙动作

游龙动作主要是舞龙者在快速奔跑游走过程中通过龙体运动的高低、左右、快慢的起伏行进,充分展现龙体的婉转回旋、左右盘翻、屈伸绵延等龙的形体特征。游龙动作主要包括直线行进、曲线行进、走圆场、起伏行进、快速跑斜圆场、快速矮步跑圆场越障碍、站肩平盘起伏、行进中越过障碍等。

在快速奔跑游走过程中，龙体应该遵循圆、弧、曲线的运动规律，人体姿态应该协调地随着龙体的起伏游动行进，从而构成一幅幅精彩纷呈的活动画面。

2. "8"字舞龙动作

"8"字舞龙动作过程是舞龙者将龙体在人体左右两侧交替做"8"字环绕的舞龙动作，包括原地"8"字舞龙和行进间"8"字舞龙，舞龙动作可结合伴奏锣鼓的节奏做到可快可慢、可行进、可定位。同时，也可以充分利用舞龙者的身体姿势变化，如在单跪、靠背、抱腰、跳步、绕身等身体姿势下，做各种不同的"8"字舞。8字舞龙类动作主要有原地8字舞龙、抱腰舞龙、挂腰舞龙、单跪舞龙、K式舞龙、绕身舞龙、跳龙接一蹲一躺快舞龙等。

在做"8"字舞龙动作时，舞龙者经常会出现动作不圆顺，队员的速度不一致，龙体运动与人体不协调，因而容易导致人龙脱节，舞动速度太慢，龙体触地等错误动作，因此需要舞龙者在进行"8"字舞龙时注意前后队员的要保持适中的距离，人体造型姿态要优美，龙体运动轨迹要圆顺，人体的各种造型姿势要优美，快舞龙要突出幅度、速度与力度，给人以力量美的感受。

3. 穿腾动作

舞龙运动的穿腾动作主要有穿越与腾越两种方式。龙体动作线路表现为交叉形式，龙珠、龙头、龙节依次在龙身下穿过，称"穿越"；龙珠、龙头、龙身各节依次从龙身上越过称为"腾越"。穿腾动作主要包括穿龙尾、龙脱衣、龙戏尾、穿八五节、越龙尾、快速连续穿越行进、卧龙飞腾、连续穿越腾越行进等。在做穿腾动作时，龙体运动线路呈纵横交叉的形式行进，表现其腾云驾雾，翻江倒海的磅礴气势。

舞龙者在做穿腾类动作时应该注意保持龙形的饱满，速度要均匀，轻松利索，不拖地，穿腾动作流畅不停顿，避免碰踩龙身。

4. 翻滚动作

舞龙运动翻滚动作过程是舞龙者使龙体做立圆（或斜圆）状的连续运动，当龙身运动到舞龙者的脚下时，龙体同时或依次做360°的翻转，舞龙者利用手翻、滚翻等方法越过龙身，即"翻滚动作"；舞龙者利用跨越、跳跃迅速依次跳过龙身，即"跳龙动作"。翻滚类动作主要包括龙翻身、速连续螺旋跳龙、大立圆螺旋行进、连续游龙跳龙、快速逆

（顺）向跳龙行进、快速连续螺旋跳龙磨转等。

需要注意的是，舞龙者在不影响龙身运动的速度、幅度、美感的前提下应该及时完成龙体的翻滚动作，同时还要求舞龙者能够准确规范地运用翻滚技巧动作，所做出的滚翻动作要干净利索、规范准确，并保持龙身运动轨迹流畅圆顺，龙形的圆顺饱满。

5. 组图造型动作

舞龙运动的组图造型动作过程是龙体在运动中组成活动的图案和相对静止的龙体造型。组图造型类动作主要包括龙门造型、龙出宫造型、龙尾高翘、塔盘造型、龙出宫造型、上肩高塔造型、蝴蝶盘花造型、大横"8"字花慢行进等动作。

组图造型舞龙动作要求活动图案画面清晰，静止造型形象逼真，以形传神，以形传意，与龙珠的配合协调和统一，组图造型连接与解脱应该紧凑、利索。

二、舞狮

（一）舞狮概述

舞狮是指：由狮头、狮尾组成的单狮，运用各种步形步法，模仿狮子的摔、跌、扒、跃等动态，通过腾、挪、闪、扑、回旋、飞跃等高难动作演绎狮子喜、怒、哀、乐、动、静、惊、疑八态，表现狮子的威猛与刚劲以及惟妙惟肖的憨态可掬的神态。在表演过程中，其舒缓婉转之处，令人忍俊不禁，拍手称绝；其飞腾、跳跃之时，让人胆颤心惊而又昂扬振奋。舞狮也叫"狮子舞"和"玩狮子"，是我国优秀的民间艺术，同时也是一种流行很广、具有独特民族风格和特色的传统体育活动。每逢春节等节日，都有舞狮的精彩表演，舞狮运动，代代相传，这种隆重的喜庆仪式，预示着国泰民安、吉祥如意。

1. 舞狮的起源与发展

中国本来没有狮子，公元 87 年与我国相邻的西域大月氏和安息等国为了结好汉室，不远万里将代表吉祥、威武的狮子作为礼物送到我国，狮子便很快受到了人们的喜爱。

舞狮子的最早起源已不可考。从史料记载来看，三国时魏人孟康在对《汉书·礼乐志》关于"象人"作注时说："若今戏鱼虾狮子者。"由此可知，在三国时期，已经有戏狮的活动。而且，从其注释的内容来看，所戏之狮并非真狮，而是狮子的形象。由此可见，舞狮至少在三国时期就已经出现了。

到了唐朝，舞狮在民间、军队和宫廷都非常流行并且有了很大的发展。《旧唐书·音乐志》与《新唐书·礼乐志》上都有类似记载。在宫廷中有一种名为"五方狮子舞"的演出，参演人数达100多人，其中有10人扮演成5头颜色各不相同的狮子，由10人手持红拂逗引狮子，另外还有140人的伴唱队伍，可见其规模之庞大。自唐代以后，舞狮一直盛行不衰，从历代文献典籍和绘画上都可以得到证明。宋代孟元老的《东京梦华录》和吴自牧的《梦粱录》中，都有关于"狮子会"的记述；在南宋苏汉臣所绘的《百子嬉春图》中，则有小儿舞狮子的内容；在《续文献通考》中，有"明孝宗弘治三年秋，召各番使入内看戏狮子"的记述，反映了明代宫廷中仍有舞狮子的演出……至清代，舞狮活动仍十分热闹，而且表现形式更为丰富。清代《走会》图中的舞狮，场面热烈，表现了一对大狮子各带一只小狮子，由两个狮子郎逗引戏耍的情景。清人有一首《成都竹枝词》，词中写道："巧制狻猊不用灯，布围高挂任纵横。十番锣鼓真热闹，看到更深更有情。"生动地描写了舞狮的热闹场景。

发展到现在，民间舞狮已经成为一种隆重的喜庆仪式。近几年来，舞狮逐渐演变为一种体育运动。在国家体育总局的领导下，通过挖掘整理和试办各种舞狮比赛，传统的民间舞狮表演发展成为集舞狮、武术技巧、艺术等为一体的寓身体锻炼于精彩表演之中的群众性体育活动，并且有了自己的竞赛规则。随着舞狮运动不断的发展，舞狮运动日益规范化、科学化、国际化。

2. 舞狮的分类

由于我国各地的风俗习惯不同，舞狮融合各地不同的地方色彩与风格形成了不同的艺术造型与表演形式。舞狮运动具有各种不同的风格与流派，按表演动作，又可分为"文狮"和"武狮"，按地域大体上可分"南狮"和"北狮"两个大类。

3. 舞狮的价值

（1）舞狮运动具有很好的健身娱乐价值。作为一种综合性的体育运动，舞狮集合了包括武术、舞蹈、音乐在内的诸多因素。舞狮通过鼓乐将武术和舞蹈有机地结合起来，在变化多端的节奏中完成各种造型和表演动作，这对表演者来说，是一种极好的身体和精神的双重锻炼，对于观赏者也不失为一种健康休闲、调节身心的方式。舞狮比赛和表演，精彩激烈，气势不凡，充满吉祥欢乐，为节日平添几分喜庆，给生活增添几分情趣。因此，舞狮具有很强的健身、娱乐性。

(2)舞狮运动具有很高的教育价值。作为传统民族体育中的一项内容,舞狮运动的产生与发展是与中华民族的传统文化一脉相承的,它是社会风俗的典型体现。其文化内涵,既与民族思维方式有关,又与特定的文化氛围有直接的联系。因此,从事舞狮活动,不仅是动作技能和身体素质、意志力等方面的教育和锻炼,而且是一种民族传统文化的学习和教育,它能增进对本民族文化更加直观和深入的了解,能激发起民族的自强和自豪感。

(3)舞狮运动具有非常高的表演价值。舞狮在长时间以来都是以表演形式存在,舞狮以其鲜明的表演性而为人们所珍视。舞狮通过利用人体多种姿态,在动态行进和静态造型中将力度、幅度、速度、耐力等揉合了舞狮技巧,完成各种高难动作的。总之,舞狮运动动作复杂多变,含义丰富深刻,有着宽广的表演空间,对艺人们的表演技巧有着相当高的要求,具有非常高的表演价值。

(4)舞狮运动具有非常高的竞赛价值。随着舞狮运动近代以来逐渐向竞赛运动的演变,其竞赛价值日益凸显。舞狮的竞技性和表演性分不开的。舞狮的发展也离不开比赛,比赛加速了各具地方特色的流派的形成,同时也促进了各项技艺的提高。

(二)舞狮教学指导

1. 南狮运动教学

南狮表演通常是以"文狮"为主,以神似为基础,结合武术动作,摆脱具体形态的局限,从而塑造出一个夸张、浪漫的狮子为艺术形象。

南狮的表演更加注重表情,动作柔和稳重、细腻婉转,着意刻画狮子温和可爱的神态,以及表现狮子善于嬉戏、活泼好动的性格。下面对南狮运动的实践技术进行阐述。

(1)狮头的基本握法。

①双阳手。手背朝下,两手握于狮舌两侧头角处部位。

②双阴手。手背朝上,两手握于狮舌两侧头角处部位。

③单阴手。用大拇指托狮舌,其余四指在狮舌上方,手背朝上。握狮舌中间或一侧部位,另一手握在根耳的引动绳,两手小臂托顶着两条横木。

④单阳手。握法与单阴手相反,其余与单阴手相同。

(2)狮尾的基本握法。

①单手握法。一手大拇指插入舞狮头者腰侧的腰带,部位成虎口握腰带,其余四指轻

抓舞狮头者的腰带部位，另一手可做开摆尾、摆背等动作。

②双手握法。双手同时用单手握法与狮头配合，做各种动作时紧握必须要用力。

③摆尾随着狮意与动态，可用臀部挪动或用手摆动。

（3）基本步型与步法。

①两移步。开始时呈基本站立姿势，上体不动，左右脚交替前移约一脚掌。

②行礼步。开始时呈基本站立姿势，以左为例。两脚用力蹬地，向上跃起，在中线落地，重心在右脚，成左虚步。右虚步与左虚步相同，唯方向相反。

③扑步（铲步）。左腿大小腿弯曲全蹲，重心在左腿，右腿向右侧前伸，大小腿成一直线，脚掌内扣。左右动作相同，唯方向相反。

④麒麟步。开始时呈基本站立姿势，重心移至左脚，有脚经左腿前向左移步，左右腿交叉，弯曲双腿，重心落在双腿中间，左右动作相同，唯方向相反。

⑤虚步。左腿弯曲，重心在左腿，右脚大小腿微屈，脚尖前点，左与右动作相同，唯方向相反。

⑥弓步。右腿大小腿弯曲，大腿成水平，上体正对前方，成前弓后绷型。

⑦大四平步。两脚左右开立宽于肩，弯曲双腿，两大腿呈水平姿势，上体正直，收腹挺胸。

⑧开合步。开始时呈基本站立姿势，两脚蹬地，两腿朝左右分开并略宽于肩；两脚蹬地，并拢双腿，完成动作的过程时，上体保持基本姿势。

⑨跪步。开始时呈基本站立姿势，左大腿与小腿的弯曲约90°角，右大腿与小腿的弯曲要小于90°角，右膝关节和右脚指着地，上体稍前倾，重心在右脚。左、右动作相同，唯方向相反。

（4）桩上实践技术。

①钳腰。狮头下蹲，两脚用力蹬桩面，向上跃起，狮尾在狮头跃起的同时，狮尾两手把狮头举起后移至体前，尾呈半蹲姿势，狮头大腿紧夹狮尾的腰部，左右脚相扣。

需要注意的是，舞狮时狮尾后移狮头同时，狮头两腿迅速夹于狮尾的腰部。狮尾者紧抓狮头者的腰部稍向上提，身体的重心落在两脚中间。

②上双腿。两人在桩上呈基本姿势，狮头下蹲，用力蹬桩面，向上跃起，狮尾在狮头跃起的同时将狮头举起，狮尾呈半蹲姿势，狮头两脚站立在狮尾的左右大腿上。

舞狮时应注意狮头站立时，双脚内扣于狮尾者的大腿内侧。狮头狮尾者双手紧贴狮头者大腿两侧。

③上单腿。狮头下蹲，用力蹬桩面，向上跃起，狮尾在狮头跃起的同时，把狮头举起，狮尾成半蹲，狮头右腿站立在狮尾右大腿上，左大腿提起成水平，小腿自然下垂。

舞狮时应注意狮头左脚站于狮尾右大腿上时，脚尖应向外展。狮尾举起狮头与狮头站腿协调配合，达到准、快、稳的目的。

④180°回头跳。狮头单桩下蹲，两脚蹬桩面，向上跃起，狮尾在狮头跃起的同时，左脚前移至狮头右脚桩位，以左脚为轴转体的同时，右脚外摆至狮头的左脚桩位，狮头及时落至为原狮尾左右桩位。

舞狮时应注意狮尾者与举狮头者在换位时要做到准、快、稳。

⑤两桩柱180°转体换位上单腿。狮头单桩下蹲，两脚蹬桩面，向上跃起，狮尾在狮头跃起的同时，把狮头举起左转，左脚前移至狮头桩位，以左脚为轴转体的同时，右脚外摆至原桩位成马步或弓步，狮头右脚站在狮尾右大腿上，左大腿提起成水平，小腿自然下垂。

舞狮时应注意狮尾者做180°的换位时要准、快、稳。狮头者出单腿要稳、轻。狮头者和狮尾者的上体不可左右晃动。

⑥坐头。狮头下蹲，两脚用力蹬桩面，向上跃起，狮尾在狮头跃起的同时，狮尾把狮头举起轻放于头上，狮头右大腿弯曲，脚尖绷直，左大腿提膝弯曲，脚尖绷直。

舞狮时，狮头者头要正、下额微收。上头要做到准、快、轻、稳。

⑦腾起。预备姿势，狮头与狮尾呈基本站位。狮头下蹲，向上跃起，狮尾在狮头跃起的同时，把狮头举起，落地还原。

舞狮过程中狮头被狮尾举起时，双脚屈膝于胸前，并贴紧，上体圆背，微前倾。狮尾双手上举时，肩向上垂直上顶，上体应保持正直。

2. 北狮运动教学

北狮又称"瑞狮"，其表演主要以"武狮"为主。北狮以写实为基础，它在结构、造型、色彩、装饰和表演方面都以模仿狮子为主。北狮全身覆盖着金黄色的狮被，舞狮是由大狮（太狮）、小狮（或称幼狮）和引狮人三者共同组成。北狮的表演注重武功，具有很高的技巧性，动作矫健且威武勇猛。

(1) 狮头和狮尾的基本握法。

①狮头握法。舞狮头者两手紧握头圈嘴巴下摆的关节处,从而方便控制嘴巴的张合。

②狮尾握法。

a. 单手扶位。舞狮尾者单手扶拉舞狮头队员腰带,另一手扶拉狮被。

b. 双手扶位。舞狮尾双手虎口朝上,大拇指插入狮头腰带,四指并拢握住扶拉舞狮头队员腰带。

c. 脱手扶位。舞狮尾双手松开舞狮头队员腰带,扶拉狮被两侧下摆。

(2) 狮头基本手法。

①点。点是狮头表演的基本动作。舞狮头者双手扶头圈,身体向右侧回旋,与地面形成45°角,左右手的运动路线为上下交替运动,左、右侧动作相同,唯方向相反。

②叼。舞狮头者一手扶头圈,另一手用小臂托头圈,手伸至狮嘴中央位置取绣球。

③摇。舞狮头者首先要双手扶头圈,然后双手交替向前、向上、向后、向下做回旋动作。手的运动路线成立圆。

④摆。舞狮头者双手扶头圈,上左步时狮头摆至左侧,重心位于左腿上;行走时右侧动作与左侧动作相同,唯方向相反。

⑤错。舞狮头者双手扶头圈,之后双手拉至狮头向右侧做预摆动作,右手与右腰侧同时腰、臂齐发力,摆至于身体左侧,呈半马步姿势,重心落在右腿上。右侧动作与左侧动作相同,唯方向相反。

(3) 舞狮基本步法。

①颠步。舞狮头、狮尾的队员按顺(或逆)时针方向跳步行进,舞狮头队员迈左脚时,舞狮尾队员迈右脚,步法应该做到协调一致。舞狮时还应该注意狮头与狮尾的协调配合。

②盖步。舞狮头队员向右盖步,左脚经右脚前先向右跳扣步,同时右脚向右跳半步亮相,舞狮头队员与舞狮尾队员的动作相同;向左盖步,动作相同唯方向相反。舞狮时应该注意狮头与狮尾起跳动作要协调一致,同时到位。

③碎步。狮头、舞狮尾队员同时向左(或右)小步平移,节奏快速、一致。舞狮时应注意移步步幅要小、密、节奏快,狮头与狮尾应该协调配合。

④错步。舞狮头队员与舞狮尾队员同时向身后45°斜后方向先左脚后右脚同时退步。

舞狮时应该注意转体与转头动作要与退步动作保持协调一致。

⑤行步。舞狮头队员和舞狮尾队员应保持重心微蹲，迈步时舞狮头队员先迈左脚，舞狮尾队员同时迈右脚，节奏一致。舞狮时应该注意重心要保持平稳的状态，不可上下起伏。

⑥跑步。跑步要求与行步相同，节奏要迅速。

三、舞龙舞狮中的音乐与舞蹈

（一）舞龙舞狮中的音乐

舞龙舞狮活动中音乐的运用起到了十分重要的作用，有了音乐的带动幼儿就能跟着音乐的变化自如地进行甩龙、抖龙、走队形等，舞狮子亦然，如果没有音乐的话，那么舞龙舞狮就会变得枯燥、单调，失去活力和趣味，因此在龙狮活动中播放相关音乐对于舞龙舞狮而言至关重要。

1. 音乐可以增加幼儿游戏的兴趣

幼儿园运用的舞龙舞狮音乐有《金蛇狂舞》《百鸟朝凤》《蛟龙戏舞》《观花灯》《喜庆丰收》《龙狮迎宾》等，这些音乐都属于中国的民俗音乐，和舞龙舞狮的喜庆氛围比较贴切，非常的喜庆，这样的曲子很容易感染听众，幼儿听着这样的曲子能够让他们感觉到乐曲的欢快，沉浸在快乐的气氛中，增强孩子游戏的愿望，激发他们在游戏中的创造力。

2. 音乐可以调动幼儿的感官刺激

舞龙舞狮选用的音乐大多节奏非常的清晰、强烈，具有很强的感染力，对幼儿的身心会起到感染和熏陶的作用，调动起幼儿的感官意识，幼儿从中受到启发，帮助他们掌握舞龙舞狮时的各个不同的强度和力度，快乐愉悦地进入舞龙舞狮的游戏活动。比如《百鸟朝凤》，这是一首唢呐等乐器合奏的曲子，唢呐的音量弘大有力，音色下卑敞亮，具有稠密的处所色采，适合去阐发一些热烈、欢悦的氛围和宏伟、壮阔的排场，同时也可以深入而细致地抒发乐曲内涵所体现的思维豪情，是一件体现力非常强的乐器，而这与舞龙舞狮欢快、热烈的气氛恰恰吻合，幼儿在这种音乐的感染和刺激下身心欢快，会情不自禁地投入舞龙舞狮的场景之中。

3. 音乐可以帮助幼儿把握舞龙狮的节奏

在音乐自然创设的环境中，幼儿会很自然的随着音乐的起伏变化进行相应的动作，和乐曲进行配合，自然而然的把握舞龙狮的节奏，对幼儿的活动有强烈的导向作用。如《观花灯》的音乐，整首曲子以 G 大调四分之二的旋律进行演奏，除了具有风格鲜明节奏欢快的特点之外，曲子还有很明显的快慢、强弱之分，能够很好的帮助幼儿在活动时做出相应的动静、快慢及舒展的动作变化等，有利于孩子更好地把握舞龙舞狮的节奏。

4. 音乐可以增加游戏的情趣

音乐活动因为他的声音而使其具有趣味性，幼儿的情感被欢快强烈的音乐带动起来，于是乎通过舞龙舞狮的动作进行表达和宣泄，使得孩子们的龙狮活动包含了丰富的情感体验，为龙狮游戏增加了趣味性。比如说众所能详的《金蛇狂舞》音乐，这首曲子选用 D 调来进行演奏，加之四分之二的节奏型，使得整首曲子听上去非常的热烈，使人产生了愉快、激昂的情感体验，孩子们舞起龙狮来更觉得欢快。

（二）舞龙舞狮中的舞蹈

舞龙舞狮是一种起源于中国的传统舞蹈，近年来，我们在传统舞龙舞狮运动器材的基础上，加入现代舞蹈的审美需求，对舞龙舞狮运动的器材与舞蹈动作进行改革和创新，在一定的民族音乐融合下，表现女性独特的肢体美、运动美、思想美、文化意境等理念。使其舞蹈动作与女性特点、女性文化完美结合，使其意味深远，使人留恋于其中。

在传统舞龙舞狮的舞蹈动作的基础上，我们将根据舞龙运动的特点和运动形式，主要对舞龙运动方式进行了创新性研究和实践，其中包括对男子舞龙增加了舞龙的难度和速度，主要是：①简单的直线行进曲线行进走圆场等基本发展创新为空中造型的游龙动作如"跑斜圆""走圆场""一人双穿高龙门"等，幅度大，动作流畅；②在动态中增加了纵向移动、横向移动和水平方向的旋转如"纵向曲线慢腾进""纵向曲线快腾进""飞龙追珠""原地螺旋形跳龙""螺旋跳龙磨转""大立圆""逆向跳龙"等；③从地面动作表演，向叠罗汉技巧表演发展，扩大了表演区域和空间如创"三塔盘""站肩舞龙""站肩直躺舞龙"等；④以组合动作和表演为主，增加了动作密度，对运动员加大了体能要求，提高了表演效果；⑤各类动作交融组合，特别是武术与舞龙动作相结合等增加了动作密度，提高了难度，增加了表演气氛，突出了舞龙的神、韵、意、美。使舞龙运动适合现代体育的发展需求。同时,我们根据百叶龙这项传统舞龙运动初步创造了"女子荷花龙"这项舞龙运动,使舞龙运动与音乐、舞蹈以及器械达到完美结合,呈现出了舞龙运动的新、韵、意、美等特征。

第三节 学前音乐舞蹈教育中传统民族体育文化的融入

一、传统民族体育文化和幼儿音乐舞蹈教育融合的意义

(一)强化民族凝聚力,促进传统民族体育文化的继承和弘扬

将幼儿音乐舞蹈教育和传统民族体育文化进行高效融合,创造出全新的学前教育理论,积极传承和弘扬传统民族体育文化,是教育发展的必然方向。让幼儿感受到传统民族体育文化的丰富内涵,采用音乐舞蹈启蒙的方式滋润幼儿的精神世界,进一步强化幼儿对于传统民族体育文化认同感,积极开展爱国主义教学。在进行传统民族体育文化音乐启蒙教学过程中,教师要结合幼儿学习的实际情况,制定出更加科学、高效的教学方案,激发幼儿的学习音乐舞蹈的兴趣,为素质教育的开展奠定坚实基础。

(二)激发音乐舞蹈潜能,丰富幼儿精神世界

音乐与舞蹈是人们精神情感的表达方式,同时也是人们审美的需要。因为儿童的想象力非常的丰富,对于音乐与舞蹈感知能力更强。在音乐舞蹈启蒙教学过程中,适当增添传统民族体育文化,不仅可以激发幼儿的音乐舞蹈潜能,还可以丰富幼儿的精神世界。

二、传统民族体育文化和幼儿音乐舞蹈教育融合方向

(一)积极的更新教育启蒙教育思想

为了促进传统民族体育文化和幼儿音乐舞蹈教育的有效开展,就要强化人员思想意识

的创新和改革。越来越多的家长认识到幼儿音乐舞蹈启蒙教育的重要性,将传统民族体育文化融合进去,为幼儿综合素养的提升奠定坚实的基础。通过教育观念更新的方式,提升人员低于传统民族体育文化教育的认知程度。积极地优化和创新教学方式,采用儿歌、童谣、游戏的形式让传统民族体育文化融合到音乐舞蹈教育之中。另外,要激发幼儿的音乐舞蹈兴趣,将传统民族体育文化的传承作为重点工作,促进幼儿音乐舞蹈教育发展进程,不断深化传统民族体育文化的宣传。

(二)以幼儿音乐舞蹈教育方式推动传统民族体育文化的继承

针对传统民族体育文化的传承需求进行分析,幼儿音乐舞蹈教育要更加重视传统民族体育文化的继承和弘扬。要结合幼儿音乐舞蹈教育特点进行分析讨论,以幼儿音乐舞蹈的形式展现传统民族体育文化的魅力,这样不仅有助于幼儿音乐舞蹈和传统民族体育文化的融合,同时也为传统民族体育文化的继承和弘扬创设了良好条件。传统民族体育文化的发展和教育工作的推广有着直接的联系,幼儿教学要更加重视传统民族体育文化的继承。采用幼儿音乐舞蹈教育的曲调和舞蹈动作展现传统民族体育文化,充分发挥出幼儿音乐郎朗上口、易于记忆的特点,促进传统民族体育文化的学习和发展,利用多种方式强化幼儿对于传统民族体育文化的记忆和理解,实现传统民族体育文化传承的教育目标,为幼儿音乐舞蹈教育发展做出更多的贡献。

(三)积极借鉴外国的教育方式,促进传统民族体育文化和幼儿音乐舞蹈教育的有效融合

要积极学习外国的教学方式,比如韩国传统音乐舞蹈的继承。韩国制定了一系列的教育规范,从幼儿启蒙教育开始,将传统音乐舞蹈作为教育的核心内容。幼儿的音乐舞蹈教育都是以儿歌和简单的游戏作为起点,逐步提升儿童的音乐舞蹈素养。激发幼儿的音乐兴趣,促进传统民族体育文化和传统音乐舞蹈的传承。同时,幼儿音乐启蒙教育可以陶冶情操,避免出现沉迷电子产品的情况发生。幼儿的生活更加充实,通过锻炼有效地提升自身的协调能力。国内经济快速发展,人们对于传统民族体育文化的关注越来越少。英语等实用性教育内容受到家长的追捧,却忽略了传统民族体育文化对于幼儿精神世界的影响。幼儿园为了迎合家长的喜好,不断进程教学内容西方化,导致了传统民族体育文化断代的情

况出现。有的家长自身对于传统民族体育文化的了解也非常少，不能满足引导学生学习的需求。

对于幼儿教育模式进行规范，将传统民族体育文化融合到教学活动中。采用儿歌的形式，简单舞蹈游戏积极推动传统民族体育文化继承工作。在幼儿园的音乐舞蹈教学过程中，要更加重视传统音乐、舞蹈对于幼儿教育的影响。激发幼儿的音乐舞蹈兴趣，凭借快慢相间的艺术形式来培养幼儿平静性情，进而促进幼儿性格的完善。

三、传统民族体育文化和幼儿启蒙音乐舞蹈融合措施

（一）促进儿歌的发展

儿歌是传统民间文化的表达形式，因为郎朗上口等特点广泛流传。儿歌旋律非常简单，受到了儿童的喜爱。在实际的幼儿音乐启蒙教育中，选择具有当地风土特色的民间歌谣来激发幼儿的音乐兴趣。要注意儿歌的教育性、娱乐性和音乐性特征，为后续工作的开展奠定坚实基础，这样不仅有助于幼儿理解音乐内涵，还可以让幼儿掌握当地的风俗习惯。比如《二十四节气歌》，让幼儿更好地掌握节气知识。

（二）融合民间舞蹈

幼儿大都活泼好动，将音乐启蒙和传统民间舞蹈有效地结合起来，培养幼儿音乐兴趣，逐步的提升音乐素养。将幼儿常用的肢体动作融合到舞蹈之中，比如点头、跑跳、挥手等内容。教师在音乐启蒙教育过程中，引导学生采用简单的动作模仿音乐情景，更好地感受到节奏韵律。音乐和动作的融合，不仅有助于幼儿对于音乐的理解，还可以增强幼儿的肢体协调性。

（三）制作节拍器

节奏是音乐的基础，同时也是音乐情感的有效表达方式。教师引导学生制作简单的节拍器，帮助幼儿更好地掌握节奏感。比如三脚架、风铃等物品的组作，按照节奏打击乐器，从而强化幼儿对于音乐节奏的感悟。另外，要积极的拓展击打范围，对于不同风格的歌曲进行学习，逐步深化幼儿对节奏的认知，激发幼儿的音乐兴趣。因为幼儿处于启蒙阶

段，对于内容的认知非常简单，教师在进行歌曲选择时，要采用节奏简单、易于接受的歌曲，按照循序渐进的方式教学。

四、结束语

综上所述，针对传统民族体育文化与幼儿音乐舞蹈教育实践思考是十分必要的。音乐舞蹈教育和传统民族体育文化的融合很好地满足了幼儿音乐舞蹈教育的需求，同时也为传统民族体育文化的继承和发扬做出更多的贡献。结合传统民族体育文化教育现状，明确传统民族体育文化和幼儿音乐舞蹈融合的意义，为传统民族体育文化和幼儿音乐启蒙教育融合指明方向，制定出更加具体的融合措施。

民间文化是中华文化绚丽的瑰宝。它是千百年来劳动人民直接创造的或在劳动人民中广泛流传并享受的文化，是劳动者用双手和心灵创造的。它与人民的生活情感紧紧相连，且积淀深厚，灿烂博大。民族传统民族体育文化是民族感情和民族意识的积淀，是该民族的时代精神和价值取向的凝结。弘扬民族传统民族体育文化已成为新的历史时期幼教工作者的迫切任务。"人生百年在于幼学"，幼儿期是整个人生发展的关键期，是人生熏陶染化的开始，在这个时期形成的观念和习惯根深蒂固。民间文化无处不在，无所不在，它近在我们身边，摸得着、看得见，与幼儿生活息息相关，以幼儿喜闻乐见的形式存在于幼儿的生活之中。它丰富多彩，具有在观念、内容、形态、风格、标准等方面的凡俗化、生活化的特点，且有很大的娱乐性，为幼儿所喜爱；同时它蕴含着丰富的审美刺激因素，能激发幼儿主动适合其发展的信息，并主动地在感知和操作实践中展现自己的个性。幼儿园教育又是整个基础教育的基础，是对民族归宿、文化认同、精神向度的基础教育，决定着一个人的民族意识、民族精神和民族情怀。在幼儿阶段通过适合幼儿身心发展特点的各种形式培养幼儿对传统民族体育文化的认同和文化精神的积淀与内化是非常重要的。

参考文献

[1] 孙宏,李亚楠,王丹. 基于幼儿园舞蹈教育现状浅谈学前教育专业舞蹈教学改革[J]. 大众文艺,2015(14):216-217.

[2] 聂珺. 我院学前教育专业学生音乐素养的现状及其思考[J]. 大众文艺,2010(15):234-235.

[3] 孟莉莎,邱金凤,师小静. 音乐理论教育与教学法研究[M]. 北京:新华出版社,2018.

[4] 韦恩·鲍曼. 变化世界中的音乐教育[M]. 苏州:苏州大学出版社,2014.

[5] 金宁,张铁明. 新时代传统民族体育文化共同体建构路径研究[J]. 北方民族大学学报,2021(2):164-169.

[6] 彭鹏. 论学前儿童音乐教育课程实践教学体系的构建[J]. 吉林省教育学院学报,2018,34(3):119-121.

[7] 肖素芬. 学前儿童音乐教育课程实践教学体系的建构[J]. 艺术教育,2013(10):49-51.

[8] 史青青. 音乐在舞蹈训练中的作用研究[J]. 艺术评鉴,2023(10):176-179.

[9] 郭晓萌. 论舞剧创作中音乐与舞蹈的民族性融合研究[J]. 普洱学院学报,2022,38(6):102-104.

[10] 郭丹. 学前教育专业音乐舞蹈技能与舞台实践教学策略探究[J]. 中国民族博览,2023(5):146-148.

[11] 沈锡昂,王钧. 大众文化视角下的少数民族体育文化转型[J]. 广州体育学院学报,

2018,38(4):92-95.

[12] 任明. 少数传统民族体育的文化内涵与价值功能探析[J]. 贵州民族研究,2017,38(2):136-139.

[13] 邱郁. 少数传统民族体育发展现状与对策研究[J]. 泰山学院学报,2016,38(6):100-103.

[14] 李欣. 学前教学中的"音乐舞蹈游戏"教学法[J]. 艺术教育,2014(9):115.

[15] 汤洁. 中国古典音乐与古典舞[J]. 音乐天地,2011(10):43-45.

[16] 李志敏. 音乐与舞蹈的关系及其重要性探析[J]. 戏剧之家,2022(22):149-151.

[17] 方辛. 浅谈舞蹈音乐结构与舞蹈表演的关系与运用[J]. 艺术评鉴,2021(22):75-77.

[18] 高欣予. 浅谈舞蹈音乐结构与舞蹈表演的关系[J]. 北方音乐,2019,39(22):245-246.

[19] 赵品. 音乐与舞蹈的关系探究[J]. 品牌(下半月),2014(8):114.

[20] 钟丽环. 儿童舞蹈教学中的问题与对策探讨[J]. 戏剧之家,2018(7):182.

[21] 陈乐. 学前舞蹈教育中民族民间舞蹈元素的运用[J]. 北方音乐,2018,38(13):223-224.

[22] 车丽珠. 学前教育舞蹈教学的思考与探索[J]. 吕梁教育学院学报,2021,38(4):114-115.

[23] 刘丽. 学前舞蹈教学中形体表现力训练要点浅析[J]. 黄河之声,2017(12):103.

[24] 朱青. 基于儿童智力开发下的学前舞蹈教学[J]. 才智,2014(14):93.

[25] 陈青. 传统民族体育文化属性论[J]. 体育文化导刊,2002(2):30-32.

[26] 陈秋丽. 中国传统民族体育文化资源和产业发展研究[M]. 西安:陕西人民出版社,2019.

[27] 宫祥辉,孙明和. 传统民族体育文化研究[M]. 北京:新华出版社,2014.

[28] 刘苡兵. 学前音乐教育的重要性研究[J]. 戏剧之家,2021(34):181-182.

[29] 韩彦珍. 学前音乐教育对于幼儿素质培养的重要性探究[J]. 戏剧之家,2021(15):112-113.